Paul Bernhard Hill

Determinanten der Eingliederung
von Arbeitsmigranten

D1728869

# Materialien zur Arbeitsmigration und Ausländerbeschäftigung

herausgegeben von
Prof. Dr. Heiko Körner
Prof. Dr. Hermann Korte
Prof. Dr. Wolfgang Weber

**Band 10**

# Determinanten der Eingliederung von Arbeitsmigranten

von
Paul Bernhard Hill

Hanstein

Gefördert von der Stiftung Volkswagenwerk

CIP-Kurztitelaufnahme der Deutschen Bibliothek

**Hill, Paul Bernhard:**
Determinanten der Eingliederung von Arbeits-
migranten / von Paul Bernhard Hill. –
Königstein/Ts. : Hanstein, 1984.
   (Materialien zur Arbeitsmigration und
   Ausländerbeschäftigung ; Bd. 10)
   ISBN 3-7756-6939-6

NE: GT

Reproduktion, Druck und Bindung: Hain-Druck GmbH, Meisenheim/Glan
Printed in West-Germany
ISBN 3-7756-6939-6

# Inhaltsverzeichnis

Seite

## 1. Einleitung

Die vorliegende Arbeit beschäftigt sich mit der Eingliederung von ausländischen Arbeitnehmern in der Bundesrepublik
Deutschland. Das Hauptinteresse lag dabei weniger in einer
aktuellen Problembeschreibung, an denen es gegenwärtig
sicherlich nicht mangelt, sondern vielmehr sollten die zentralen Bedingungen der Eingliederung von Arbeitsmigranten
systematisch aufgearbeitet werden. Ausgehend von einer Theorie der Eingliederung sind die empirischen Regelmäßigkeiten,
welche der Assimilation von Arbeitsmigranten unterliegen,
einer Erklärung näher zu bringen. Aus diesem Anliegen ergibt sich der Aufbau der folgenden Untersuchung.

Zunächst sollen verschiedene theoretische Ansätze, die das
Phänomen "Eingliederung" bzw. "Assimilation" thematisieren,
erörtert werden, um dann hierauf aufbauend eine allgemeine
Theorie der Eingliederung wiederzugeben, aus der die for-
schungsleitenden Hypothesen zu gewinnen und zu prüfen sind.

Im Mittelpunkt der empirischen Bearbeitung des Problembe-
reichs wird die Frage nach den Determinanten der Eingliederung stehen. Dabei ist zu klären, unter welchen Bedingungen
assimilative Handlungen der Migranten erwartbar sind bzw.
wann sie ausbleiben. Von der Kenntnis dieser Faktoren ausgehend, wird dann mit Hilfe von Kausalstrukturanalysen das
relative Erklärungsgewicht und die Zusammenhangstruktur der
beteiligten Merkmale zu bestimmen sein. Diese Analysen werden sich an einer theoretischen Differenzierung zwischen kognitiver, struktureller, sozialer und identifikativer Assimilation orientieren und für diese Bereiche jeweils getrennt
Kausalmodelle empirisch testen.
Weiter soll zwischen verschiedenen Analysepopulationen unterschieden werden. Um die Frage zu klären, inwieweit die
Eingliederungsprozesse spezifisch ethnischen Einflüssen unterliegen, werden sich die Modelle   zunächst auf eine Ge-

samtheit, die sich aus italienischen, jugoslawischen und türkischen Migranten zusammensetzt, beziehen, um danach für jede Nationalitätengruppe separat zu prüfen, wie sich in ihr die Zusammenhänge gestalten.
Diese empirischen Arbeitsschritte werden durch Varianzanalysen abgeschlossen, in denen die unter Umständen vorher deutlich gewordene differente Assimilation in den verschiedenen ethnischen Gruppen unter einer weiteren spezifischen Fragestellung betrachtet wird. Vor dem Hintergrund der nunmehr bekannten eingliederungsrelevanten Faktoren ist zu entscheiden, ob der ethnisch variierende Assimilationsgrad auch dann noch beobachtbar ist, wenn wichtige personale und sozialkontextuelle Merkmale (z. B. Bildung, Aufenthaltsdauer, Segregationsgrad u. a.) (künstlich) konstant gehalten werden. Die Diskussion einiger gesamtgesellschaftlicher Konsequenzen, die sich aus dem Arbeitskräfteimport für die Bundesrepublik ergeben, soll die Ausführungen abschließen.

Die empirische Analyse beruht auf Datenmaterial, das 1977 im Rahmen eines Forschungsauftrages des Bundesministeriums für Forschung und Technik über die "sozialen und kulturellen Bestimmungsgründe für das Verhalten ausländischer Arbeitnehmer in der Bundesrepublik Deutschland" erhoben wurde. Es handelt sich hier also um eine Sekundäranalyse, in der die vorliegenden Informationen nun mit anderer Zielsetzung nochmals analysiert werden.

Besonderen Dank möchte ich an dieser Stelle Herrn Prof. Dr. Hartmut Esser aussprechen. Ohne seinen kompetenten Rat und kollegiale Hilfsbereitschaft wäre diese Arbeit nicht denkbar.

## 2. Immigration in die Bundesrepublik Deutschland

Die vorliegende Untersuchung befaßt sich mit der Eingliederung von Arbeitsmigranten in das gesellschaftliche
System der Bundesrepublik Deutschland. Eine soziologische
Analyse dieses Vorgangs kann jedoch nicht völlig auf die
Darstellung des Migrationsverlaufes und seiner wichtigsten
Rahmenbedingungen verzichten. Denn die Struktur und Dynamik des Eingliederungsprozesses ist nicht zuletzt abhängig
von den Faktoren, welche die Wanderungen auslösten und deren Ablauf bestimmten. Dies wird offensichtlich, wenn man
sich zwei "extreme" Migrationsverläufe vergegenwärtigt.
Eine kriegerische oder gewaltsame Einwanderung hat ohne
Zweifel andere Assimilationskonsequenzen als eine Migration, die auf Initiative des Aufnahmesystems (wie etwa
bei der Anwerbung von Arbeitskräften, die hier zur Diskussion steht) zurückgeht. Ebenso von Bedeutung sind zweifellos die quantitativen Dimensionen der Immigration, denn
die Reaktionen der Aufnahmegesellschaft, wie auch die
Handlungsoptionen der Migranten in ihrer neuen Umgebung,
werden mit von der Gesamtzahl der Wanderer geprägt. Aus
diesen Gründen erscheint es sinnvoll, zunächst einige wichtige demographische Merkmale bezüglich der Ausländer in
der Bundesrepublik Deutschland anzusprechen und danach die
Datenbasis, die der empirischen Sekundäranalyse zugrunde-
liegt, näher zu kennzeichnen.

## 2.1 Soziodemographische Daten zur Arbeitskräftemigration

Bevor im folgenden der Verlauf der Migration während der
letzten beiden Jahrzehnte in die Bundesrepublik beschrieben wird, soll der Begriff "Migration" näher bestimmt werden.
In der Literatur zu diesem Themenbereich wird der Terminus unterschiedlich verwendet, wenn auch ein gemeinsamer
Kern in allen Definitionen festzustellen ist. Hoffmann-

Nowotny umschreibt ihn als "... Bewegung von Einzelpersonen oder Gruppen im Raum ...",[1] wobei man ergänzen könnte, daß diese Bewegung in fast allen vorgeschlagenen Definitionen explizit oder implizit mit einem Wechsel des Wohnortes verbunden ist.[2] Für den Gegenstandsbereich dieser Arbeit erscheint diese Definition jedoch zu allgemein, da sie fast jede Art geographischer Mobilität umfaßt. Mit Eisenstadt soll Wanderung vielmehr hier als "... the physical transition of an individual or a group from one society to another ..."[3] aufgefaßt werden. Somit bezeichnet Migration hier im wesentlichen einen (dauerhaften) Wechsel von Personen hinsichtlich ihres soziokulturellen Bezugssystems. Für die vorliegende Analyse der Assimilation von Migranten läßt sich dieser Wechsel geographisch als Wanderung im westeuropäischen Raum beschreiben, wobei Griechenland, Italien, Jugoslawien, Spanien und die Türkei Emigrationsnationen darstellen, und die Bundesrepublik Deutschland als Immigrationsland fungiert.

Somit ist implizit auch eine weitere theoretische Restriktion angesprochen. Die Untersuchung beschäftigt sich nicht mit gewaltsam erzwungenen Wanderungen und auch nicht mit Wanderungen, denen Superordinationsabsichten zugrunde-liegen.[4] Den Anpassungsprozessen der Migranten im Aufnahmesystem ging somit eine freiwillige Abwanderung aus den jeweiligen Herkunftsländern voraus.

Solche freiwilligen Wanderungen sind seit langem Gegenstand soziologischer Beschreibungen und Erklärungsversuche, wobei diese so vielfältig sind, daß sie selbst zum Objekt von Kategorisierungen werden.[5]

Inhaltlich reichen sie von rein geographischen Interpretationen (wie bei Thomlinsons) über makrosoziologische Ansätze (z. B. Harbach, Hoffmann-Nowotny) bis zu entscheidungstheoretisch bzw. handlungstheoretisch orientierten Erklärungen (z. B. Besher, Langenheder, Esser).[6]

Ohne an dieser Stelle weiter auf die differenten methodologischen Implikationen dieser Theorien einzugehen,
soll auf eine inhaltliche Übereinstimmung hingewiesen werden. Sowohl die eher makrosoziologischen als auch die
handlungstheoretischen Erklärungen sprechen ökonomischen
Faktoren - zumindestens hypothetisch - eine besondere
Relevanz für den Verlauf von Wanderungen zu. In der von
Harbach erstellten Übersicht zu möglichen Migrationsur-
sachen, die er in individuelle Migrationsmotive und strukturelle Ursachen unterteilt, werden überwiegend wirtschaftliche Faktoren angesprochen.[7] Hoffmann-Nowotny benennt in
seiner "Theorie der strukturellen und anomischen Spannungen"
die Unterschiede im nationalen Bruttosozialprodukt als eine
zentrale erklärende Variable für den geographischen Verlauf
von Wanderungen. Nach einer empirischen Analyse gelangt er
zu dem Schluß, daß gerade Differenzen im ökonomischen Potential von Aufnahme- und Abgabesystem zur Erklärung von
Wanderungen wesentlich beitragen.[8]
In den handlungstheoretisch orientierten Erklärungen, die
nicht in strukturellen Gegebenheiten die Ursache von Wanderungen sehen, sondern diese als Parameter für individuelles Handeln betrachten, auf welche soziologische Erklärungen rekurrieren sollten, werden ebenfalls ökonomische
Motive für die Wanderungsentscheidung von Personen häufig
angeführt. Jedoch können auch andere Gründe die Migration
bedingen. Dies ist letzlich eine empirische Frage, die von
Fall zu Fall entschieden werden muß. Zweifellos gehören jedoch Migrationen, die auf ökonomische Ursachen zurückgehen,
zu den empirisch häufig zu beobachtenden. In allen industrialisierten Ländern waren bzw. sind solche demographischen
Veränderungen aufzeigbar.
Rückblickend kann gesagt werden, daß größere Wanderungsströme fast immer an nationale bzw. internationale Kon-
junkturverläufe gekoppelt sind. Die Anwerbung (und Abschiebung) von fremdländischen Arbeitnehmern war und ist
häufig ein Mittel zur Steigerung von wirtschaftlicher

Produktivität und Wachstum der jeweiligen Aufnahmegesellschaft gewesen.[9]
Auch für die hier zu betrachtende Migration nach dem zweiten Weltkrieg in die Bundesrepublik Deutschland liegt die
Dependenz von Wanderung und ökonomischen Faktoren auf der
Hand. Bezeichnungen wie "Gastarbeiter", "Fremdarbeiter"
und "ausländische Arbeitnehmer" zeugen von den Erwartungen
und Anforderungen, die diesen Migranten seitens der Aufnahmegesellschaft entgegengebracht wurden.
Entsprechend zeichnet sich eine deutliche Parallelität
zwischen der wirtschaftlichen Entwicklung und der Beschäftigung von Immigranten in der Bundesrepublik ab. Betrachtet man die Anzahl der ausländischen Arbeitnehmer seit
1954 (Tab. 1), so ergibt sich, daß es lediglich in den
Jahren 1967/68 und 1974/75 zu einer Stagnation der Zu-
zugszahlen kam. Ansonsten ist ein stetiges Anwachsen der
Arbeitsmigration festzustellen. Analog zu dieser Entwicklung geht 1966 die Steigerung des realen Bruttosozialpro-
duktes auf 2,5 % zurück (1965 betrug der Anstieg noch
5,5 %, und 1967 ist die Entwicklung gar negativ (- 0,1 %)).[10]

Der Rückgang der Zahl der ausländischen Erwerbstätigen in
den Rezessionsjahren 1966/67 verdeutlicht ihre Funktion
für die bundesrepublikanische Wirtschaft. Die internationale
Arbeitskräftemigration bewährt sich als ein Mittel der
volkswirtschaftlichen Steuerung; ausländische Arbeitnehmer
dienen als "Konjunkturpuffer", ohne daß hierbei für die BRD
nennenswerte Nebenkosten entstehen.

Tab. 1: Beschäftigte ausländische Arbeitnehmer (in 1.000)

| Jahr | ausländ. Arbeit-nehmer | % aller Arbeit-nehmer | Jahr | ausländ. Arbeit-nehmer | % aller Arbeit-nehmer |
|------|------|------|------|------|------|
| 1954 | 73 | 0.4 | 1969 | 1.366 | 6.5 |
| 1955 | 80 | 0.4 | 1970 | 1.807 | 8.5 |
| 1956 | 99 | 0.5 | 1971 | 2.128 | 9.8 |
| 1957 | 108 | 0.6 | 1972 | 2.285 | 10.5 |
| 1958 | 127 | 0.6 | 1973 | --- | -- |
| 1959 | 167 | 0.8 | 1974 | 2.331 | 11.2 |
| 1960 | 279 | 1.3 | 1975 | 2.061 | 10.2 |
| 1961 | 507 | 2.5 | 1976 | 1.925 | 9.6 |
| 1962 | 655 | 3.1 | 1977 | 1.872 | 9.4 |
| 1963 | 811 | 3.7 | 1978 | 1.858 | 9.3 |
| 1964 | 933 | 4.3 | 1979 | 1.924 | 9.3 |
| 1965 | 1.119 | 5.3 | 1980 | 2.018 | 9.6 |
| 1966 | 1.244 | 5.8 | | | |
| 1967 | 1.014 | 4.7 | | | |
| 1968 | 1.019 | 4.9 | | | |

Quellen für die Jahre 1954 bis 1972 und 1974 bis 1978:
Bundesanstalt für Arbeit (Hrsg.), Amtliche
Nachrichten der Bundesanstalt für Arbeit (ANBA),
Arbeitsmarktstatistik 1979, 28. Jg., Sonder-
nummer, Nürnberg 1980,

für die Jahre 1979 und 1980:
Bundesanstalt für Arbeit (Hrsg.), Amtliche Nachrichten der Bundesanstalt für Arbeit (ANBA),
Arbeitsmarktstatistik 1981, 30. Jg., Sondernummer, Nürnberg 1982.

In der folgenden Zeit des starken wirtschaftlichen Auf-
schwungs von 1968 bis 1972 expandiert auch die Ausländerbeschäftigung drastisch. Im genannten Zeitraum hat sich die
Zahl der nicht-deutschen Erwerbstätigen mehr als ver-
doppelt; sie stieg von 1,0 Millionen (1968) auf 2,28 Millionen (1972).
Zu einem zweiten Rückgang bei der Beschäftigung von ausländischen Arbeitskräften in der Bundesrepublik kommt es in
den Jahren 1974/75. Auch diese Veränderung kovariiert mit
der ökonomischen Entwicklung in diesem Zeitraum; sie ist
die Reaktion auf das Öl-Embargo von 1973 und auf die folgende
weltweite Wirtschaftskrise.
Ab 1976 liegt die Ausländerquote (bezogen auf alle sozialversicherungspflichtigen Arbeitnehmer in der Bundesrepublik)
zwischen 9 und 10 %. Dabei wandelt sich jedoch die interne
nationalitätsspezifische Zusammensetzung der Migrantenpopulation. Die insgesamt relativ konstante Quote an ausländischen Erwerbspersonen von 1976 bis 1980 kommt dadurch zustande, daß die Anzahl der spanischen, griechischen und ju-
gowslawischen Arbeitnehmer von 1974 bis 1980 durchweg rückläufig ist, die der türkischen, italienischen und vor allem
der "Sonstigen" (d. h. der nicht aus den traditionellen Anwerbeländern stammenden Personen) ab etwa 1977 überdurchschnittlich angestiegen ist (Tab. 2).

Besonders anschaulich kann die beschriebene Entwicklung
mit Hilfe der Wanderungsquoten dargestellt werden. Der
Umfang der einwandernden Erwerbspersonen sinkt jeweils
1965/66 und 1973/74 rapide ab, wodurch in diesen Zeiträu-
men negative Wanderungssalden entstehen, d. h. der Umfang
der Fortzüge größer wird als der der Zuzüge (Tab. 3).

Tab. 2: Veränderung der Zahl ausländischer Arbeitnehmer
nach ausgewählten Staatsangehörigkeiten, 1974 =
100 %

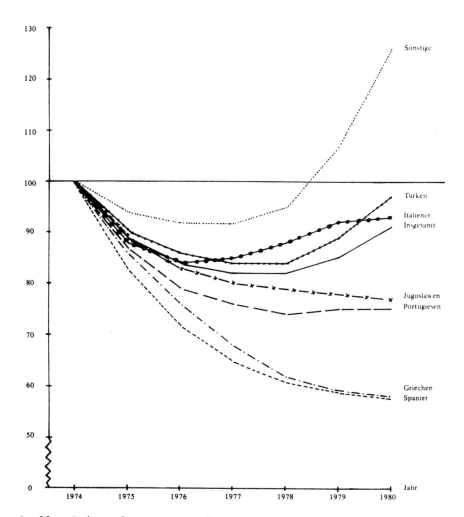

Quelle: Luitgard Trommer, Helmut Köhler, Ausländer in der
Bundesrepublik Deutschland, München 1981, S. 104.

Tab. 3: Wanderungen von Erwerbspersonen (in 1.000)

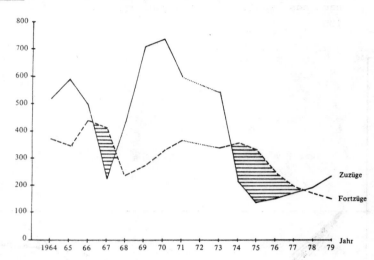

Quelle: Luitgard Trommer, Helmut Köhler, Ausländer in der
Bundesrepublik Deutschland, München 1981, S. 51.

Hinter den skizzierten Veränderungen in der Ausländerbeschäftigung stehen massive ökonomische und politische Interessen der Bundesrepublik. Es handelt sich nicht um
"natürliche" Wanderungsströme, sondern um weitgehend systematisch ausgelöste und gesteuerte Prozesse. Anwerbung (und
Abschiebung) von Arbeitskräften aus anderen - vorwiegend
südeuropäischen - Ländern ist ein scheinbar legitimes
Instrument zur Realisierung volkswirtschaftlicher Zielvorstellungen geworden.
Je nach wirtschaftlicher Situation wurden zusätzliche Arbeitnehmer im Ausland angeworben, oder aber man bemühte
sich, das Quantum der nicht-deutschen Erwerbstätigen konstant zu halten bzw. zu verringern. Zu diesem Zweck wurden
dann vor allem juristische Maßnahmen ergriffen, wie z. B.
der Anwerbestop (1973) und die Restriktionen im Arbeits-
erlaubnisrecht (1974, 1976).[11]

Die Aufgabe der Arbeitskräftebeschaffung im Ausland oblag
der Bundesanstalt für Arbeit, die ihre Tätigkeit an dem
von den Arbeitgebern gemeldeten Bedarf ausrichtete. In
den frühen sechziger Jahren (mit Italien bereits 1955,
mit Spanien und Griechenland 1960, mit der Türkei 1961
und mit Jugoslawien 1968) wurden die zur Betreibung der
Anwerbebüros in den Emigrationsländern notwendigen bila-
teralen Abkommen getroffen, die bis heute fortbestehen.[12]
Von dem internationalen Arbeitskräftetransfer versprachen
sich im übrigen sowohl die Entsendeländer als auch die Auf-
nahmeländer positive Effekte. Die ökonomisch relativ unterentwickelten Abgabenationen erwarteten eine Verringerung der Arbeitslosigkeit, Stärkung des Devisenaufkommens
durch die Geldüberweisung an die zurückgebliebenen Fami-
lienmitglieder und schließlich (bei unterstellter Remigration) einen Gewinn an "human capital" durch die im
Ausland erworbenen Kenntnisse an industriellen Produktions-
techniken. Die Bundesrepublik baute ihrerseits auf eine
Sättigung der Arbeitskräftenachfrage, die Wachstums- und
Wohlstandsperspektiven realisieren sollte.
Daß die Anwerbung von ausländischen Arbeitnehmern für die
BRD gerade in den frühen sechziger Jahren an Bedeutung ge-
wann, ist ebenfalls nicht zufällig, sondern es ist jener
Zeitraum, in dem in der Bundesrepublik erstmals nach dem
Zweiten Weltkrieg wieder Vollbeschäftigung erreicht wurde
und gleichzeitig ein anderes Reservoir an Arbeitskräften
versiegte. Der Zustrom von Arbeitnehmern aus der DDR ent-
fiel aufgrund des "Mauerbaus" (1961) und der folgenden
Ausgestaltung der Grenzziehung zwischen BRD und DDR.

Die Beschäftigung von ausländischen Arbeitnehmern und ihre
Funktion als "industrielle Reservearmee" war jedoch keineswegs ein nur ökonomischer Vorgang. Gerade die Entwicklung in den letzten Jahren zeigt, daß die Arbeitskräftemigration sozialpolitische Implikationen hat, die zum Zeitpunkt der massiven Anwerbung kaum problematisiert wurden.

Zahlenmäßig läßt sich dies durch die Gegenüberstellung
der Anzahl der ausländischen Arbeitnehmer und des Ge-
samtumfangs der ausländischen Wohnbevölkerung verdeutlichen (Tab. 4).

Tab. 4: Ausländische Bevölkerung (in 1.000)

| Jahr | Ausländer | % der Gesamt-bevölkerung |
|------|-----------|--------------------------|
| 1970 | 2.977 | 4,9 |
| 1971 | 3.439 | 5,6 |
| 1972 | 3.527 | 5,7 |
| 1973 | 3.966 | 6,4 |
| 1974 | 4.127 | 6,7 |
| 1975 | 4.990 | 6,6 |
| 1976 | 3.948 | 6,4 |
| 1977 | 3.948 | 6,4 |
| 1978 | 3.981 | 6,5 |
| 1979 | 4.144 | 6,8 |
| 1980 | 4.453 | 7,2 |

Quelle: Bundesminister für Arbeit und Sozialordnung (Hrsg.),
        Arbeits- und Sozialstatistik, Hauptergebnisse 1980,
        Bonn 1980.

1970 waren von 2.977 Millionen Ausländern noch 1.807
Millionen als Arbeitnehmer beschäftigt, dies sind ca. 60 %.
1980 waren nur noch 45 % der Migranten erwerbstätig, womit
sich die Erwerbstätigenquote von Deutschen und Ausländern
nur noch wenig unterscheidet. Während die Zahl der ausländischen Erwerbstätigen von 1970 bis 1980 nur um ca.
200.000 Personen zunahm, wuchs die nicht-deutsche Bevölkerung insgesamt im gleichen Zeitraum um rund 1.48 Millionen an. Dies bedeutet eine gravierende strukturelle Veränderung im Aufbau der Ausländerpopulation. Während Mitte
und Ende der sechziger Jahre vorwiegend Arbeitnehmer und

in geringem Umfang auch Arbeitnehmerinnen in der Bundesrepublik Deutschland verweilten, zogen in den siebziger
Jahren Ehepartner und Kinder nach. Die Zahl der Einwande-
rungen nicht-erwerbstätiger Personen liegt seit Beginn
der sechziger Jahre deutlich über den entsprechenden Fort-
zügen. Diese Tendenz wird nur 1966/67 und 1975 bis 1977
gebrochen (Tab. 5).

Tab. 5: Wanderungen von nicht-erwerbstätigen Personen
        (in 1.000)

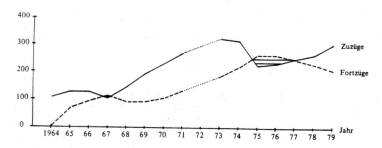

Quelle: Luitgard Trommer, Helmut Köhler, Ausländer in der
        Bundesrepublik Deutschland, München 1981, S. 51.

Wie im bezug auf die erwerbstätigen Ausländer, so sind auch
hinsichtlich der ausländischen Wohnbevölkerung die einzelnen Nationalitätengruppen an dieser Entwicklung in unterschiedlichem Maße beteiligt. Während die Zahl der türkischen Staatsbürger in der Bundesrepublik von 1974 bis
1980 um über 400.000 ansteigt, verringert sich im gleichen
Zeitraum die Zahl der Bürger aus den anderen traditionellen
Anwerbeländern (Tab. 6).

Tab. 6: Ausländer nach ausgewählten Staatsangehörigkeiten

| Staatsange-hörigkeit | 1980 | | 1980 gegenüber | | | |
|---|---|---|---|---|---|---|
| | | | 1974 | | 1979 | |
| | 1000 | % | 1000 | % | 1000 | % |
| Europa (gesamt) | 3955,3 | 88,8 | +194,2 | + 5,2 | +264,2 | + 7,2 |
| dar.; EG-Staaten | 913,6 | 20,5 | + 32,2 | + 3,7 | + 40,6 | + 4,7 |
| Italien | 617,9 | 13,9 | - 11,7 | - 1,9 | + 23,5 | + 4,0 |
| Niederlande | 107,8 | 2,4 | - 2,1 | - 1,9 | + 1,7 | + 1,6 |
| Frankreich | 68,6 | 1,5 | + 9,5 | + 16,1 | + 4,1 | + 6,4 |
| Großbritann. u. Nordirland | 81,1 | 1,8 | + 28,9 | + 55,4 | + 8,4 | +11,6 |
| Belgien | 16,6 | 0,4 | + 1,8 | + 12,2 | + 0,9 | + 5,7 |
| Dänemark | 11,5 | 0,3 | + 2,1 | + 22,3 | + 0,7 | + 6,5 |
| Luxemburg | 4,4 | 0,1 | + 0,2 | + 4,8 | + 0,1 | + 2,3 |
| Irland | 5,7 | 0,1 | + 3,4 | +147,8 | + 1,2 | +26,7 |
| Türkei | 1462,4 | 32,8 | +434,6 | + 42,3 | +194,1 | +15,3 |
| Jugoslawien | 631,8 | 14,2 | - 76,0 | - 10,7 | + 11,2 | + 1,8 |
| Griechenland | 297,5 | 6,7 | -108,9 | - 26,8 | + 0,7 | + 0,2 |
| Spanien | 180,0 | 4,0 | - 92,7 | - 34,0 | - 2,2 | - 1,2 |
| Portugal | 112,3 | 2,5 | - 9,2 | - 7,6 | + 2,5 | + 2,3 |
| Österreich | 172,6 | 3,9 | - 4,4 | - 2,5 | + 3,7 | + 2,2 |
| Übr. Europa | 185,1 | 4,2 | + 18,5 | + 11,1 | + 13,7 | + 8,0 |
| Afrika | 103,4 | 2,3 | + 34,1 | + 49,2 | + 14,9 | +16,8 |
| Amerika | 113,4 | 2,5 | + 2,5 | + 12,3 | + 6,6 | + 6,2 |
| Asien | 219,7 | 4,9 | +105,8 | + 92,9 | + 49,4 | +29,0 |
| Indien | 27,9 | 0,6 | + 16,2 | +138,5 | + 7,3 | +35,4 |
| Iran | 28,4 | 0,6 | + 8,8 | + 44,9 | + 7,4 | +35,2 |
| Pakistan | 26,2 | 0,6 | + 22,9 | +693,9 | + 5,7 | +27,8 |
| Übr. Asien | 137,2 | 3,1 | + 57,9 | + 73,0 | + 29,0 | +26,8 |
| Australien u. Ozeanien | 6,7 | 0,2 | 0,0 | 0,0 | + 0,4 | + 6,3 |
| Staatenlos | 33,9 | 0,8 | + 3,2 | + 10,4 | + 1,8 | + 5,6 |
| Ungeklärt u. o. Angabe | 21,0 | 0,5 | - 4,6 | - 18,0 | - 0,6 | - 2,8 |
| Insgesamt | 4453,3 | 100 | +325,9 | + 7,9 | +309,5 | + 7,5 |

Quelle: Statistisches Bundesamt (Hrsg.), Wirtschaft und
Statistik, Wiesbaden 1/81.

Die Türken stellen somit 1980 die stärkste Bevölkerungs-
gruppe (1,462 Millionen) dar; jeder dritte Ausländer in der
BRD besitzt die türkische Staatsangehörigkeit. Es folgen Jugoslawen (0,632 Millionen), Italiener (0,618 Millionen) als
die größten Nationalitätengruppen. Insgesamt stammen ca.
77 % der in der BRD lebenden Ausländer aus diesen südeuropäischen
Anwerbeländern.

Die durchschnittliche Aufenthaltsdauer (Tab. 7) der Migranten
zeigt, daß über 52 % von ihnen bereits seit mehr als acht Jahren in der Bundesrepublik verweilen. Über 33 % leben seit
maximal sechs Jahren in der BRD. Bei den Türken beträgt der
Anteil 41 %. Alle Personen der letztgenannten Gruppe sind auf
dem Wege der Familienzusammenführung nach dem Anwerbestop
von 1973 eingereist. Offensichtlich wurde mit der Verhängung
des Anwerbeverbotes keine Verringerung der Ausländerzahl erreicht, wie dies politisch beabsichtigt war. Im Gegenteil
besteht Anlaß zu der Vermutung, daß gerade durch ihn, in
Erwartung noch repressiverer Einreisebestimmungen, vor allem
von den Türken in verstärktem Maße Familienangehörige in die
Bundesrepublik geholt wurden.

Die aufgezeigten Veränderungen im Verlauf der Migration haben wichtige sozialpolitische Konsequenzen. Der strukturelle
Wandel innerhalb der Migrantenpopulation veränderte auch
die Nachfrage im Bereich der sozialen Infrastruktur. Um
nur zwei Problembereiche anzusprechen, sei auf den veränderten Bedarf am Wohnungsmarkt und die zusätzliche Nachfrage im Bildungs- und Ausbildungsbereich hingewiesen.

1980 beträgt die Zahl der Ausländer unter 21 Jahren 1,219
Millionen, dies sind mehr als ein Viertel der gesamten aus-
ländischen Wohnbevölkerung. Ein Vergleich der Altersstruk-
tur der Ausländer von 1973 mit 1980 veranschaulicht die
Entwicklung in den siebziger Jahren besonders deutlich
(Tab. 8).

Tab. 7: Ausländer am 30.09.1980 nach ausgewählten Staatsangehörigkeiten und Aufenthaltsdauer im Bundesge-
biet

| Staatsange-hörigkeit | Von jeweils 100 Personen hielten sich von ... bis unter ... Jahre im Bundesgebiet auf | | | | | | | | Durchschn. Aufent-halts-dauer |
|---|---|---|---|---|---|---|---|---|---|
| | u.1 | 1-4 | 4-6 | 6-8 | 8-10 | 10-15 | 15-20 | 20 u.m. | i. Jahren |
| Ausländer insgesamt | 8,1 | 17,0 | 8,6 | 13,9 | 14,5 | 23,7 | 7,9 | 6,2 | 9,08 |
| darunter: | | | | | | | | | |
| Türkei | 9,8 | 20,0 | 11,2 | 18,9 | 16,3 | 19,1 | 4,0 | 0,6 | 7,14 |
| Jugoslawien | 3,3 | 10,3 | 6,8 | 14,9 | 18,5 | 40,0 | 4,1 | 2,1 | 9,56 |
| Italien | 6,6 | 16,9 | 6,8 | 10,4 | 12,0 | 27,6 | 13,2 | 6,4 | 9,79 |
| Griechenl. | 2,2 | 8,2 | 6,8 | 10,0 | 16,9 | 34,1 | 18,0 | 3,7 | 11,13 |
| Spanien | 1,7 | 5,9 | 5,1 | 11,3 | 15,9 | 31,2 | 24,8 | 4,0 | 11,89 |
| Portugal | 2,3 | 10,8 | 11,2 | 26,4 | 21,3 | 22,4 | 4,9 | 0,8 | 8,46 |
| Österreich | 6,4 | 11,5 | 5,3 | 9,6 | 13,7 | 23,2 | 12,5 | 17,9 | 12,04 |
| Niederlande | 3,2 | 8,3 | 4,9 | 6,8 | 7,1 | 14,5 | 10,0 | 45,2 | 16,45 |
| Schweiz | 5,8 | 14,5 | 6,9 | 7,3 | 7,8 | 15,6 | 9,0 | 33,1 | 13,75 |

Quelle: Statistisches Bundesamt (Hrsg.), Wirtschaft und Statistik, Wiesbaden 1/81.

Tab. 8: Veränderungen der Altersstruktur von Ausländern
aus europäischen Anwerbeländern (in 1.000)

| Alter (in Jahren) | 1973 | 1980 |
|---|---|---|
| unter 6 | 251,2 | 366,5 |
| 6 bis unter 10 | 118,3 | 266,9 |
| 10 bis unter 15 | 106,3 | 274,0 |
| 15 bis unter 21 | 253,9 | 312,0 |
| insgesamt | 729,7 | 1219,4 |

Quelle: Luitgard Trommer, Helmut Köhler, Ausländer in der
Bundesrepublik Deutschland, München 1981, S. 86.

Die ausländische Wohnbevölkerung hat sich also gravierend
"verjüngt". Der Anteil der unter 21-jährigen ist von 1973
bis 1980 um ca. 67 % angestiegen. Jeder siebte Türke ist
1980 weniger als sechs Jahre alt (Tab. 9). Der Alters-
aufbau von Deutschen und Ausländern unterscheidet sich vor
allem dadurch, daß ältere Ausländer (über 65 Jahren) fast
völlig fehlen und jüngere (unter 15 Jahren) merklich über-
repräsentiert sind.

Tab. 9: Altersstruktur nach Nationalität (30.09.80)

| Herkunfts-land | von jeweils 100 Personen waren von ... bis unter ... Jahre alt. | | 15 - 65 | 65 u. mehr |
|---|---|---|---|---|
| | unter 15 | | | |
| | insgesamt | unter 6 | | |
| Ausländer gesamt | 23,7 | 9,4 | 74,1 | 2,1 |
| darunter: | | | | |
| Türkei | 33,5 | 13,8 | 66,2 | 0,3 |
| Jugoslawien | 21,2 | 9,7 | 78,1 | 0,7 |
| Italien | 21,9 | 8,9 | 76,6 | 1,4 |
| Griechenland | 26,8 | 8,6 | 72,3 | 0,8 |
| Spanien | 21,5 | 7,2 | 77,6 | 0,9 |
| Portugal | 25,9 | 9,3 | 73,7 | 0,4 |

Quelle: Statistisches Bundesamt (Hrsg.), Wirtschaft und
Statistik, Wiesbaden 1/81

Insgesamt sind 23,7 % oder 1,06 Millionen Personen unter
15 Jahre alt, d. h. noch im schulpflichtigen Alter. Hierbei muß jedoch beachtet werden, daß nach demographischen
Schätzungen noch etwa eine Million Kinder ausländischer Arbeitnehmer in den entsprechenden Heimatländern verweilen.
Bleiben die Eltern bzw. ein Elternteil in der Bundesrepu-

blik Deutschland, so ist in den nächsten Jahren mit deren
Nachzug zu rechnen.[13]
Eine weitere Zahl veranschaulicht die anstehenden Probleme im Schulbereich besonders drastisch. "In Gemeindegebie-
ten mit hoher Ausländerkonzentration sind Grundschulklassen
mit mehr als 50 % ausländischen Kindern nicht mehr selten."[14]
Im Durchschnitt betrug die Zahl der ausländischen Schüler
an Grund- und Hauptschulen 1979 bereits ca. 8,5 % (Tab. 10).
Dieser Anteil hat sich seit 1970 mehr als verdreifacht,
wobei keine gravierende Trendwende in den nächsten Jahren
zu erwarten ist.

**Tab. 10:** Anteil ausländischer Schüler an der Gesamtschüler-
zahl (in Prozent)

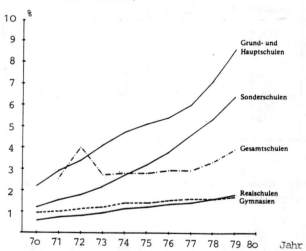

Quelle: Luitgard Trommer, Helmut Köhler, Ausländer in der
Bundesrepublik Deutschland, München 1981, S. 130.

Diese Zahlen belegen deutlich, welche sozialen Konsequenzen
der Anwerbung von Arbeitskräften nunmehr folgen. Gelingt
es nicht, diese Kinder und Jugendlichen in das Aufnahmesystem dauerhaft einzugliedern und ihnen eine entsprechende Chancengleichheit mit deutschen Heranwachsenden zu eröffnen, so scheinen massive Konflikte nicht unwahrscheinlich.

Die Schwierigkeiten dieser politischen Aufgabe werden
jedoch erst deutlich, wenn man auch die bereits angesproche-
ne räumliche Segregation und die Unterschiedlichkeit der
Entsendeländer mitberücksichtigt.

Ausländische Arbeitnehmer und ihre Familien leben in der
Bundesrepublik Deutschland überwiegend in Gebieten, die sich
durch hohe Bevölkerungsdichte auszeichnen. So wohnten 1980
ca. 50 % in Städten mit 100.000 und mehr Einwohnern.[15]
Auch hier ist der Zusammenhang zwischen ökonomischen Faktoren (Konzentration von Produktionsanlagen) und der Segregation von Migranten festzustellen. In wirtschaftlichen Ballungsgebieten ist der Anteil von Ausländern, wie Tab. 11
zeigt, überproportional hoch.

Der bundesdurchschnittliche Ausländeranteil (ca. 7 %) wird
vor allem in Großstädten und Ballungsgebieten stark über-
troffen. So beträgt er beispielsweise in Frankfurt 23 %,
in Stuttgart 18 % und in Düsseldorf, Köln und Mannheim
15 %. D. h., etwa jeder fünfte, sechste bzw. siebente
Einwohner in diesen Städten besitzt nicht die deutsche
Staatsbürgerschaft.[16]

Politisch bedeutet diese Tatsache, daß in stark besiedel-
ten Gebieten, welche ohnehin durch Probleme wie Wohnungs-
not, ökologische Belastungen und relativ hohe Arbeitslosigkeit gekennzeichnet sind, die sozialen Folgekosten
der Beschäftigung von ausländischen Arbeitskräften hin-
zukommen. Solch ein regionales Konglomerat von sozialpo-
litischen Problemen kann sich in diesen Regionen rasch
in eine breite Front der Ablehnung gegen ausländische

Bürger verwandeln; dann jedoch erscheinen Maßnahmen, deren Ziel die Integration dieses Bevölkerungsteils ist,
nur schwerlich durchsetzbar.

Tab. 11: Ausländer in ausgewählten Städten

| Stadt | ausl. Wohnbe-völkerung | je 1.000 Einwohner |
|-------|------------------------|--------------------|
| Berlin | 225 900 | 120 |
| Düsseldorf | 87 200 | 148 |
| Duisburg | 76 700 | 138 |
| Frankfurt | 145 000 | 232 |
| Hamburg | 151 600 | 92 |
| Köln | 147 800 | 152 |
| Mannheim | 46 100 | 151 |
| München | 223 500 | 173 |
| Offenbach | 23 600 | 213 |
| Remscheid | 19 500 | 152 |
| Stuttgart | 106 700 | 183 |
| Ulm | 14 500 | 144 |

Quelle: Statistisches Bundesamt, Ausländer 1981, Fachserie
1, Reihe 1.4, März 1982.

Neben der ausgeprägten regionalen Segregation wird die
unterschiedliche nationale Herkunft als ein Merkmal betrachtet, welches einer Integrationspolitik erschwerend
entgegenwirkt. So wird in der öffentlichen Diskussion
oftmals behauptet, daß hinter den differenten Staatsbür-
gerschaften verschiedenartige Sitten und Traditionen
stehen, die sich mehr oder minder von den kulturellen
Mustern des Aufnahmelandes unterschieden, und daß die jeweiligen Migranten sich entweder "nur schwer" oder "leicht"
anpassen. Vor allem in bezug auf die türkischen Staatsbür-

ger werden solche Vorstellungen immer wieder artikuliert.
Sie seien "... eine Volksgruppe, deren Angehörige sich
nur schwer zur Anpassung an die kulturellen und religiösen Normen des Gastlandes bewegen lassen ... Das Ausländerproblem in der Bundesrepublik ist ein Türkenproblem."[17]
Im Gegensatz dazu seien Portugiesen, Spanier und Italiener "... leicht zu integrieren."[18] Aus solchen Annahmen
leitet sich dann auch die Forderung ab, daß Ausländerpolitik nach der nationalen Heterogenität der Migranten
differenzieren muß.
Ob diese These haltbar ist, kann an dieser Stelle noch
nicht entschieden werden. Es wird jedoch zu klären sein,
ob z. B. differente Sprachkenntnisse zwischen Türken und
Italienern auf ihre "kulturelle Herkunft" oder aber schlicht
auf Unterschiede in Aufenthaltsdauer, Ausbildungsstand oder
andere Variablen zurückzuführen sind.


## 2.2 Die Datenbasis der Untersuchung

Die folgende Untersuchung beruht auf Daten, die 1977 im
Auftrag des Bundesministeriums für Forschung und Techno-
logie innerhalb des Forschungsverbundes "Probleme der Ausländerbeschäftigung" erhoben und ausgewertet wurden.[19]
Befragt wurden damals ca. 1.500 ausländische Arbeitnehmer
aus Griechenland, Italien, Jugoslawien, Spanien und der
Türkei. Jede Nationalität war mit etwa 300 Personen vertreten. Interviewt wurde in fünf Regionen, die jeweils
"typische" Arbeitsamtsbezirke und somit unterschiedliche
Wirtschafts- und Infrastrukturen repräsentieren.

Tab. 12: Kriterien der regionalen Auswahl

| Arbeitsamts-bezirk | Strukturmerkmale |
|---|---|
| Kempten | überwiegend ländliche Struktur |
| Braunschweig | Struktur stark von übergeord-neten Verwaltungs-, Versorgungs-und Bildungseinrichtungen be-stimmt |
| Solingen | Ballungsrandzonen und industria-lisierte Mittelstädte |
| Bochum | Städte des Ruhrgebietes |
| München | Großstädte, Ballungsgebiete |

Die Befragten wurden in den jeweiligen Gebieten zufällig
ausgewählt. Die Interviews wurden mittels eines standardisierten Fragebogens durchgeführt, welcher in der jeweiligen Muttersprache verfaßt war. Die Rolle der Interviewer
nahmen hierfür geschulte Studenten der entsprechenden Nationalität wahr.
Aus dieser Vorgehensweise resultierte eine Stichprobe, die
insgesamt 1.513 Personen umfaßt. In Tab. 13 wird die Verteilung hinsichtlich der Merkmale Herkunftsland, Geschlecht,
Erwerbstätigkeit und Aufenthaltsdauer näher beschrieben.

Tab. 13: Merkmale der ausländischen Befragten

| Herkunftsland | Anzahl | Geschlecht | | Erwerbstä-tigkeit % | | Aufenthaltsdauer % | |
|---|---|---|---|---|---|---|---|
| | | m | w | ja | nein | bis 8 Jahre | über 8 Jahre |
| Griechenland | 301 | 203 | 98 | 83,1 | 16,9 | 43,2 | 56,8 |
| Italien | 306 | 200 | 105 | 80,1 | 19,9 | 52,7 | 47,3 |
| Jugoslawien | 287 | 169 | 115 | 86,1 | 13,9 | 79,4 | 20,6 |
| Spanien | 320 | 198 | 122 | 81,4 | 18,6 | 57,6 | 42,4 |
| Türkei | 299 | 178 | 119 | 82,2 | 17,8 | 73,5 | 26,5 |

Zur Charakterisierung der Stichprobe gehört auch, daß alle
Befragten älter als 18 Jahre waren. Von der Untersuchungs-
anlage her wurde die sogenannte "Zweite Generation" also
nicht besonders berücksichtigt. Nur 83 der insgesamt 1513
Befragten haben ihre schulische Sozialisation in der Bundesrepublik Deutschland erlebt. Und diese hielten sich zum
Befragungszeitpunkt (1977) bereits mindestens 12 Jahre in
der Bundesrepublik auf. Die Ergebnisse der Untersuchung sind
somit kaum geeignet, allgemeine Rückschlüsse auf die "Zweit-
generationsproblematik" zu ziehen.

Eine zweite Einschränkung hinsichtlich der Generalisier-
barkeit der Resultate ergibt sich aus der Tatsache, daß
über 80 % der befragten Ausländer Erwerbstätige sind. In
der Gesamtpopulation aller ausländischen Bürger liegt der
Anteil der beschäftigten Arbeitnehmer 1980 jedoch bei lediglich ca. 45 %. Dieser "überhöhte" Anteil von Erwerbstätigen ergibt sich zum einen aus dem erwähnten Mindestalter
von 18 Jahren für die Erhebung.
Schließlich ist noch darauf hinzuweisen, daß sich die
Anzahl der Befragten für jede Nationalität nicht propor-
tional an ihrem Gesamtumfang orientieren konnte, sondern
aus mathematisch-statistischen Gründen auf etwa 300
festgelegt wurde. Hätte man die Stichprobe (für jede nationale Subpopulation) aus der realen Größe der entsprechenden Nationalitätengruppe abgeleitet, so wären z. B. nur
etwa 100 Spanier zu interviewen gewesen. Ein solcher Umfang ließ jedoch Signifikanzprobleme erwarten, weshalb
es zu der erwähnten Festlegung kam.
Diese strukturellen Ungleichheiten zwischen der Stichpro-
benpopulation und der Gesamtheit der ausländischen Bürger sind bei allen folgenden Aussagen zu beachten. Generalisierungen können sich (wenn überhaupt) somit nur auf
die erwerbstätige Erstgeneration beziehen.
In diesem Zusammenhang ist auch die Frage zu stellen, ob
es stichhaltige Gründe gibt, welche es berechtigt erschei-

nen lassen, die 1977 erhobenen Daten für die heutige Situation als irrelevant zu bezeichnen. Haben sich also die ökonomischen, sozialen und juristischen Lebensbedingungen für die ausländischen Bürger gravierend verändert? Wir glauben, dies eher verneinen zu können. Zwar ist es durchaus möglich, daß sich innerhalb der konkreten Lebenssituation einzelner Migranten Veränderungen ergeben haben, aber für die Gesamtgruppe der ausländischen Bürger sind hierfür kaum Anhaltspunkte zu finden - seien es eingliederungsfördernde oder auch -hemmende.

Global gesehen erscheint die ökonomische Entwicklung in den Jahren 1977 - 1981 als anhaltende Rezessionsphase. Die Arbeitslosenquote der erwerbstätigen ausländischen Bürger zeigt jedoch keine fundamentale Veränderung an. Bei der Arbeitslosenquote insgesamt, d. h. bezogen auf alle sozialversicherungspflichtigen Arbeitnehmer, schwankt der Anteil der Ausländer seit 1975 zwischen 9,5 und 14,1 % (Tab. 14).

**Tab. 14:** Entwicklung der Arbeitslosenquote

| Jahr | Arbeitslosenquote insgesamt | Anteil der Ausländer in der Arbeitslosenquote | Arbeitslosenquote der Ausländer |
|------|------|------|------|
| 1975 | 4,7 % | 14,1 % | 6,8 % |
| 1976 | 4,6 % | 10,0 % | 5,3 % |
| 1977 | 4,5 % | 9,5 % | 4,9 % |
| 1978 | 4,3 % | 10,4 % | 5,3 % |
| 1979 | 3,8 % | 10,7 % | 4,7 % |
| 1980 | 3,9 % | 12,1 % | 5,3 % |

Quelle: Der Bundesminister für Arbeit und Sozialordnung (Hrsg.), Arbeits- und Sozialstatistik, Hauptergebnisse 1980, Bonn 1980. Der Bundesminister für Arbeit und Sozialordnung (Hrsg.), Bundesarbeitsblatt, Wiesbaden 3/81. Eigene Zusammenstellung.

Sieht man in der Arbeitslosenquote einen validen Indikator für die Partizipation der Ausländer am volkswirtschaftlichen Gesamtprozeß, so kann festgestellt werden,
daß die Arbeitslosigkeit innerhalb der ausländischen Be-
völkerungsgruppe prozentual nur relativ geringfügig größer
war als innerhalb der Gruppe aller Erwerbstätigen. Dabei
ist zu beachten, daß ausländische Arbeitnehmer überwiegend als un- und angelernte Arbeiter beschäftigt sind,
also in Berufsgruppen mit einem besonders hohen Arbeits-
marktrisiko. Mit anderen Worten, ausländische Arbeitnehmer haben im Zeitraum 1977-1980 - trotz Inländerprimat bei
der Arbeitsplatzvermittlung - nur unwesentlich stärker
unter Arbeitslosigkeit gelitten als deutsche Arbeitnehmer.
Dies heißt jedoch nicht, daß Arbeitsmigranten in rezessi-
ven ökonomischen Phasen nicht besonderen Repressionen ausgesetzt sein können. Da Arbeitslosigkeit für sie - vor allem wenn sie erst kurze Zeit in der Bundesrepublik Deutschland verweilen - juristische Folgen bis hin zur Ausweisung
haben kann, ist bei ihnen u. U. die Bereitschaft höher, etwa betriebsinterne Umsetzungen, die mit materiellen Einbußen oder höheren physischen Belastungen einhergehen können, hinzunehmen. Derartige Zusammenhänge sind aus diesem
Zahlenmaterial natürlich nicht zu entnehmen.

Betrachten wir schließlich die Entwicklung in juristischer
Hinsicht, so sind auch hier innerhalb der letzten fünf Jahre keine gravierenden - die Arbeitsmigranten betreffenden -
Veränderungen anzuzeigen. Als gesetzgeberische Maßnahme
ist im wesentlichen nur die am 01.10.78 in Kraft getretene
"Änderung der allgemeinen Verwaltungsvorschrift zur Aus-
führung des Ausländergesetzes" zu nennen. Im Kern besagt
diese Initiative, daß Ausländer nach fünfjährigem Aufenthalt einen Anspruch auf eine unbefristete Aufenthaltser-
laubnis haben und nach acht Jahren die unbefristete Aufenthaltsberechtigung erhalten können.[20] Die Erteilung der
Aufenthaltsberechtigung ist an vier Bedingungen geknüpft:

1. fünf Jahre ununterbrochene Beschäftigung
2. mündliche Beherrschung der deutschen Sprache
3. angemessene Wohnung
4. Kinder besuchen deutsche Schulen.[21]

Diese Veränderung kann als leichte Verbesserung des juristischen Status interpretiert werden. Jedoch scheinen hieraus keine fundamentalen Folgen für die allgemeine Lebenssituation und speziell für die "Rechtssicherheit" der Migranten ableitbar zu sein. Immer noch können minimale Rechtsverstöße die Ausweisung zur Folge haben.[22]

Das grundsätzliche politisch-rechtliche Problem der Bundesrepublik im Umgang mit den Ausländern bleibt offensichtlich forthin bestehen. Während der quantitative Umfang der Immigration und die Aufenthaltsdauer der Ausländer es berechtigt erscheinen lassen, die BRD als ein Einwanderungsland zu betrachten, ist die Ausländerpolitik weiterhin als eine "Fremdenpolitik" zu bezeichnen, die sich bisher als unangemessen zur Bewältigung der anstehenden Probleme erwies. Immer noch wird versucht, eine in sich widersprüchliche Politik der Integration und Remigration zu betreiben. Einerseits gilt Integration - mit ihrer im politischen Raum uneinheitlichen Definition - als das ausländerpolitische Ziel schlechthin, andererseits wird in vielen programmatischen Erklärungen jedoch auch die Option der Remigration betont.

So beinhalten die Vorschläge der "Bund-Länder-Kommission zur Fortentwicklung einer umfassenden Konzeption der Ausländerbeschäftigungspolitik"[23] sowohl die Forderung nach sozialer und rechtlicher Integration als auch die nach einer Stärkung der Rückkehrbereitschaft und -fähigkeit.[24] Auch die Beschlüsse der Bundesregierung zur Weiterentwicklung der Ausländerpolitik von 1980[25] verweisen auf beide Ziele. Zwar wird die "Integration" als politische Leit-

linie besonders betont, aber es fehlt auch hier nicht
der Hinweis, daß "Ausgehend von der Achtung vor einer
solchen Entscheidung (freiwillige Entscheidung zur Remigration, d. Verf.) und ihren wirtschaftlichen und sozialen Wirkungen ... die entwicklungspolitische Förderung
der beruflichen Wiedereingliederung (Reintegration) und der
Investition ausländischer Arbeitnehmer in ihren Herkunftsländern ausgebaut werden"[26] soll.

Die Zwiespältigkeit der Ausländerpolitik ist natürlich
nicht ohne Konsequenz für das Verhalten der Migranten
in der BRD. Bei ihrer Lebensplanung und -führung haben
sie permanent beide Komponenten vor Augen: "Integration"
als soziale und rechtliche Gleichstellung und daneben
"Stärkung der Remigration" und"Inländerprimat" am Arbeitsmarkt. Diese antagonistische Situation bedeutet
für die Arbeitsmigranten, daß ihr Handeln unter einer
ausgeprägten Unsicherheit stattfindet. Diese äußerst
problematische Handlungssituation, die keine klare Interpretation darüber zuläßt, ob man ein "gern gesehenes"
Mitglied dieser Gesellschaft ist, dem auch Chancengleichheit zugestanden wird, oder ob man ein "unerwünschtes
Element" in der BRD ist, dessen Rückwanderung gewünscht
wird, hat sich in den letzten Jahren kaum verändert.

Als Fazit darf hier festgehalten werden, daß sich aus
der zeitlichen Verschiebung zwischen Datenerhebung und
der hier vorliegenden Sekundäranalyse nicht unbedingt
Restriktionen für die Aktualität der Analyse ergeben.
Darüber hinaus ist dies auch kein entscheidendes Kriterium für die Angemessenheit einer soziologischen Untersuchung, sondern eher eine positive Begleiterschei-
nung.
Der im folgenden zu analysierende Datensatz ist aus
wissenschaftlicher Sicht aus mehreren Gründen besonders für eine Sekundäranalyse geeignet. Die Unter-

suchung über die "sozialen und kulturellen Bestimmungsgründe des Verhaltens ausländischer Arbeitnehmer"[27] gehört zu den wenigen empirisch umfangreichen und theoretisch fundierten Studien, in denen die Eingliederung
von Arbeitsmigranten in die Bundesrepublik Deutschland
allgemein thematisiert wird. Da die Auswertung aus verschiedenen Gründen auf einer deskriptiven Ebene verblieb
und ein durchgängiger Theorietest weitgehend entfiel, ist
sie prädestiniert für eine erweiternde soziologische
Analyse, in der eben dieses Element im Vordergrund steht.
Als besonders günstig erweist sich dabei die Tatsache,
daß die Variablenauswahl (etwa 350 Merkmale pro Vpn)
eine erhebliche Breite aufweist, d. h., man bemühte
sich darum, die Lebenssituation der Ausländer sowohl vor
der Wanderung als auch direkt danach und schließlich zum
Befragungszeitpunkt möglichst umfangreich zu erfassen.
Somit ist diese Erhebung nicht auf spezielle inhaltliche
Assimilationsaspekte zugeschnitten, sondern versucht, diesen Prozeß in seiner Allgemeinheit anzusprechen, was einer
Auswertung, die eher die grundlegenden Anpassungsvorgänge
problematisieren will, sehr entgegenkommt. Ferner eröffnet sie die Möglichkeit des Tests von Kausalhypothesen
(in Form von Pfadmodellen), da sie von ihrer Anlage her
zwischen Herkunfts-, Anfangs- und Befragungssituation
differenziert, also im Sinne eines Ex-post-facto-Experi-
ments konzipiert wurde.

Trotz dieser positiven Voraussetzungen sind - wie bei jeder Sekundäranalyse - auch Einschränkungen zu verzeichnen.
Da die wichtigen Forschungsschritte Hypothesenbildung und
Operationalisierung unveränderlich vorgegeben sind und
nur teilweise aus der im folgenden zu explizierenden Handlungstheorie abgeleitet wurden, ergeben sich zwangsläufig
hin und wieder nur eingeschränkte Möglichkeiten der Hypo-
thesentestung. Insgesamt jedoch erscheinen diese Restriktionen keineswegs so schwerwiegend, als daß aus diesem
Grunde auf die Sekundäranalyse verzichtet werden sollte.

Anmerkungen zu Kap. 2.

1) Vgl.: Hans-Joachim Hoffmann-Nowotny, Migration -
   Ein Beitrag zu einer soziologischen Erklärung, Stuttgart
   1970, S. 53.

2) Vgl.: Ebd., S. 51 f.

3) Shmuel N. Eisenstadt, The Absorption of Immigrants,
   London 1954, S. 1.

4) Vgl.: Hartmut Esser, Aspekte der Wandlungssoziologie,
   Darmstadt 1980, S. 29 ff.

5) Vgl.: H.-J. Hoffmann-Nowotny, a.a.O., S. 64 ff.
   Vgl.: H. Esser, a.a.O., S. 27
   Vgl.: Günther Albrecht, Soziologie der geographischen
   Mobilität, Stuttgart 1972, S. 143 ff.

6) Zu den Ansätzen von Thomlinsons, Beshers und Hoffmann-
   Nowotny, vgl.: Hoffmann-Nowotny, a.a.O., S. 64 ff.
   und 97 ff.
   Vgl. weiter:
   Heinz Harbach, Internationale Schichtung und Arbeits-
   migration, Reinbek 1976.
   Werner Langenheder, Ansatz zu einer allgemeinen Ver-
   haltenstheorie in den Sozialwissenschaften, Köln und
   Opladen, 1968
   H. Esser, a.a.O., S. 27 ff.

7) Vgl. H. Harbach, a.a.O., S. 155 ff.

8) Vgl.: H.-J. Hoffmann-Nowotny, a.a.O., S. 103 ff.

9) Vgl.: Marios Nikolinakos, Politische Ökonomie der Gastarbeiterfrage, Hamburg 1973, S. 36 ff.
   Vgl.: Manfred Budzinski, Gewerkschaftliche und betriebliche Erfahrung ausländischer Arbeiter, Frankfurt
   1979, S. 19 ff.

10) Vgl.: Bundesminister für Arbeit und Sozialordnung (Hrsg.),
    Statistisches Taschenbuch 1977, Bonn 1978, Tab. 1.1.

11) Vgl. Harris Katsoulis, Bürger zweiter Klasse, Frank-
    furt 1978, S. 160 ff.
    Die angesprochenen Veränderungen betreffen nur Migran-
    ten aus Nicht-EG-Mitgliederstaaten.

12) Zu den Verträgen zwischen den Abgabeländern in der
    Bundesrepublik Deutschland, welche die juristische
    Grundlage für die Betreibung der Anwerbebüros dar-
    stellen, vgl.:
    Reinhard Lohrmann, Klaus Manfrass (Hrsg.), Ausländer-
    beschäftigung und internationale Politik, München 1974,
    S. 257 ff.

13) Vgl.: Heinz Kühn, Stand und Weiterentwicklung der In-
    tegration der ausländischen Arbeitnehmer und ihrer Fa-
    milien in der Bundesrepublik Deutschland, Bonn 1979,
    S. 7.

14) Vgl.: Ebd., S. 23.

15) Vgl.: Statistisches Bundesamt (Hrsg.) Wirtschaft und Statistik, Wiesbaden 1/1981, S. 38.

16) Vgl.: Ebd., S. 38.

17) Wende in der Ausländerpolitik, in: Der Spiegel 50/1981, S. 27.

18) Vgl.: Ebd., S. 26.

19) Zu den folgenden Ausführungen vgl.: Manfred Kremer, Helga Spangenberg, Assimilation ausländischer Arbeitnehmer in der Bundesrepublik Deutschland, Königstein 1980, S. 10 ff. und S. 197.

20) Vgl.: Fritz Franz, Kurswechsel in der Fremdenpolitik, in: Deutsch lernen, 3/1978, S. 26 f.

21) Vgl.: Ebd.

22) Vgl.: Karl-Heinz Meier-Braun, "Gastarbeiter" oder Einwanderer?, Frankfurt 1980, S. 11 ff.

23) Vgl.: Bundesminister für Arbeit und Sozialordnung (Hrsg.), Vorschläge der Bund-Länder-Kommission zur Fortentwicklung einer umfassenden Konzeption der Ausländerbeschäftigungspolitik, IIa 5-24 200/22, Bonn 28.02.1977.

24) Vgl.: Ebd., S. 3 f.

25) Weiterentwicklung der Ausländerpolitik, Beschlüsse der Bundesregierung vom 19.03.1980 (o. weitere Angaben).

26) Ebd., S. 4.

27) Vgl.: M. Kremer, H. Spangenberg, a.a.O.

## 3. Soziologische Aspekte der Integration und Assimilation von Wanderern

Bevor im folgenden einige zentrale Theorien der Eingliederung von Wanderern skizziert und einer sich auf wesentliche Punkte beschränkenden Kritik unterzogen werden sollen, erscheint es sinnvoll, zunächst den Begriff "Assimilation" zu konkretisieren.
Bei dem Versuch, soziologische Theorien und empirische Studien zum Thema "Assimilation" zu vergleichen oder zu systematisieren, ergeben sich nicht zuletzt Schwierigkeiten, die auf der Vielzahl der verwendeten Begriffe beruhen. Neben den gebräuchlichsten "Assimilation" und "Integration" werden Termini wie "Adaption", "Absorption", "Akkulturation", "Akkomodation" u. a. verwendet.[1] H. Esser beschreibt als den gemeinsamen Kern dieser Begriffe, "... daß sie den Zustand bzw. den Prozeß der Angleichung von Personen an ein soziales oder kulturelles System bei gleichzeitiger Entlastetheit und Orientiertheit der Personen und bei (Weiter-) Funktionieren des Gesamtsystems bezeichnen."[2] Diese allgemeine Definition kann im wesentlichen nach drei Aspekten differenziert werden. Wird der (Lern-) Prozeß der Übernahme von kulturell üblichen Verhaltensweisen und Orientierungen angesprochen, so wird er mit dem Begriff "Akkulturation" belegt. Betrachtet man (zu einem bestimmten Zeitpunkt) den Zustand der Ähnlichkeit von Wanderern und Einheimischen, wird von "Assimilation" gesprochen. Schließlich kann (drittens) der Zustand des Wanderers hinsichtlich seines personalen Gleichgewichts bzw. der personalen Spannungsfreiheit mit "Integration" umschrieben.[3]

Ein Grund für die Vielzahl der in der Eingliederungsthematik verwendeten Begriffe liegt nun in der unterschiedlichen Betrachtungsweise des Phänomens. Akkulturation, Assimilation und Integration können auf der individuellen

Ebene auf einen absoluten Standard bezogen werden. Eine
solche individuell-absolute Sichtweise bemißt nun den
Prozeß der Übernahme von kulturellen Werten, Normen und
Gebräuchen (Akkulturation) und auch den Zustand der Ähnlichkeit (Assimilation) an der Gesamtheit der vom Wanderer neu zu erlernenden kulturell geprägten Dispositionen,
Kenntnisse und Fertigkeiten. Integration bezieht sich in
dieser Sicht auf die Ausprägung des personalen Gleich-
gewichtes, welches im wesentlichen die individuelle Zufriedenheit des Wanderers wiedergibt. Eine solche Bezug-
nahme auf absolute Standards der Aufnahmegesellschaft bei
der Verwendung der drei Begriffe impliziert jedoch Annahmen über ein einheitliches homogenes Sozialsystem der Aufnahmegesellschaft, die kaum gerechtfertigt werden können.
Somit bietet sich eine relationale Orientierung bei der
Deskription der Eingliederung an, die die Differenziert-
heit von Verhaltensweisen und Orientierungen in ungleich
geschichteten Sozialsystemen berücksichtigt und die genannten Begriffe relational zu "entsprechenden" einheimischen Interaktionspartnern interpretiert. Akkulturation
von Wanderern vollzieht sich somit auch, wenn "nur" die
in einem sozio-kulturellen Subsystem üblichen Verhaltensweisen und Orientierungen innerhalb interethnischer Beziehungen erlernt werden und (oder) der Prozeß der Übernahme auf bestimmte Handlungsräume (z. B. Berufsrollen)
beschränkt bleibt und in anderen Aktionsbereichen (etwa
Mitgliedschaft in religiösen oder politischen Institutionen) nicht vollzogen wird. Assimilation von Wanderern und
Einheimischen kann sich folglich auch auf die Angleichungen in solchen Teilsystemen beziehen. Die individuell-re-
lationale Integration beschreibt schließlich das personale
Gleichgewicht des Immigranten als den Zustand, der aus der
Interaktion im interethnischen Beziehungsgefüge resultiert.[4]
Diese analytischen Differenzierungen zwischen Akkultura-
tion, Assimilation und Integration und den jeweiligen
Bezugsebenen (absolut oder relational) sind logisch von-

einander unabhängig, es wird keine Verknüpfungsregel postuliert. Somit sind empirisch alle denkbaren Kombinationen
möglich. Betrachtet man etwa den Fall eines Wanderers,
der in einer ethnischen Kolonie nahezu vollständig von
dem Aufnahmesystem isoliert lebt, so gilt er absolut als
integriert, wenn er in einem persönlichen Gleichgewicht
verweilt; da er jedoch keinerlei interethnische Beziehungen
unterhält, kann er nicht als relational integriert gelten.
Denkbar ist auch, daß Immigranten durchaus interethnische
Sozialkontakte pflegen und Rollen in der Aufnahmegesellschaft wahrnehmen (relationale Assimilation), ohne jedoch
ein personales Gleichgewicht aufzuweisen, also eben nicht
als absolut oder relational integriert gelten können. Es
bleibt eine empirische Frage, welche Verknüpfungen unter
welchen Bedingungen auftreten, wie sie zustandekommen und
welche weiteren Folgen sie haben.[5]
Bei der folgenden Skizze von theoretischen Konzepten zur
Erklärung der Eingliederung von Immigranten werden einige
spezifische Definitionen der Begriffe "Assimilation", "Integration" u. a. sowie ihre theoretischen Implikationen
weiter verdeutlicht werden.


## 3.1 Erklärungsversuche der Eingliederung

Die Eingliederung von Migranten gehört zu den "klassischen"
Themenbereichen der Soziologie.[6] Seit ihrer Institutio-
nalisierung als eigenständige akademische Disziplin ist
der Prozeß des Kulturwechsels kontinuierlich Gegenstand
von theoretischen und empirischen Analysen. Dies gilt
besonders für den angloamerikanischen Raum, der freilich auch aufgrund historischer Entwicklungen einen
klassischen Einwanderungskontext darstellt. Entsprechend
reichhaltig und vielfältig sind die vorliegenden Arbeiten
zu diesem Thema. Jedoch wies S. Eisenstadt bereits 1954
darauf hin, daß die diversen Untersuchungen leider nur in

wenigen Fällen sinnvoll miteinander verschränkt sind
oder gar systematisch aufeinander aufbauen.[7]
In einem aktuelleren Überblick zum theoretischen Stand der
Wanderungs- und Eingliederungsforschung kommt G. Endruweit
1975 zu keinem besseren Befund.[8] Er konstatiert ein viel-
fältiges Nebeneinander von theoretischen (und auch empirischen) Ansätzen. Bei seiner Übersicht unterscheidet er
zwischen "etablierten Theorien" (strukturell-funktionale
Theorie und marxistische Ansätze), "Ad-hoc-Theorien", "so-
zialpolitisch-humanitären Ansätzen" und "theorielosen Darstellungen". Unter der Kategorie "Adhoc-Theorien" werden
dann nicht weniger als zehn Untertypen (z. B. "Solidari-
tätsansatz", "Defizitansatz", "Kontrast-Emanzipations-
ansatz" u. a.) angeführt.[9] Trotz dieser Vielzahl von Theorien lassen sich jedoch vier soziologische Ansätze, die
jeweils bestimmte Aspekte der Eingliederungsproblematik
besonders hervorheben, lokalisieren, welche für die Entwicklung dieses Forschungsbereiches von zentraler Bedeutung
sind. Mit zu den ersten und wichtigsten Versuchen, die sozialen Regelmäßigkeiten der Eingliederung von Wanderern in
ein sozio-kulturelles System zu erfassen, gehören die sogenannten "race-relation-cycles", die den Eingliederungsprozeß als eine kontinuierliche, zielgerichtete und irre-
versible Abfolge von Handlungen auffassen. Die einzelnen
Stufen (oder Stadien) der race-relation-cycles beschreiben
dabei die zu einem bestimmten Zeitpunkt vorherrschenden
Interaktionsmuster von Minorität und Majorität. Zu den
wichtigsten Erklärungsversuchen dieser Art gehören die
Arbeiten von E. Bogardus und E. Park, die hier skizziert
werden sollen.[10]
1929 formulierte Bogardus folgendes Eingliederungsmodell,
welches sieben Stufen umfaßt:
1. "Couriosity" bezeichnet die im Anfangsstadium bei den
   Einheimischen vorherrschende Einstellung gegenüber den
   Einwanderern einer anderen ethnischen Gruppe. Sie werden mit freundlicher Neugier betrachtet und erregen
   eher Sympathie als Distanz.

2. Als "economic welcome" läßt sich die folgende Absorption
in das Beschäftigungssystem des Aufnahmelandes kennzeichnen. Die Einwanderer sind zumeist bereit, gegen relativ
geringe Entlohnung auch Tätigkeiten auszuführen, die
von den Einheimischen gemieden werden. Sie stellen somit
(vor allem für die Kapitaleigner) ein willkommenes Ar-
beitskräftepotential dar.

3. Als Folge dieser Entwicklung kommt es zu "industrial
and social antagonism". Erstmals werden die Wanderer als
Konkurrenz wahrgenommen. Bei den Bemühungen, ihre Lebenssituation zu verbessern, stößt die ethnische Minderheit auf Widerstand bei der Majorität. Der Zuzug in bestimmte Wohngegenden oder der berufliche Aufstieg wird
ihnen verwehrt und zum Anlaß für organisierte Kampagnen
gegen die "Fremden". Forderungen wie Einreisesperren
und Warnungen vor "Überfremdung" leiten ein neues Stadium der Eingliederung ein.

4. Politisch-administrative Maßnahmen, "legislative
antagonism", werden beschlossen. Politiker schwimmen
auf der Welle der Fremdenablehnung mit. Einreiserestrik-
tionen, Aufenthaltsverbote u. a. Beschränkungen werden erlassen. Der Antagonismus besteht darin, daß solche
Maßnahmen häufig im Widerspruch zu den deklarierten universalistischen Wertvorstellungen der Aufnahmegesellschaft
stehen. Diese Inkonsequenzen werden jedoch von Teilen der
Einheimischen erkannt und bilden die Basis für die folgenden Gegenbewegungen.

5. Als "fair play tendencies" beschreibt Bogardus diese
fünfte Stufe im Eingliederungsprozeß, in welchem Überlegungen deutlich werden, die die Benachteiligungen,
Diskriminierungen und Nichtpartizipation der Immigranten
aufheben möchten. Diese Tendenzen, die häufig von In-
tellektuellen getragen werden, führen zu einer ethisch-
moralisch begründeten Reflexion der bisherigen Politik.

6. Die Folge ist eine Rücknahme der rigiden Immigranten-
gesetzgebung. Eine Beruhigungsphase "quiescence" setzt,

oft von einer neuen Sympathiewelle zugunsten der Einwanderer begleitet, ein.

7. Den ersten Abschluß des Prozesses sieht Bogardus schließlich in den "second-generation-difficulties", die Kinder
der Einwanderer assimilieren sich in wichtigen gesellschaftlichen Bereichen. Es besteht nur noch eine lose
Verbindung zu dem Herkunftsland ihrer Eltern.

Einen weiteren race-relation-cycle hat E. Park 1950 formuliert. Diese Beschreibung, in welcher vier Stufen der
Eingliederung als typisch wiedergegeben werden, zeigt viele
Parallelitäten zu dem Modell von Bogardus, wobei der Blick-
winkel jedoch mehr auf die Immigranten und weniger auf die
Reaktion der Aufnahmegesellschaft gerichtet ist. Verkürzt
lassen sich die vier Eingliederungsstufen etwa wie folgt
wiedergeben.[11]

1. Kontakt
In dieser ersten Phase der Konaktaufnahme versuchen die
Einwanderer eine gewisse Basisorientierung in ihrer neuen
Umwelt zu gewinnen. Die Einheimischen begegnen ihnen dabei eher freundlich und aufgeschlossen. Man zeigt Sympathie für die Immigranten; offene Ablehnung gibt es in
dieser Phase des Kennenlernens kaum.

2. Konflikt
Nach der ersten Orientierungsphase beginnt ein Stadium des
Konflikts. Die Suche nach Möglichkeiten einer befriedigen-
den Lebensführung führt zu Konkurrenz auf dem Arbeitsmarkt und Wohnungsmarkt. Soweit die Einheimischen den Wanderern nur begrenzt Zugang zu solchen allgemeinen Märkten
ermöglichen, kommt es zu Verteilungskämpfen um diese Güter.
Es treten dann Konflikte auf, die sich in bestimmten Diskri-
minierungsformen oder gar Rassenunruhen manifestieren.

3. Akkomodation
Aus den verdeckten oder offenen Konflikten entwickeln sich
schließlich bestimmte Formen des Zusammenlebens. Abhängig
von den Machtpotentialen der Gruppen werden dann zumeist

den Einwanderern bestimmte Marktnischen zugestanden, in
denen kaum Konkurrenz mit Einheimischen besteht. Die Wahrnehmung von bestimmten Berufsrollen und das segregierte
Wohnen sind häufig die nach außen sichtbaren Formen dieser Akkomodationsphase. Die Handlungsräume der Akteure sind
in diesem Stadium ethnisch stark differenziert. Akkomodation bedeutet somit eine Eingliederungsphase, in der ethnische Orientierungen vorherrschen und soziale und strukturelle Disparitäten als das Resultat von Konflikten anerkannt werden.

## 4. Assimilation

In diesem (letzten) Eingliederungsstadium zerfallen schließlich die ethnischen Differenzierungen, eine Art Diffusion
von ethnischer Minorität und Majorität setzt in allen sozialen Bereichen ein. Dieser Entdifferenzierung geht (zwangsläufig) die Auflösung von spezifisch ethnischen Institutionen
voraus. Die Immigranten gewinnen eine neue Identität, ihre
ethnischen Orientierungen weichen den allgemein vorherrschenden. Das individuelle und soziale Merkmal "Ethnie"
verliert in dieser Phase gänzlich seine Orientierungs- und
Zuweisungsfunktion.

Aus dieser Skizze der race-relation-cycles wird deutlich,
daß hier die Assimilation als geradezu zwangsläufig auf-
tretendes Ereignis der Eingliederungsbemühung betrachtet
wird. Dabei handelt es sich scheinbar immer um eine "vollständige" Angleichung an die Gegebenheiten des Aufnahmekontextes, wobei dessen strukturellen Differenzierungen
und deren Veränderung in Folge der Assimilation bei den
Analysen vernachlässigt werden. Gerade diese Interdependenz
zwischen Assimilation und Sozialstruktur der Aufnahmegesellschaft versucht Milton Gordon[12] zu thematisieren. Dabei wird
deutlich, daß das Resultat des interethnischen Interak-
tionsprozesses an die Verteilung von ökonomischen und politischen Ressourcen gebunden ist. Die Überlegungen von Gordon beschränken sich dabei nicht auf die Eingliederung
von Migranten, sondern er sieht hierin lediglich einen

exemplarischen Fall für die allgemeinere Problematik der
Integration von Randgruppen in moderne geschichtete Gesellschaften.[13]

In seiner Analyse der amerikanischen Sozialstruktur wen-
det er sich zunächst gegen die implizite Unterstellung,
daß man alle Gesellschaftsmitglieder auf einer (eindimen-
sionalen) kontinuierlichen Statuslinie einreihen kann. Er
hält diese Versuche für eine unfruchtbare Vergröberung der
realen Verhältnisse.[14] Folglich versucht er in seiner
Analyse der Komplexität des gesellschaftlichen Systems
durch die Berücksichtigung verschiedener Dimensionen näher
zu kommen.

Eine der zentralen Strukturdimensionen differenziert Individuen nach ihrer ökonomischen und politischen Macht
sowie nach ihrem sozialen Status. "Social class pheno-
mena refer to hierarchical of persons in a society based
on differences in economic power, political power or social status."[15]

Die Verfügbarkeit solcher Machtressourcen impliziert jedoch
zumeist auch die Zugehörigkeit zu bestimmten sozialen Subgruppen, die sich durch spezifische Ausprägungen in den Merkmalen "group identification", "confinement of intimate social relationships" and "particularized cultural behavior"
zu erkennen sind.[16]

Neben diesen interdependenten Differenzierungslinien zeigt
Gordon, daß in der U. S.-amerikanischen Gesellschaft auch
das Merkmal "Ethnie" für die Zuweisung von Positionen von
zentraler Bedeutung ist. Teilweise fußt die Allokation von
Machtressourcen auf ethnischen Kriterien bzw. Rasse, Religion und "national origin".[17] So ergibt sich ein komplexes,
durch verschiedene Kriterien bedingtes Bild der Sozialstruktur. "American society is 'criss-crossed' by two sets
of stratification structures, one based on social status,
economic power, and political power differences, regardless
of ethnic background, the other a set of status and power
relationships based precisely on division of the population

by racial, nationality background, and religious categories
..."[18] Im wesentlichen ist es also die Überschneidung von
ethnischer Zugehörigkeit und Stellung in der Machthierarchie, die Personen eine bestimmte Position innerhalb eines
geschichteten und ethnisch gemischten Sozialsystems zuweist.
Die sich so ergebenden Merkmalskonstellationen benennt Gordon mit dem Terminus "ethclass". "Thus a person's ethclass
might be upper-middle class white Protestant, or lower-middle
class white Irish Catholic, or upper-middle class Negro
Protestant and so on."[19]
Betrachtet man nun die Eingliederung von Wanderern in eine
dergestalt strukturierte Gesellschaft, ergibt sich für die
Assimilation, daß sie im wesentlichen das Eindringen in
eine "ethclass" bedeutet. So zeigt sich dann auch ein de-
taillierteres Bild des Assimilationsprozesses. Während für
Park Assimilation "... a prozess of interpenetration and
fusion in which persons or groups acquire the memories,
sentiments and attitudes of other persons or groups, and
by sharing their experience and history, are incorpora-
ted with them in a common cultural life"[20] ist, weist
Gordon diese Sichtweise zurück, da etwa "common cultural
life" in dieser allgemeinen Form nicht existiert - es sei
denn als Ideologie. Assimilation ist nach seiner Theorie die
Einnahme einer Position im "ethclass"-System, die mit der
Erfüllung der hier geltenden strukturellen und kulturellen
Erwartungen einhergeht. Der Prozeß der Assimilation, den
Personen in der Aufnahmegesellschaft durchlaufen, wird von
Gordon - ähnlich wie bei den race-relation-cycles - als
eine Abfolge von verschiedenen Anpassungsphasen dargestellt.
Sein Modell beinhaltet sieben mögliche Stufen, die die fol-
gende Übersicht aufzeigt.

Schema 1: The Nature of Assimilation[21]

| Subprocess or Condition | Type or Stage of Assimilation | Special Term |
|---|---|---|
| Change of cultural patterns to those of host society | Cultural or behavioral assimilation | Acculturation |
| Large-scale entrance into cliques, clubs, and institutions of host society, on primary group level | Structural assimilation | None |
| Large-scale intermarriage | Marital assimilation | Amalgamation |
| Development of sense of people-hood based exclusively on host society | Identificational assimilation | None |
| Absence of prejudice | Attitude receptional assimilation | None |
| Absence of discrimination | Behavior receptional assimilation | None |
| Absence of value and power conflict | Civic assimilation | None |

Im Unterschied zu den race-relation-cycles impliziert das Modell von Gordon jedoch keinen Automatismus in der Abfolge der einzelnen Stufen. Zumindest sieht Gordon die Möglichkeit, daß die kulturelle Assimilation (d. h. die verhaltensmäßige Anpassung an die "neuen" kulturellen Muster) nicht unbedingt alle weiteren Assimilationsstufen bedingen muß. Wird jedoch die strukturelle Assimilation (Eindringen in informelle und formelle Gruppen, Mitgliedschaft in Institutionen) erreicht, zieht diese alle folgenden Assimilationsstationen nach sich. "Once structural assimilation has occured, either simultaneously with or subsequent to acculturation, all of the other types of assimilation will naturally follow."[22] Die Reihenfolge der Stufen bleibt jedoch offen.

Gordons Analyse macht im Gegensatz zu den race-relation-cycles deutlich, daß Assimilationsprozesse nicht unabhängig von den gesellschaftlichen Bedingungen des Annahmesystems betrachtet werden können. Während Park und auch Bogardus die Assimilation von Immigranten als einen Prozeß sehen, an dessen Ende zwangsläufig eine völlige Gleichstellung von ethnischer Minorität und Majorität steht, erkennt Gordon, daß dem Assimilationsbegriff relative Bezugselemente innewohnen. Assimilation als ein Zustand der Ähnlichkeit (in den verschiedenen Dimensionen) muß also auf die vorgegebenen gesellschaftlichen Strukturen - die nun eben eine Schichtung, d. h. nach Machtressourcen und Ethnie ungleiche Handlungsmöglichkeiten, implizieren - bezugnehmen. Nur in einem solchen theoretischen Rahmen läßt sich z. B. auch das Phänomen der Unterschichtung der Aufnahmegesellschaft durch Migranten sinnvoll analysieren.[23]

Während Gordon eine in "ethclass" strukturierte Gesellschaft seiner Assimilationstheorie bereits zugrundlegt, fragt Shmuel N. Eisenstadt, wie sich ein solches ethnisch pluralisiertes System infolge von Wanderungen konstituiert.

Als Ausgangspunkt seiner Argumentation wählt er die Wanderungsentscheidungen der Migranten. Er sieht diese Entscheidung als Folge von individuell erlebten Frustrationen in verschiedenen Lebensbereichen der Abgabegesellschaft. Mit der Emigration verbindet sich der Wunsch, diese Frustration im Aufnahmesystem zu beseitigen.[24]

Die Wanderung selbst bedeutet dabei für die Individuen einen Prozeß der De-Sozialisation, welcher den weitgehenden Verlust der bisherigen sozialen Bezugssysteme impliziert. Bislang geltende Wert- und Normvorstellungen verlieren (teilweise) ihre Bedeutung, Bezugsgruppen ihre Relevanz und zentrale institutionelle Partizipationen werden aufgegeben. Der Prozeß der Eingliederung beginnt somit seitens der Migranten mit einer relativ ausgeprägten Verhaltens-

unsicherheit und sozialer Desorganisation. Diese individuelle Unsicherheit wiederum determiniert die Bemühungen,
die in der neuen Umgebung erforderlichen Kenntnisse für
die Bewältigung von Alltagsproblemen zu erwerben. Mit
Hilfe von drei Indices, die in einem engen wechselseitigen Bezug stehen, charakterisiert Eisenstadt dann die
Adaption und Assimilation von Migranten.[25]
1. Institutionelle Integration bezieht sich auf die Partizipation im familiären, religiösen, ökonomischen und
politischen Bereich. Somit wird der Grad der Gleichverteilung zentraler sozialstruktureller Merkmale thematisiert,
wobei die Möglichkeiten von einer starken ethnischen Konzentration (z. B. keine "intermarriaged", ökologische Segregation, Beschränkungen auf bestimmte Berufsrollen) bis hin
zu einer völligen Gleichverteilung, die keine ethnische
Ballungen mehr erkennen läßt, reichen.
2. Acculturation bezeichnet das Erlenen der in der neuen
Umgebung geltenden Normen, Sitten und Gewohnheiten, wobei
zwischen der Anzahl und der Internalisierungsintensität
der entsprechenden Rollen differenziert werden kann.
3. Personelle Integration beschreibt, inwieweit der Immi-
grant die Frustrationen und Unsicherheiten infolge der Wanderung verarbeitet hat, also ob sich das Persönlichkeitssystem (wieder) in einem Gleichgewichtszustand befindet.
Hier ist der Aspekt der individuellen Zufriedenheit angesprochen.
Als das zentrale Merkmal der Eingliederung erweist sich
für Eisenstadt die institutionelle Integration (Dispersion). "The other two criteria appear to be subsumed under
this one."[26] Dieser Dispersionsprozeß kann als ein Problem
der Transformation von Primärgruppen des Immigranten aufgefaßt und weiter analysiert werden.[27] Im wesentlichen ent-
hält er die folgenden Elemente: Entwicklung von "neuen"
Wertvorstellungen und das Erlernen "neuer" Rollen, die
kompatibel zu den Erwartungen der Aufnahmegesellschaft
sind und damit realisierbar werden, sowie die Ausweitung

des Solidaritätsspektrums bezüglich des Aufnahmekontextes,
Identifikation mit den "letzten Werten" und Symbolen, sowie die Fundierung des Zugehörigkeitsgefühls.
Mit Hilfe von drei Indikatoren kann nach Eisenstadt dann
der jeweilige Grad der Dispersion näher gekennzeichnet
werden:

1. Beteiligung an weiteren sekundären Bezugsgruppen
   (etwa politische Parteien),
2. Verhaltensorientierung und Identifikation mit Be-
   rufs- und Statusgruppen,
3. Bildung von Primärgruppen mit "alteingesessenen"
   Personen des Aufnahmesystems.[28]

Der Dispersionsprozeß verläuft jedoch nicht ohne Beeinflussung der Aufnahmegesellschaft. Vielmehr stehen Re-
Sozialisation der ethnischen Minorität und Veränderungen
im sozialen Aufbau der Majorität in Interpendenz. Beide
Gruppen stehen während der Dispersion in einem Interak-
tionsverhältnis, welches selten spannungsfrei ist. Der
eingewanderten Minderheit werden zumeist nur bestimmte
Aktionsräume zugestanden. Diese Zugeständnisse sind im
wesentlichen dort zu erwarten, wo die Migranten als funk-
tional für die Ziele der Aufnahmegesellschaft gesehen
werden. Entscheidend ist hierbei, daß sie von den Personen (oder Gruppen) als nützlich betrachtet werden, die auch
über die Machtressourcen innerhalb eines Subsystems (z. B.
Arbeits- und Wohnungsmarkt) verfügen, um das "Eindringen"
der Migranten zu ermöglichen. So bildet sich auf der Basis von ethnischen differenzierten Allokationen eine plu-
ralistische Struktur aus.[29] Pluralisierung bedeutet somit eine Differenzierung hinsichtlich der Substrukturen, in
denen ethnische Merkmale Zuweisungsfunktionen erfüllen.
Somit scheint es möglich, diesen Prozeß mit der Entstehung der "ethclass", die Gordon beschreibt, gleichzusetzen.

Eisenstadt sieht in diesem Pluralisierungsaspekt auch antagonistische Züge, die das Verhalten der Immigranten nach-
haltig beeinflussen können. Die ethnische Minorität lebt zumeist in einem Spannungsverhältnis, das einerseits durch
postulierte formale, universalistische Rollenpartizipa-
tion und andererseits durch den faktischen Ausschluß von
bestimmten Rollenalternativen geprägt ist. Die Struktur
des Aufnahmekontextes bleibt in dieser Situation nur unter
drei Bedingungen relativ stabil. So darf die Statusstruktur
innerhalb der Migrantengruppen nicht auf völlig anderen
Wertvorstellungen und Zuweisungsmechanismen beruhen als
den in der "restlichen" Gesellschaft üblichen, und weiter
müssen etwaige Differenzen in der Positionszuweisung als
legitim anerkannt werden. Und schließlich ist es unabdingbar, daß die Einwanderer ihren eigenen Status ak-
zeptieren.
Diese prekäre Lebenssituation der Migranten muß nun keineswegs immer in einer gelungenen Eingliederung enden.
Denkbar ist auch, daß, infolge des Verlustes von Primär-
gruppenbeziehungen, sich dauerhaft personale Desorganisation, Normverletzungen und geringe Identifikation mit
dem Aufnahmesystem einstellen. Der mangelnden Identifikation und Solidarität folgen dann häufig Apathie gegenüber Symbolen, Werten, sowie Personen des Aufnahmesystems,
rebellische Identifikation mit der eigenen ethnischen
Gruppe bzw. eine bloß verbale Identifikation oder "Über-
konformität".[30]

In der Analyse des Eingliederungsprozesses von Eisenstadt
ist jegliche "Mechanik" der Absorption oder Assimilation
verschwunden. Im Gegensatz zu den race-relation-cycles
(und teilweise auch zu Gordons Theorie) wird die Eingliederung ausdrücklich mit den gesellschaftlichen Rahmenbedingungen verknüpft. So sind unter verschiedenen
Randbedingungen ethnische Segregationen in verschiedenen
Subsystemen ebenso erklärbar wie die völlige Absorption

der Migranten. Das jeweilige Endstadium der Prozesse wird
von Eisenstadt als Zusammenspiel von Merkmalen der Aufnahmegesellschaft (wie Aufnahmebereitschaft, Absorptionsfähig-
keit, Durchlässigkeit und Wandlungspotential) und der Immigranten (Aspirationen, Einstellungen usw.) gesehen.[31]
Diese allgemeine theoretische Betrachtungsweise kann nicht
nur auf die Absorption von Immigranten angewendet werden,
sondern ist nach Eisenstadt übertragbar auf vielfältige
Prozesse in komplexen modernen Gesellschaften, in denen
ein Widerspruch zwischen universalistisch postulierten Po-
sitionszugängen und partikularistisch praktizierten Zuwei-
sungsprozessen besteht. Bei einer solchen antagonistischen
Konstellation ergeben sich zwangsläufig individuelle oder
kollektive Deprivationen, Frustrationen und mangelnde Identifikation und Solidarität mit dem Gesamtsystem, und somit
besteht auch permanent das Problem der Eingliederung von
marginalen Personen oder Gruppen, die keineswegs immer Migranten sein müssen, zwecks der Integration des Gesamtsystems.

Die Arbeit von H. J. Hoffmann-Nowotny[32] unterscheidet sich
insofern von den dargestellten Ansätzen, als hier explizit der Versuch einer Integration des Phänomens "Eingliederung von Wanderern" in eine allgemeine makrosoziologische Theorie unternommen wurde.[33] Dabei geht
die von Eisenstadt herausgearbeitete Perspektive der
wechselseitigen Beeinflussung von personalen Merkmalen
der Migranten und Variablen der Aufnahmegesellschaft
teilweise wieder verloren, da die Strukturen des Aufnahmekontextes bei dieser Betrachtungsweise eindeutig
in den Vordergrund rücken.

Ausgangspunkt der Argumentation von Hoffmann-Nowotny ist
eine allgemeine Systemtheorie, in der die Bewältigung
von strukturellen Spannungen als das zentrale System-
problem betrachtet wird.

"Die zentralen theoretischen Konzepte ... sind 'Macht'
und 'Prestige', die als in einem Verhältnis der Inter-

dependenz stehend angesehen werden müssen ... . Es wird
angenommen, daß die aufgrund des Wirkens von Gleichge-
wichts- und Ungleichgewichtskräften differentielle Verteilung von Macht und Prestige auf die Einheiten von Systemen gesellschaftliche Prozesse in starkem Maße determinieren. Als konsolidiert erscheint ein soziales System
dann, wenn auf dem Niveau der Einheiten Macht und Prestige
(Legitimation) zusammenfallen, während im Auseinanderfallen von Macht und Prestige dynamische Prozesse des Wandels
der Struktur eines Systems nach sich zieht. Macht und
Prestige ... liegen als elementare Faktoren hinter dem,
was wir Statuslininen nennen wollen."[34]
Nun wird weiter angenommen, daß ein Konsens über den
Wert von Gütern (vor allem bei solchen mit institutionalisierten und normierten Zugangschancen) herrscht. Entsprechend dem Grad der faktischen Partizipation an solchen Gütern, nimmt jede Einheit (z. B. Individuen, Subsysteme) einen Rang ein, der auf einer dem entsprechenden Gut zugeordneten Statuslinie liegt, welche die denkbaren Partizipationsmöglichkeiten repräsentiert. Kon-
kreter formuliert: Jede Person besitzt eine gewisse formale Bildung oder ein bestimmtes Einkommen und kann gemäß deren Ausprägungen auf den Statuslinien "Bildung"
und "Einkommen", die als Kontinuum gedacht sind, einge-
ordnet werden.
Die jedem Gut zuzuordnende Statuslinie zeigt, je nach der
Zentralität eines Gutes (hohe Zentralität heißt dabei,
ausgeprägte Wertschätzung eines Gutes um seiner selbst
willen), differente Machtpotentiale an. Der Prestigege-
halt einer Statuslinie bemißt sich dagegen an der Instrumentalität des Gutes (hohe Instrumentalität ermöglicht
große Zugangschancen zu zentralen Gütern). Folglich gilt:
"Je zentraler ein Gut ist, umso machthaltiger ist es,
und je instrumenteller ein Gut ist, umso prestigehal-
tiger ist es."[35]
Dies sind (verkürzt) die systemtheoretischen Prämissen,
aus denen sich nach der Abgrenzung des Systems, der Fest-

stellung der Anzahl der institutionalisierten Statuslinien
sowie der Einordnung der Einheiten auf den Rangdimensionen
(Statuslinien) und der Bestimmung des Macht- und/oder Pre-
stigegehalts der Statuslinien, die Verteilung von Macht
und Prestige (die Struktur) ergibt, aus der sich dann das
Verhalten der Einheiten prognostizieren läßt, wofür jedoch
weitere Annahmen über die Wirkungsweise von Kräften notwendig sind. Hoffmann-Nowotny, der implizit eine ungleiche Verteilung von Macht und Prestige (strukturelle Spannungen)
unterstellt, argumentiert nun weiter, daß in jedem System zwei Gruppen von Kräften existieren, nämlich solche, die eine Disparität von Macht und Prestige produzieren, und andere, die Ungleichgewichte stabilisieren
oder beseitigen. "Als Konsequenz der dargestellten 'Kräfte' können auf der Ebene der Einheiten empirisch (1)
Rangmaximierungs-, (2) Rangäquilibrierungs- und (3) Rang-
desäquilibrierungsprozesse festgestellt werden..."[36]

Für die Systemeinheiten wird nun weiter gefolgert, daß
ihre Rangmaximierungstendenzen dann größer werden, wenn
die Differenz zwischen faktischer Position und höchstmög-
licher Position zunimmt. Wobei ferner für machthaltige
Statuslinien gilt: "... je mehr Einheiten eine tiefere,
und je weniger Einheiten eine höhere Position als die
betreffenden Einheiten besetzen, desto schwächer ist die
Maximierungstendenz..."[37] Bei den Rangäquilibrierungs-
tendenzen bzw. - desäquilibrierungstendenzen muß jede Einheit mindestens zwei Statuslinien besetzen, dann bedeutet
Äquilibrierung die Positionsannäherung auf verschiedenen
Statuslinien. Je weiter die Statuslinien voneinander ent-
fernt sind (d. h. sie verhalten sich weniger instrumentell
zueinander), desto stärker wird der Äquilibrierungsprozeß.
Für Desäquilibrierungsprozesse (Positionsdifferenzierung)
gilt ebenfalls, daß ihre Stärke zunimmt, je weiter die
Distanz zwischen den Statuslinien ist.
Diese Prozesse auf der Ebene der Einheiten können auch

als Reaktion auf die ihnen zugrundeliegenden strukturellen Spannungen begriffen werden, die sich in drei Typen
differenzieren lassen:

1. Einfache Rangspannung (differente Position verschiedener Einheiten auf einer Statuslinie),

2. Ungleichgewichtsspannungen (ungleiche Position einer
Einheit auf verschiedenen Statuslinien),

3. Unvollständigkeitsspannung (Nicht-Partizipation einer
Einheit an Statuslinien).

"Hinsichtlich der Konsequenzen struktureller Spannungen
wird postuliert, daß strukturelle Spannungen anomische
Spannungen erzeugen."[38] Die Anomie ist eine empirische
Reaktion der Einheiten auf die Unrealisierbarkeit po-
stulierter legitimer Ziele, wobei nicht unbedingt die
strukturellen Spannungen, die ihr zugrundeliegen, selbst
abgebaut werden.[39] Für die denkbaren Formen der Anomie
ist der Strukturiertheitsgrad der Erwartungen in dieser
anomischen Situation relevant. Für den Strukturiertheitsgrad kann allgemein angenommen werden, daß er umso geringer ist, je tiefer die Position auf der entsprechenden
Statuslinie ist und vice versa.

"Demnach ist der Strukturiertheitsgrad am geringsten,
wenn eine Statusunvollständigkeit mit Bezug auf legiti-
mierende Statuslinien vorliegt. Der Strukturiertheitsgrad ist weiterhin sehr gering, wenn ein Statusungleich-
gewicht mit zurückhängender Position auf einer legitimie-
renden Statuslinie gegeben ist. Das gleiche gilt mit Bezug auf die Rangspannung, wenn alle Positionen auf relevanten Statuslinien tief sind. Anomie mit tiefem Strukturiertheitsgrad bezeichnen wir als individuelle Anomie.
Anomie mit mittlerem Strukturiertheitsgrad wird als Anomie der klassischen Linken und Anomie mit einem hohen Strukturiertheitsgrad als kollektive Anomie bezeichnet."[40]
Im overten Verhalten der Einheiten ergeben sich als Reak-
tionsmöglichkeiten auf das Ungleichgewicht von Prestige
und Macht bei der individuellen Anomie vor allem die Pro-

jektion des Machtwunsches auf einen charismatischen Führer.
Bei der kollektiven Anomie wird der Ausgleich durch Projek-
tion auf die Globalgesellschaft versucht, und schließlich
wird bei der Anomie der "klassischen Linken" der Macht-
wunsch auf eine soziale Klasse projeziert. Durch diesen
Übertragungsmechanismus werden jedoch die strukturellen
Spannungen noch nicht abgebaut. Vielmehr ist dies eher als
eine Transformation von individueller in kollektive Anomie
zu verstehen.
Die faktische individuelle Spannungsreduktion erfolgt
nach Hoffmann-Nowotny nur über vier Verhaltensweisen:
"1. Bemühungen zur Änderung der Position,
 2. Aufgabe von Positionen,
 3. Gewichtsverlagerung von tiefen auf hohe
    Positionen und
 4. Änderung der Bewertungsgrundlage."[41]
Je nach dem Grad der Offenheit bzw. der Geschlossenheit
und weiterer Randbedingungen sind die Alternativen jeweils
unterschiedlich wahrscheinlich.

Hoffmann-Nowotny versucht nun, das "Fremdarbeiterpro-
blem" in diesen theoretischen Kontext zu integrieren
und zu erklären. Dabei wird die Migration als eine Reaktion auf die (im Abgabekontext) erlebten anomischen
Spannungen betrachtet, welche das Individuum zu bewältigen versucht. Gleichzeitig aber existieren (als Voraussetzung) Spannungen zwischen den Wanderungsnationen, die
als Einheiten eines Globalsystems gesehen werden können,
und eben auf verschiedenen Statuslinien (z. B. Bruttosozialprodukt) differente Positionen einnehmen. Die Migration der individuellen Einheiten verläuft von einem Subsystem (Nation) mit niedriger Position zu einem anderen
mit höherer (von "Entwicklungsländern" zu "Industrieländern").
Auf der nationalen Systemebene ist die Immigration als
"Prestige-Import" zu interpretieren, die ein Gleichgewicht zwischen Prestige und Macht begünstigt und somit

der Stabilität des Aufnahmesystems zugutekommt.
Hoffmann-Nowotny nennt im wesentlichen vier allgemeine
Konsequenzen für das aufnehmende Subsystem:

1. Die Unterschichtung der Sozialstruktur und eine
   Verbreitung der Beschäftigungsbasis.
2. Die Einwanderer unterschichten vorzugsweise die nationalen Subsysteme, die die höchsten Positionen einnehmen. Dadurch kommt es für die vormals (von Einheimischen besetzten) "unteren Ränge" zu einer Verschiebung
   nach "oben" (neofeudale Absetzung nach oben), und somit
   zu einem Spannungsausgleich für die autochthonen Mitglieder.
3. Als Folge bleibt die "notwendige" Strukturverände-
   rung im Aufnahmesystem aus. Vor allem in ökonomischer
   Hinsicht vollzieht sich die erforderliche Modernisierung nicht mit der Geschwindigkeit, wie dies ohne Einwanderung der Fall wäre.
4. Für das aufnehmende politische System ist die Immigration sowohl ein "... Mittel der Politik, der Mobilität des Systems im umfassenden System, als auch ein
   Mittel der Politik zur Einhaltung des internen status
   quo."[42)]

Mit der Wanderung werden jedoch die anomischen Spannungen
seitens der Immigranten keineswegs endgültig abgebaut,
sondern der Spannungsausgleich ist eine zeitlich befriste-
te Erscheinung. Der Wanderer konnte zwar absolut gesehen
seine Position verbessern, jedoch führt die sehr tiefe Position im Aufnahmesystem (Unterschichtung) - die bei
gleichzeitig tiefem Prestige (also gleichgewichtiger Statuskonfiguration) - erneut zu einer hohen Rangspannung,
die individuelle Anomie zur Folge hat. Kollektive Anomie
kann in jenem Fall auftreten, in dem Migranten mit hohen
Prestigepositionen immigriert sind und nun nur relativ
niedrige Machtpositionen einnehmen. Diese Rangspannung -
durch die ungleichgewichtige Statuskonfiguration hervorgerufen - bewirkt Tendenzen zu einer Anomie der

"klassischen Linken" oder einer "kollektiven Anomie", je
nach Höhe der legitimierten Rangspannungen. Solche anomischen Situationen können wesentlich dadurch verstärkt
werden, daß die einheimische Bevölkerung Maßnahmen, die
ihre Statusbedrohung verringern (z. B. Partizipations-
verbote, Diskriminierung, Rotationspolitik), durchsetzt.

Hoffmann-Nowotny verweist in seinen theoretischen Ausführungen schließlich noch darauf, daß, wenn Wanderungen primär ökonomisch motiviert waren, die in diesen Bereichen
erfahrenen Spannungen dann als besonders verhaltensdeter-
minierend zu betrachten sind. Mit anderen Worten: Die
Spannungszustände im Aufnahmesystem sind für den Migranten leichter zu ertragen, wenn sie inkongruent zu den mi-
grationsverursachenden Spannungen im Entsendesystem erscheinen.[43]

## 3.2 Probleme der Erklärung von Eingliederungsprozessen

An dieser Stelle soll der Versuch unternommen werden, ein
kritisches Resümee der erörterten Theorieansätze zu ziehen.
Einwände gegen die race-relation-cycles, die als Theorien
mittlerer Reichweite bezeichnet werden können, richten sich
weniger auf ihre empirische Belegung, denn sowohl Bogardus
als auch Park haben ihre Darstellungen an den Eingliede-
rungsvorgängen, die Migranten in den USA durchlaufen haben, hinreichend fundiert. Vielmehr richtet sich die Kritik im wesentlichen auf den postulierten methodologischen
Status dieser Modelle, der von den Autoren als allgemein-
gültig und irreversibel dargestellt wird. D. h., die Abfolge
der Stadien ist an keinerlei spezifische Bedingungen geknüpft, sie ist für alle gesellschaftlichen Konstellationen gleich. Es kann nach Park auch nicht zu "Rückschlägen"
in diesem Prozeß kommen. Die stufenweise Entwicklung hat
einen unumstößlichen Charakter.[44]

H. Esser faßt die Kritik an den race-relation-cycles in
zwei Punkten zusammen. Erstens ist die Annahme der All-
gemeingültigkeit und der Irreversibilität nicht haltbar.
Die Aussagen haben nur Gültigkeit unter bestimmten Randbedingungen (in diesem Fall für die gesellschaftlichen
Verhältnisse der USA zu bestimmten Zeitpunkten). Bei Vorliegen anderer Antezedensbedingungen ist die Assimilation
der Immigranten keineswegs ein zwangsläufiges Resultat.
Eine andere Reihung in der Abfolge der Stadien oder ein
dauerhafter Zustand der Nicht-Assimilation ist mit diesen
Theorien nicht erklärbar; solche Entwicklungen erscheinen
zwangsläufig als Anomalien.[45] Offensichtlich mangelt es
den genannten Konzeptionen an einer allgemeinen Theorie
der Eingliederung, die es erlauben würde, die jeweiligen Angleichungsphasen, je nach den vorliegenden Randbedingungen, deduktiv abzuleiten und dadurch auch die
Option der Prognose zu eröffnen.
Zweitens reklamiert Esser, daß die formulierten Aussagen
bestimmte, nicht explizierte Annahmen enthalten, welche
eine Erklärung der Eingliederung erst vervollständigen.
So implizieren die race-relation-cycles Hypothesen über
die konkrete Interaktion zwischen den Angehörigen der
ethnischen Minorität und der Majorität. In den skizzierten Modellen beispielsweise wird in der ersten Phase des
Eingliederungsprozesses ("couriosity" bzw. "Kontakt")
eine aufgeschlossene Haltung der Einheimischen gegenüber
den Wanderern angenommen. Obwohl diese Aussage in gewisser
Weise sehr plausibel erscheint, beruht sie auf bestimmten,
nicht weiter explizierten Annahmen über die konkret handelnden Individuen. Die Immigranten versuchen in dieser
Situation, sich in der neuen Umgebung zurechtzufinden;
sie suchen nach Informationen über die neue Umgebung, die
für ihr Handeln relevant erscheinen. Dieses Verhalten ist
jedoch bereits abhängig von ihrer bisherigen Sozialisations-

geschichte (im Heimatland), den erworbenen kognitiven und
motivationalen Ressourcen, die sich unter anderem in ihrem
Wissen über das Aufnahmesystem und ihren Erwartungen und
Zielen manifestieren. Die Freundlichkeit und Sympathie
der Einheimischen ist ebenfalls nicht selbstverständlich.
Auch dies ist Ausdruck von bestimmten Kenntnissen und Einstellungen gegenüber den Fremden. So wird in dem Modell
wohl unterstellt, daß es nur ein geringes Wissen über die
Wanderer gibt und affektuell eine neutrale oder eine positive Stimmung ihnen gegenüber vorherrscht.
Die Entwicklung von der ersten Phase hin zur zweiten, die
bei Park mit "Konflikt" überschrieben wird, ist nur erklärbar durch die Veränderungen in den individuellen Handlungs-
parametern der Akteure. Das Ziel der materiellen Lebens-
sicherung bei den Immigranten bedeutet, daß sie sich um
Arbeitsplätze bemühen müssen und so in Konkurrenz zu
Einheimischen treten. Diese perzipieren diese Entwicklung und fühlen sich bei dem Bestreben, ihre Position
zu sichern und zu verbessern, bedroht, d. h., die hand-
lungsleitenden Ausprägungen der Faktoren "Motivation" und
"Kognition" der Majoritätsakteure verändern sich gegenüber den Minoritätsakteuren aufgrund dieser neuen Situation. Diese Entwicklung tritt jedoch nur dann ein, wenn
eine Konkurrenzsituation von den Akteuren tatsächlich
wahrgenommen wird. Somit ist die Konfliktphase jedoch
an die Rahmenbedingungen des Arbeitsmarktes gekoppelt
und nicht dem Prozeß der Eingliederung innewohnend. Über-
dies ist in Perioden wirtschaftlicher Stagnation eine Zunahme von Verteilungskämpfen allgemein zu beobachten und
nicht auf Auseinandersetzungen zwischen ethnischen Gruppen beschränkt.

Betrachtet man in diesem Zusammenhang beispielsweise die
Entwicklung in der Bundesrepublik Deutschland, so kann
gesagt werden, daß erst mit der wirtschaftlichen Rezession
- nach über einem Jahrzehnt konfliktfreier Einwanderung
und Eingliederung - ein Stadium erreicht wurde, welches

Bogardus mit "industrial and social antogonism" beschreibt.
Offensichtlich ist auch, daß Migranten, die erst Mitte der
siebziger Jahre in die Bundesrepublik Deutschland einwan-
derten, keineswegs mehr auf freundliche Sympathie stießen.
Die Einheimischen sahen in ihnen bereits Konkurrenten, d. h.,
die von Park und Bogardus implizit unterstellt kognitive
und motivationale Basis und der situationale Rahmen waren
für die einheimischen Akteure nicht mehr so, daß sie es
für angemessen hielten, mit Interessiertheit und emotiona-
ler Aufgeschlossenheit zu reagieren. Andeutungsweise wird
hier schon klar, daß nur durch den Rückgriff auf die Ziele,
Mittel und die konkrete Situation der handelnden Individuen,
die bei den dargestellten Modellen eben nur implizit
bleiben, eine allgemeine Erklärung der Eingliederung
möglich wird.[46]

Der Einwand, daß hier bestimmte konstitutive Annahmen
über individuelles Handeln und Verhalten von Personen
nicht weiter thematisiert werden, läßt sich auch auf
die Theorien von Gordon und (wenn auch weniger) Eisenstadt vorbringen. Am deutlichsten läßt er sich jedoch
an dem Ansatz von Hoffmann-Nowotny explizieren, zumal
sich hier auch andere Kritikpunkte lokalisieren lassen,
die zunächst angesprochen werden sollen, ohne jedoch auf
die anhaltende allgemeine Debatte um die strukturell-funktionale Theorie näher einzugehen.[47]
Die Ausführungen von Hoffmann-Nowotny bestätigen eindrucks-
voll die häufig vorgetragene Kritik gegenüber funktionalistischen Analysen, in welcher auf den oftmals unpräzisen
und empirisch wenig gehaltvollen Begriffsapparat hingewiesen wird. So ist H. Harbach zuzustimmen, wenn er fest-
stellt: "Ernsthafte Einwände lassen sich bereits gegen die
grundlegenden Definitionen und Axiome einbringen. Vor allem die
Definitionen von Macht und Prestige einschließlich ihrer
Beziehung zueinander sind äußerst präzisionsbedürftig.
Auch die Annahme, daß im sozialen System tendenziell ein
Konsens über die Bewertungsgrundlage von Gütern besteht, er-

scheint in dieser allgemeinen Form problematisch. Zu Mißverständnissen geben auch die Definitionen über die "Zentralität" oder "Instrumentalität" eines Gutes (=Wert) Anlaß. Vor allem aber werden die Beziehungen zwischen "strukturellen" und "anomischen" Spannungen nicht deutlich."[48]
Diese Aufreihung ließe sich noch verlängern, vor allem in
bezug auf die Begriffe "Stabilität" und "Spannungen". Neben diesen terminologischen Unklarheiten muß weiter im
Hinblick auf die Zusammenhangshypothesen gesagt werden,
daß diese häufig nicht deutlich werden lassen, was abhängige und unabhängige Variablen sind und wie die Spezifikation des Wirkungsmechanismus zwischen ihnen aussehen soll.
Während diese Einwände nicht prinzipieller Natur sind
und durch Korrekturen abzuschwächen wären, lassen sich
jedoch schwerwiegendere feststellen, die Hoffmann-Nowot-
nys Anspruch, "eine umfassende Erklärung" des Phänomens
zu liefern, im Wege stehen.[49] R. M. Merton beschrieb das
Ziel des Funktionalismus in der Interpretation von Sach-
verhalten durch das Aufweisen ihrer Konsequenzen für die
allgemeinen Systemleistungen.[50] Wichtig ist an dieser
Stelle der Begriff der Interpretation. Die Ausführungen
von Hoffmann-Nowotny über die Systemstrukturen und -eigen-
schaften stellen eine typische teleologische Erklärung
für die Stabilität von (geschichteten) Gesellschaftssy-
stemen dar. Die Immigration hat danach die Funktion,
Spannungszustände des Systems zu bewältigen und somit
das Gleichgewicht auf "höherem Niveau" zu wahren, ohne
grundlegende strukturelle Veränderungen notwendig werden
zu lassen.
Das Problem bei dieser Betrachtung liegt nun weniger in
der inhaltlichen Plausibilität dieser Aussage als vielmehr in der Art, wie sie aus den systemtheoretischen Prämissen abgeleitet wird bzw. nicht abgeleitet wird.
Es ist bekannt, daß funktionalistische Aussagen nicht prinzipiell gegen das deduktiv-nomologische Erklärungsschema
verstoßen müssen. Wenn sich die Aussagen in Wenn-dann-

Sätze reformulieren lassen, können durchaus korrekte Erklärungen gewonnen werden.[51] Voraussetzung hierfür ist
jedoch entweder die exakte und ausschließliche Angabe eines
funktionalen Äquivalentes oder aber Informationen über die
vollständige Klasse von funktionalen Unentbehrlichkeiten.
Beide Alternativen, mit deren Hilfe eine deduktive Erklärung
erreicht werden kann, sind jedoch auch mit Problemen be-
haftet. Die erste kann empirisch kaum gerechtfertigt werden, die zweite ist mit einem deutlichen Informationsverlust verbunden, da nicht mehr prognostiziert werden kann,
welche funktionale Notwendigkeit (aus der Klasse der möglichen) in Erscheinung treten wird.[52]
Von beiden methodologisch sinnvollen Optionen wird jedoch
bei diesem Ansatz kein Gebrauch gemacht. Die Emigration
wird offensichtlich nicht als das einzige funktionale Äqui-
valent betrachtet, sondern es existieren auch die Möglichkeiten einer verstärkten Modernisierung oder Rationalisierung im ökonomischen Bereich, durch den der Status quo des
Systems aufrechterhalten werden kann.[53] Mit diesen beiden
von Hoffmann-Nowotny genannten Alternativen ist das Reservoir an Möglichkeiten zur Lösung des Systemproblems jedoch
keineswegs erschöpft. Schnore benennt z. B. neun Mechanismen, durch die entwickelte Sozialsysteme Systemspannungen
bewältigen können, wobei die Migration lediglich eine Möglichkeit repräsentiert, die neben demographischen (Beeinflussung der Sterblichkeits- und Geburtenrate), technologi-
schen (Ressourcenerweiterung, Infrastrukturentwicklung,
Einsatz neuer Energien) und sozialen Änderungen (Senkung
des Lebensstandards, Veränderung der Verteilungskriterien,
berufliche Differenzierung) existiert.[54]
Für das Emigrationssystem zeigt Hoffmann-Nowotny ebenfalls
lediglich die Option des Arbeitskräfteexportes zum Zwecke
der Stabilisierung auf. Auch hier existieren jedoch funktionale Alternativen, etwa Expansion des ökonomischen Be-
reiches, bevölkerungspolitische Maßnahmen oder Umvertei-
lungen, wobei die Realisierung dieser Optionen jeweils

abhängig ist von bestimmten Randbedingungen, die zu konkretisieren wären. Unter welchen Antecedenzbedingungen
welche der vielfältigen Reaktionen auftreten, bleibt jedoch völlig im Unklaren. Wenn schließlich dann auch noch
im Hinblick auf beide Systeme formuliert wird:
"Die Migration kann sowohl in Richtung abnehmender wie auch
in Richtung zunehmender (wirtschaftlicher, d. Verf.) Entwicklungen verlaufen."[55], heißt dies nichts anderes, als
daß aus dieser allgemeinen Theorie "alles" gefolgert werden kann - nur erklärt wird dadurch wenig. Ein sinnvoller
Theorietest ist bei solcherart formulierten Aussagen kaum
denkbar, vielmehr muß die Analyse bei einer funktionalistischen Interpretation deskriptiver Daten verbleiben.
Wenden wir uns nun dem bereits angesprochenen Punkt der
Nicht-Offenlegung von Annahmen über individuelles Handeln
und Verhalten zu, der bei Hoffmann-Nowotny besonders präg-
nant erscheint. Er beschreibt als Prämissen sozialer Systeme, "... daß man in jedem sozialen System zwei Gruppen
von Kräften unterscheiden kann, und zwar (1) Kräfte, die
dazu tendieren, ein Ungleichgewicht zwischen Macht und
Prestige der Einheiten des Systems zu produzieren, und
(2) Gegenkräfte, die dazu tendieren, ein Gleichgewicht
zwischen Macht und Prestige zu produzieren bzw. ein gegebenes
Ungleichgewicht zu stabilisieren. 'The consequence of the
presence of both groups of forces may be interpreted as a
compromise between them.'"[56]
Als Konsequenz dieser Kräfte ergibt sich für die Systemeinheiten: Je größer die Distanz zwischen der von einer
Einheit auf einer Statuslinie eingenommenen Position und
dem höchsten Wert dieser Dimension, desto größer ist die
Tendenz zur Maximierung.[57]
Als "Einheiten" werden dabei Individuen, Subsysteme (etwa
Kantone oder Organisationen) und Gesamtsysteme (Nationen)
benannt. Die Aussagen sollen dabei für alle drei Typen von
Einheiten Geltung haben. Setzt man nun für "Einheit" z. B.
Organisation ein, so lautet die Hypothese: Je (relativ)

tiefer die Position einer Organisation (auf einer Statuslinie), desto größer ist die Tendenz zur Maximierung der
Partizipation an dem Gut, welches die Statuslinie repräsentiert.

Sieht man weiter in einer Organisation den Zusammenschluß
von Personen, die durch koordiniertes Handeln bestimmte
Ziele verfolgen, so kann die These so gedeutet werden, daß
mit der abnehmenden individuellen Position der Mitglieder
die Bemühungen um einen Zuwachs an dem entsprechenden Gut
steigen. (Wobei es in diesem Zusammenhang relativ gleich-
gültig ist, inwieweit die Zugehörigkeit zu einer Organisation mit bestimmten Strukturen und Funktionen die Handlungs-
parameter der Akteure verändert.) Dieser - individualistische -
Versuch, das Subsystem durch die zugehörigen Individuen
und deren Interaktion zu definieren, wird jedoch strikt
abgelehnt und als unzulässige Reduktion soziologischer
Kategorien verworfen. Vielmehr wird angedeutet, daß ein
Subsystem aus sich selbst heraus - als ein quasi eigen-
ständiges, von den Individuen "losgelöstes"Faktum -
Tendenzen innehat. Dieser Auffassung liegt die Vorstellung zugrunde, daß ein Zusammenschluß von Personen gleichsam eine neue "überindividuelle" Realität schafft, welche nicht mehr durch Rekurs auf die handelnden Personen
verstanden und erklärt werden kann. Hoffmann-Nowotny stellt
seine Ausführungen explizit in diese Tradition des Holismus bzw. Kollektivismus, wenn er formuliert: "... daß es
sich bei den Merkmalen der Systeme und der Statuslinien
nicht um Merkmale handelt, die durch Aggregation individueller Merkmale von Einheiten entstanden sind."[58] Für
die Verknüfung von verschiedenen Systemeinheiten soll
gelten, "... daß die von der verwendeten Theorie erfaßten Merkmale von Einheiten und Systemen prinzipiell nicht
voneinander ableitbar sind."[59]

Diese Aussagen beinhalten nun allgemein die Emergenzthese,
welches zu Unrecht häufig gegen eine individualistisch orientierte Sozialwissenschaft vorgebracht wird. Als emer-
gent können Eigenschaften (Merkmale) bezeichnet werden,

"... wenn sie einem Kollektiv (oder einer Mehrzahl von
Individuen), aber nicht einzelnen Individuen zugeschrie-
ben werden ...".[60] Hierunter sind Phänomene wie z. B.
"Interaktionsgefüge", "Machthierarchie", "Organisations-
formen", u. a. zu verstehen. Raymond Boudon faßt den Begriff "Emergenz" in gewisser Weise weiter. Er sieht auch
in Ereignissen, die unbeabsichtigt von den Zielen und
Wünschen von handelnden Personen eintreten (sogenannte
"unintendierte Folgen"), Emergenzphänomene und belegt deren individualistische Erklärbarkeit.[61]
Im folgenden soll nun gezeigt werden, daß gerade durch
eine individualistische Interpretation der Aussagen von
Hoffmann-Nowotny eine angemessene Erklärung in dem Sinne
erreicht werden kann, daß die impliziten Annahmen über
das individuelle Verhalten der Akteure expliziert werden
und damit eine allgemeinere Theorie entwickelt werden
kann.

Um dies zu verdeutlichen sei nochmals auf die unten
erwähnte "Maximierungsthese" zurückgegriffen, wobei unterstellt werden kann, daß mit ihr keine unintendierten Fol-
gerungen sozialen Handelns angesprochen werden und weiter,
daß soziale Systeme sich immer aus Individuen rekru-
tieren und auch nur durch sie handeln können. Konkreti-
siert man nun die Aussage, indem für Einheit Person und für
Statuslinie Einkommen eingesetzt wird, so gilt: Je niedriger das Einkommen einer Person, desto höher ist ihre
Tendenz zur Einkommensmaximierung. Damit zeigt sich jedoch
die ganze Problematik dieser vormals plausiblen Aussage.
Denn der Versuch bzw. die faktische Erhöhung des Einkommens ist von einer Vielzahl von Faktoren abhängig. So etwa von dem Wert, den ein Akteur einem höheren Einkommen
beimißt, wie ausgeprägt sein Wissen um die Möglichkeiten
dieser Zielerreichung ist, wie weit er (aufgrund bisheri-
ger Erfahrungen) auf die "Effektivität" seines Handelns
vertraut und auch, wie hoch er die "Kosten" für dieses
Handeln (in bezug auf andere Zielvorstellungen) einschätzt.
Allgemeiner läßt sich formulieren, daß das Handeln einer

Person in seinem personalen Aspekt abhängig ist von Motivation, Kognition, Attribuierungsgewohnheiten und dem erwarteten Widerstand. Daneben sind jedoch die sozialen Strukturen, d. h., das mehr oder weniger verfestigte Interaktionsgefüge, durch welches der Akteur mit anderen Akteuren verbunden ist, für das individuelle Verhalten entscheidend. In der Perzeption des Handelnden muß die Umgebung ihm die entsprechenden Handlungsopportunitäten bieten, die Handlungsbarrieren müssen niedrig sein, und die denkbaren Handlungsalternativen (zur Zielerreichung) müssen negativer bewertet werden als die primär gewählte Strategie. Opportunitäten, Barrieren und Alternativen können als drei umgebungsbezogene Basisvariablen angesehen werden, in denen sich die Erwartungen, Handlungs- und Verhaltensweisen der potentiellen Interaktionspartner widerspiegeln.[62]

Vor diesem Hintergrund wird nun die genannte Maximierungshypothese zu einem "Spezialfall", in welchem die personalen Eigenschaften und die Umgebungsmerkmale in der Perzeption des Akteurs eine bestimmte (gewinnversprechende) Kombination eingehen. Am Rande sei bemerkt, daß z. B. aus der Statusinkonsistenzforschung eine Reihe von Verhaltensweisen bekannt sind, durch die Akteure Statusdeprivationen ausgleichen. Value Stretch, Rationalisierung, Resignation u. a. sind bei bestimmten Bedingungen ebenso wahrscheinlich wie Bemühungen um Aufstiegsmobilität.[63] Auch Hoffmann-Nowotny sieht solche Möglichkeiten, jedoch ohne sie mit seiner Theorie erklären zu können, d. h., anzugeben, unter welchen Randbedingungen sie eintreten.[64] Dies scheint u. E. auch mit Hilfe einer Systemtheorie, die die personalen Eigenschaften der handelnden Personen weitgehend vernachlässigt, kaum möglich.

Mit Hilfe einer handlungstheoretischen Interpretation läßt sich nun auch der Widerspruch zwischen der Unterschichtungsthese, die sich korrekt aus den theoretischen Annahmen

ergibt, und der Feststellung, daß prinzipiell auch eine
Überschichtung des Aufnahmekontextes durch die Migranten
möglich ist, erklären.[65] Die empirisch häufiger anzutreffende Unterschichtung ist nicht auf irgendwelche
"Systemnotwendigkeiten" zurückzuführen, sondern Resultat
von individuellen Handlungen und Reaktionen auf diese
Handlungen im sozialen Kontext des Aufnahmesystems. In
der vorgefundenen Struktur des (industrialisierten) Aufnahmesystems sind die kognitiven Ressourcen von Migranten,
die in einem nichtindustrialisierten Kontext und den dor-
tigen Erfordernissen entsprechend erworben wurden, häufig
nicht dergestalt, daß sie eine relativ hohe Berufsposition wahrnehmen können. Gleichzeitig ist die Motivation -
bedingt durch die im Herkunftsland erlebten materiellen Deprivationen - häufig "einseitig" auf deren Beendigung gerichtet. Weiter ergeben sich aufgrund der mangelnden
Kenntnis des geltenden Norm- und Wertgefüges Verhaltens-
unsicherheiten hinsichtlich der eigenen Attribuierungsgewohnheiten und auch der Widerstandsperzeption. Schließlich können die Umgebungsmerkmale (Opportunitäten, Barrieren , Alternativen) Ausprägungen annehmen, die lediglich
eine Position am Ende des Statuskontiniums zulassen, etwa
dann, wenn - als Reaktion auf die Einwanderung - askrip-
tive Zuschreibungen und juristische Reglementierungen zur
Geltung kommen, die ihrerseits nichts anderes als das Resultat von Handlungen der einheimischen Akteure sind,
welche etwa Konkurrenz bei Partizipationsmöglichkeiten
befürchten oder real erleben. In einer solchermaßen "geschlossenen" Gesellschaft sind  dem Emigranten dann - auch
wenn seine personalen Eigenschaften "günstig" sind - keine Aufstiegschancen möglich. Die empirisch häufig anzutreffende Unterschichtung stellt sich somit als die Konsequenz von Konstellationen der Merkmalsgruppen "Person"
und "Umgebung" dar. Ebenso läßt sich auch eine "Überschichtung" erklären. Hinsichtlich der Statusdimensionen
sind auch solche Fälle bekannt, etwa dann, wenn der Ein-

wanderer im personalen Bereich über Ressourcen verfügt,
die im aufnehmenden System sehr stark nachgefragt werden
und dabei relativ knapp sind, und dem Wanderer keine
Barrieren im Wege stehen, seine überlegenen Fähigkeiten
zur Geltung zu bringen.
Auch die in den race-relation-cycles dargestellte "un-
vermeidliche" Konfliktphase beruht auf individuellen
Handlungen und ist keineswegs zwangsläufig. Der vielfach
anzutreffende interethnische Konflikt (in seinen unterschiedlichen Ausprägungsgraden) ist dabei von keinem
der Akteure gewünscht, er widerspricht geradezu den
genuinen Motiven aller Beteiligten.
Bogardus und Park beschreiben diese Assimilationsphase
im wesentlichen als Auseinandersetzungen um materielle
Güter, vornehmlich im Bereich von Berufspositionen und
damit verbunden hinsichtlich der Einkommenssicherung bzw.
-steigerung. Sowohl Migranten als auch Einheimische streben das legitime Ziel der Sicherung und Verbesserung ihrer
beruflichen Existenz an. Bestehen seitens der einheimischen Akteure keinerlei Vorbehalte oder betrachten sie
die Ziele der Einwanderer gar als den ihren förderlich
- dies dürfte am ehesten bei einer regen Nachfrage nach
Arbeitskräften der Fall sein -, dann stehen der beruflichen Etablierung der Migranten in einer ansonsten offenen Gesellschaft keine gravierenden Kräfte entgegen. In
dieser Situation sind keine Konflikte in diesem Bereich
zu erwarten, die berufliche Assimilation wird stark begünstigt, wenn hinsichtlich der personalen Eigenschaften
des Migranten eine hohe Motivation und ausgeprägte adäquate Kognition angenommen werden darf und entsprechend
das soziale Umfeld seine Aktivitäten unterstützt bzw. be-
lohnt. Als Ergebnis kann eine Verbesserung der materiellen
Situation für Minorität und Majorität erreicht werden, wenn
es beiden Gruppen darüber hinaus gelingt, ihre Interessen
gegenüber Dritten (etwa Kapitaleignern) durchsetzen.
Bei gleicher Intention aller Beteiligten können jedoch in

einer veränderten Situation gänzlich andere Folgen auftreten. Nimmt man eine Veränderung des Arbeitsmarktes (hin
zu einem Überangebot an Arbeitskräften) an - was ebenfalls
als Folge von individuellen Handlungen, etwa der Arbeit-
geber (Rationalisierung, geringere oder keine Investitionen usw.) gesehen werden kann -, so ergeben sich in dieser
Situation auch veränderte Handlungsstrategien für die
autochthonen Arbeitnehmer. Die Immigranten werden jetzt
als Konkurrenten wahrgenommen, die die eigenen Zielerreichung tendenziell behindern. In einer solchen Situation ergeben sich mindestens zwei Handlungsoptionen für
die Majorität. Erstens könnte versucht werden, die Migranten in eine gemeinsame Arbeitnehmerorganisation zu
binden und dadurch die Macht der Institution zu vergrös-
sern, um über gemeinsames Handeln eine Verbesserung für
alle zu erreichen, d. h. durch Kooperation die gesamtgesellschaftliche Integration zu stärken. Die zweite Option (die auch Park und Bogardus beschreiben) besteht darin, den (potentiellen) Ausschluß der Migranten am Arbeitsmarkt (z. B. durch Arbeitserlaubnisregelungen, aufenthaltsrechtliche Restriktionen oder negative Askrip-
tion und Diskriminierungen) etwa durch politischen Druck
auf den Gesetzgeber und Beeinflussung der öffentlichen
Meinung durch gezielte Kampagnen zu erreichen. Welche
der beiden Alternativen gewählt wird, und ob sie zum Erfolg führt, ist abhängig von den Erwartungen und dem
Wissen der Akteure und der Struktur der Umgebung, somit
von den genannten personalen und umgebungsbezogenen Variablen.

Auf der Seite der Migranten stellen die Handlungen der
einheimischen Arbeitnehmer Parameter für ihre eigenen Aktivitäten dar. Gelingt der Majorität die Realisierung der
ersten Option, so dürfte es für die Minorität am erfolg-
versprechendsten sein, sich dieser Strategie anzuschlies-
sen, aufgrund gemeinsamer Ziele könnte auch koordiniertes

Handeln erfolgen. Wird jedoch die zweite Strategie von der
Majorität durchgesetzt, sind je nach dem Grad der Parti-
zipationsverweigerungen verschiedene Reaktionsweisen möglich. Rückwanderung, ethnische Segregation (d. h. Aufgabe
von assimilativen Handlungszielen und Rückbesinnung sowie
Rückzug auf ethnisch orientierte Handlungsmuster) oder
aber Beibehaltung assimilativer Handlungsversuche sind
einige der denkbaren Alternativen. Jedoch kann sich
auch der offene Konflikt als die "kostengünstigste"
Handlung erweisen; etwa dann, wenn die genannten Handlungsalternativen sich nicht verwirklichen lassen, d. h.
deren Kosten zu hoch erscheinen. Wenn die autochthonen
Arbeitnehmer durch eine Strategie der Diskriminierung
und juristischen Reglementierung den Migranten alle Möglichkeiten einer zufriedenstellenden materiellen Lebens-
grundlage verwehren, werden diese mit dem offensiven Ver-
weis auf die formal universalistische Deutung von Posi-
tionszuweisungsprozessen in der Aufnahmegesellschaft reagieren und auch Konflikte nicht mehr scheuen, da sie nach
der Beurteilung ihrer Lage "nichts mehr zu verlieren haben."
Aus dieser Situation ziehen dann u. U. von den Akteuren
unbedachte "Dritte" den größten Nutzen. Der genuine Konflikt mit den Kapitaleignern um progressive materielle
und politische Partizipation gerät in den Hintergrund;
aus "Klassenkampf" wird "Rassenkampf", der letztlich den
status quo stabilisiert.

Die in den race-relation-cycles als zwangsläufig beschriebenen Eingliederungsstufen stellen somit keineswegs unaus-
weichbare Gesetzmäßigkeiten dar, vielmehr handelt es sich
um Möglichkeiten unter vielen anderen. Auch die anderen Phänomene wie Absorption, Akkomodation, Diffusion, Unterschichtung u. a. sind auf Entscheidungen von Individuen,
die untereinander verworben sind und sich dadurch gegen-
seitig bedingen, zurückzuführen. Eine allgemeine Erklärung

dieser Vorgänge bedarf somit des Bezugs auf die Determinanten des individuellen Handelns und Verhaltens der beteiligten Akteure. Und gerade hierum bemüht sich die im folgenden aufzuzeigende handlungstheoretische Erklärung von Eingliederungsprozessen, deren Basisannahmen bereits hier in rudimentärer Form angesprochen wurden.

## Anmerkungen zu Kap. 3

1) Vgl. hierzu auch Kap. 3.1

2) Hartmut Esser, Aspekte der Wanderungssoziologie, Darmstadt und Neuwied 1980, S. 20

3) Die folgende Darstellung beruht im wesentlichen auf einer Begriffsexplikation, die von H. Esser vorgelegt wurde.
Vgl.: Ebd., S. 19-25
Vgl. auch: Czarina Wilpert, Die Zukunft der zweiten Generation, Königstein 1980, S. 8 ff.

4) Bei H. Esser wird auch eine weitere Bezugsebene, die kollektive, angesprochen. Sie ist an dieser Stelle jedoch nicht von grundsätzlicher Bedeutung und kann deshalb hier vernachlässigt werden.

5) Vgl.: Ebd., S. 21 ff.

6) Vgl.: Hans-Joachim Hoffmann-Nowotny, Migration - Ein Beitrag zu einer soziologischen Erklärung, Stuttgart 1970, S. 44.

7) Vgl.: Shmuel N. Eisenstadt, The Absorption of Immigrants, London 1954, S. 9

8) Vgl.: Günter Endruweit, Akkulturationstheorien in der Gastarbeiterforschung, in: Die Dritte Welt, 2/1975, S. 225 ff.

9) Vgl.: Ebd., S. 231 f.

10) Vgl.: Emeroy S. Bogardus, A Race Relation Cycle, in: American Journal of Sociology, 35/1929/30, S. 612 ff.

11) Vgl.: Robert E. Park, The Nature of Race Relation, in: Robert E. Park, Race and Culture, Glencoe 1950, S. 81 ff.

12) Vgl.: Milton M. Gordon, Assimilation in American Life, New York 1964.

13) Vgl.: Ebd., S. 3 f.

14) Vgl.: Ebd., S. 41.

15) Vgl.: Ebd., S. 40.

16) Vgl.: Ebd., S. 41.

17) Vgl.: Ebd., S. 27.

18) Ebd., S. 48.

19) Ebd., S. 51.

20) Robert E. Park, Ernest W. Burgess, Introduction to the Science of Sociology, Chicago 1921, S. 735. Zitiert nach: M. Gordon, Ebd., S. 62.

21) M. Gordon, a.a.O., S. 71.

22) Ebd., S. 81.

23) Vgl.: H. Esser, a.a.O., S. 48 f.

24) Vgl.: S. Eisenstadt, a.a.O., S. 4 f.

25) Vgl.: S. Eisenstadt, Analysis of Patterns of Immi-
    gration and Absorption of Immigrants, in:
    Population Studies, 7/1953, S. 167 f.

26) Ebd., S. 168.

27) Vgl. S. Eisenstadt, Institutionalization of Immi-
    grants Behavior, in: Human Relations, 5/1952, S. 373 f.

28) Ebd.

29) Vgl.: S. Eisenstadt, Analysis of Patterns of Immi-
    gration and Absorption of Immigrants, a.a.O., S. 168.

30) Vgl.: S. Eisenstadt, The Absorption of Immigrants
    a.a.O., S. 19 ff.

31) Vgl.: Ebd., S. 9.

32) Vgl.: H.-J. Hoffmann-Nowotny, Soziologie des Fremd-
    arbeiterproblems, Stuttgart 1973.

33) Vgl.: Heinz Harbach, Internationale Schichtung und
    Arbeitsmigration, Hamburg 1976, S. 117.

34) H.-J. Hoffmann-Nowotny, Soziologie des Fremdarbeiter-
    problems, a.a.O., S. 4.
    Hoffmann-Nowotny verweist an dieser Stelle darauf,
    daß die allgemeinen theoretischen Ausführungen im
    wesentlichen von Peter Heinz übernommen wurden. Vgl.
    hierzu: Peter Heinz, Einführung in die soziologische
    Theorie, Stuttgart 1968.

35) H.-J. Hoffmann-Nowotny, Soziologie des Fremdarbeiter-
    problems, a.a.O., S. 5.

36) Ebd., S. 7.

37) Ebd.

38) Ebd., S. 10.

39) Vgl.: Ebd., S. 11.

40) Ebd., S. 11.

41) Ebd., S. 14.

42) Ebd., S. 19.

43) Vgl.: Ebd., S. 33.

44) Vgl.: R. Park, A Race Relation Cycle, a.a.O., S. 150.

45) Vgl.: H. Esser, a.a.O., S. 48 ff.

46) Zur handlungstheoretischen Erklärung der Eingliederung
    siehe Kap. 4.

47) Zu einer allgemeinen Darstellung der strukturell-funk-
tionalen Theorie und ihren Problemen vgl. z. B.: Walter
L. Bühl (Hrsg.), Funktion und Struktur, München 1975.

48) H. Harbach, a.a.O., S. 127.

49) Vgl.: H.-J. Hoffmann-Nowotny, Soziologie des Fremdarbeiterproblems, a.a.O., S. 3.

50) Vgl.: Robert K. Merton, Social Theory and Social
Structure, Glenoce 1957, S. 45 ff.

51) Zur logischen Struktur von funktionalistischen Erklärungen und ihren Problemen vgl.:
Carl G. Hempel, Die Logik funktionaler Analysen, in:
Bernhard Giesen, Michael Schmidt, Theorie, Handeln
und Geschichte, Hamburg 1975, S. 134-168
Vgl. auch: Wolfgang Stegmüller, Probleme und Resultate
der Wissenschaftstheorie und analytischen Philosophie,
Bd. 1, Wissenschaftliche Erklärung und Begründung, Berlin 1969, S. 555-585.

52) Vgl.: Hartmut Esser, Klaus Klenovits, Helmut Zehnpfennig, Wissenschaftstheorie 2, Stuttgart 1977, S. 32 f.
Vgl. auch: C. G. Hempel, a.a.O., S. 146 ff.

53) Vgl.: H.-J. Hoffmann-Nowotny, Soziologie des Fremdarbeiterproblems, a.a.O., S. 24.

54) Vgl.: Leo F. Schnore, The Urban Scence, New York 1965,
S. 12 ff.

55) H.-J. Hoffmann-Nowotny, Soziologie des Fremdarbeiterproblems, a.a.O., S. 24.

56) Ebd., S. 6.

57) Vgl.: Ebd.

58) Ebd., S. 17.

59) Ebd.

60) Karl-Dieter Opp, Individualistische Sozialwissenschaft, Stuttgart 1979, S. 86.

61) Vgl.: Raymond Boudon, Die Logik des gesellschaftlichen
Handelns, Darmstadt 1980, S. 82.

62) Vgl.: H. Esser, Aspekte der Wanderungssoziologie,
a.a.O., S. 182 ff.

63) Vgl.: Ebd., S. 195 und 225
Vgl.: Hermann Strasser, Susan C. Randall, Einführung
in die Theorien des sozialen Wandels, Darmstadt 1979,
S. 285 ff.

64) Vgl.: Kap. 3.1

65) Vgl.: H.-J. Hoffmann-Nowotny, Soziologie des Fremdarbeiterproblems, a.a.O., S. 24.

## 4. Die handlungstheoretische Interpretation der Eingliederung von Wanderern

In dieser Untersuchung wird explizit auf die von H. Esser formulierte Theorie der Assimilation von Migranten zurückgegriffen.[1] Dies geschieht im wesentlichen aus zwei Gründen. Der erste - entscheidende - liegt darin, daß es sich bei dieser Theorie um ein in hohem Grade allgemeines, d. h. nicht auf bestimmte historische und gesellschaftliche Konstellationen beschränktes Aussagesystem handelt. Darüber hinaus scheint sie in der Lage zu sein, andere Theorieansätze sinnvoll zu integrieren und Phänomene zu erklären, die bisher als Anomalien galten.

Der zweite - weniger wichtige - Grund ist eher pragmatischer Natur. Die dieser Analyse zugrunde liegenden empirischen Daten sind teilweise explizit vor einem handlungstheoretischen Konzept erhoben worden, wodurch die Möglichkeit besteht, ausgewählte Hypothesen auch empirisch zu testen, um somit das empirische Fundament dieser Theorie weiter zu verfestigen.

Die handlungstheoretische Erklärung der Assimilation von Migranten besteht im wesentlichen aus drei Elementen, die unmittelbar zusammenhängen und im folgenden näher erläutert werden sollen. Es handelt sich hierbei erstens um das Paradigma des methodologischen Individualismus, zweitens um eine allgemeine Handlungstheorie und drittens um eine Theorie der Assimilation, wobei sich das Verhältnis dieser Komponenten (in der genannten Reihenfolge) als konstitutiv bezeichnen läßt.

Unter der Umschreibung "methodologischer Individualismus" ist das Postulat zu verstehen, daß alle sozialen Phänomene, "... insbesondere das Funktionieren der sozialen Institutionen, immer als das Resultat der Entscheidungen, Handlungen, Einstellungen usw. menschlicher Individuen verstanden werden sollten, und daß wir nie mit einer Erklärung aufgrund sogenannter Kollektive (Staaten, Nationen, Ras-

sen usw.) zufrieden sein dürfen."[2]
Mit anderen Worten, soziologische Erklärungen sollen
auf individuelles Handeln rekurrieren und nicht bei
Annahmen über (eigenständige) soziale Gebilde (Klasse,
Schicht, System usw.) stehenbleiben, sondern eben aus
den Merkmalen der handelnden Personen die Entstehung
und Entwicklung solcher soziologischen Phänomene erklären. Hieraus folgt als Auftrag für die Soziologie,
daß der einzelne Akteur das logische Atom der Erklärung
sein muß, wobei dieser nicht isoliert, sondern innerhalb
eines sozialen Interaktionssystems zu sehen ist, an welchem er sein Handeln orientiert.[3]
Dieses Postulat hat vielfache Kritik hervorgerufen, auf
welche hier jedoch nicht näher eingegangen werden kann.[4]
Nur zwei Bemerkungen sollen erlaubt sein. Die erste betrifft den methodologischen Status des Individualismus.
Nach der anhaltenden Debatte über Holismus und Individualismus, die unter vielen Mißverständnissen und Überpoin-
tierungen litt, kann man die Empfehlungen dieser sozial-
wissenschaftlichen Konzeption als ein heuristisches Postulat auffassen, von welchem durchaus positive Impulse bezüglich der Erklärung sozialer Tatbestände erwartet werden
dürfen.[5] Mit ihm werden jedoch keinerlei "Wahrheits-
ansprüche" erhoben, bzw. andere Paradigmen a priori als
unfruchtbar ausgeschlossen. Eine solche Auffassung kann
nicht ernsthaft von einem empirisch-analytisch orientierten Sozialwissenschaftler vertreten werden. Das zentrale Kriterium, welches allein für den methodologischen
Individualismus sprechen kann, ist der (zukünftige) Nach-
weis, daß das ständige Bemühen, sozialwissenschaftliche
Erklärungen auf handelnde Individuen und nicht etwa auf
emergene Systemeigenschaften zu beziehen, einen Zuwachs
an gesicherten allgemeinen soziologischen Aussagen ermöglicht. Als Indizien für die Fruchtbarkeit dieser Vorgehensweise können z. B. die Arbeiten von Boudon, Coleman
und Vanberg herangezogen werden.[6] Deutlich wird in die-

sen Studien auch, daß eine individualistische Orientierung
sich keineswegs thematisch auf eine Mikrossoziologie
beschränkt, sondern im Gegenteil makrosoziologische
Phänomene sehr wohl zur Kenntnis nimmt und auch Fragen
nach der Entstehung, Stabilität und des Wandelns von gesamtgesellschaftlichen Strukturen zu beantworten vermag.

Die zweite Bemerkung zum methodologischen Individualismus betrifft die sogenannte "Reduktionsthese", also die
Möglichkeit einer reduktiven Transformation von soziologischen Aussagen in psychologische. Zunächst erscheint es
wichtig festzuhalten, daß es bei dieser Fragestellung
nicht um das Verhältnis von Soziologie und Psychologie
als wissenschaftliche Disziplinen geht (Vanberg spricht
hier von einem "ontologischen" Problem), sondern daß
sinnvollerweise lediglich die Möglichkeiten einer Deduk-
tion (und somit Erklärung) von soziologischen Theorien
und psychologischen gemeint sein kann.[7] Diese Fragestellung läßt sich nun jedoch kaum durch methodologische
Grundsatzdebatten entscheiden, "... sondern als empirische Frage nur relativ, in bezug auf den zu einem bestimmten Zeitpunkt erreichten Theoriestand ..."[8] beantworten. Ein endgültiges Urteil ist somit vor dem Hintergrund sich noch entwickelnder Disziplinen kaum möglich. Das Postulat des Individualismus (in der skizzierten Form) beinhaltet nun auch keineswegs logisch die Reduktionsthese, sondern ist in erster Linie eine brauch-
bare Anweisung, um zu soziologischen Theorien zu gelangen.
Vor dem Hintergrund differenter und konkurrierender soziologischer Theorien ist genau dies aber ein primäres
sozialwissenschaftliches Anliegen. Die Reduktionsproble-
matik stellt sich - wenn überhaupt - erst in zweiter
Linie und besitzt für die soziologische Theorieentwick-
lung und deren empirische Tests kaum Relevanz und ist
somit auch für diese Arbeit unerheblich.

## 4.1 Eine allgemeine Handlungstheorie

Wenn, wie beschrieben, der handelnde Akteur stets die
Basis soziologischer Erklärungen darstellen soll, erscheint es sinnvoll, daß soziologische Theorien explizit aus Aussagen über das soziale Agieren von Individuen bestehen. Dabei muß jedoch zwei Aspekten Rechnung
getragen werden. Erstens darf eine Handlungstheorie handelnde Personen nicht "isoliert" betrachten, d. h., ihre
Aktionen können nicht ausschließlich auf individuelle
Merkmale (Motive, Dispositionen, Kognitionen usw.) rekurrieren. Eine solche - psychologische - Vorgehensweise stößt zu Recht auf Kritik. Zweitens darf eine Theorie
jedoch auch nicht einem blinden Soziologismus verfallen
und Handlungen lediglich als umgebungsdeterminiert betrachten und den personalen Aspekt gänzlich vernachläs-
sigen. Beide Elemente müssen die konstitutiven Merkmale
einer soziologischen Theorie des Handelns bilden, wobei
die Trennung zwischen Individuen und Umwelt stets nur analytischen Charakter haben kann.
Der Gedanke, daß Handeln stets das Resultat von Merkmals-
relationen zwischen den beiden Elementen "Person" und
"Umgebung" darstellt, ist in der soziologischen Theorie
keineswegs neu. So haben etwa M. Weber, K. Popper und
T. Parsons diesen Grundmechanismus - wenn auch mit unterschiedlichen Intentionen - bereits beschrieben.[9] Auch
die hier zu explizierende allgemeine Handlungstheorie, die
von H. Esser formuliert wurde, baut auf dieser Grundüber-
legung auf.[10] Als die wichtigsten Quellen für seine Überlegungen verweist Esser in seiner Arbeit auf drei Theo-
rierichtungen: behavioristischen S-R-Theorien, Modelle
der statistischen Entscheidungstheorie und Werterwartungs-
theorien.[11]
In der Synthese dieser Ansätze zu einer allgemeinen Handlungstheorie wird dabei die von den speziellen Theorien
vorgenommene Trennung zwischen Verhalten, Lernen und Han-

deln aufgehoben.[12] Alle diese Formen menschlichen Agierens
werden zu Untertypen des allgemeinen Explanandums "Handeln", welches nunmehr definiert wird als"... alle mo-
torischen und nicht-motorischen Aktivitäten (kognitiver
und evaluativer Art) einer Person ... , die die faktischen oder vorgestellten Beziehungen zwischen Person und
Umgebung verändern."[13]

Erklärt wird das Handeln durch bestimmte Determinanten
innerhalb der Person-Umgebung-Relation. "Dazu gehören
einmal der faktische Zustand der Umgebung und die faktische Position des Akteurs in der Umgebung; wie zweitens
die Vorstellungen, Bewertungen und Wahrnehmungen der Umgebung durch die Person, einschließlich gedanklicher Vor-
wegnahmen zukünftiger Beziehungen der Person zur Umgebung ...".[14] Die Handlung eines Akteurs selbst wird als
von einer Handlungstendenz verursacht gedacht, die wiederum
von vier Größen abhängig ist.[15]

1. Dem Anreizwert einer Zielsituation (Motivation).
   Diese Variable bestimmt sich durch das Ausmaß, in dem
   der Akteur den einzelnen Situationselementen die Chance
   einer (gleich wie gearteten) Bedürfnisbefriedigung zuschreibt. Sie ist gleichsam der kathektische Handlungs-
   aspekt.

2. Den subjektiven Vermutungen über die Beziehung zwischen
   der (geplanten) Handlung und der Situation (Kognition).
   Dieses Konstrukt beschreibt somit subjektive Schätzungen
   auf der Grundlage eigener Fertigkeiten und Kenntnisse
   bezüglich einer Situationsveränderung (z. B. Bedürfnisbefriedigung). Sie kann als der Wissensaspekt einer Handlung betrachtet werden.

3. Den Attribuierungsgewohnheiten einer Person. Hierbei
   wird das Vertrauen des Akteurs in seine eigene Hand-
   lungseffektivität angesprochen, d. h. subjektive
   Schätzungen darüber, inwiefern eine Situationsveränderung ohne eigenes Zutun möglich oder wahrscheinlich
   ist, bzw. durch eigene Aktivitäten herbeiführbar ist.

4. Dem Widerstand, der bezüglich der Handlung erwartet wird,
   womit zwei Aspekte gemeint sind. Erstens, der geschätzte
   Aufwand zur Zielerreichung und zweitens, die infolge
   einer Situationsänderung nicht mehr realisierbaren Alternativen. Diese Effekte können sowohl positiv (was den
   Handlungsanreiz erhöht) oder auch negativ (was den Handlungsanreiz verringert) bewertet werden (Opportunitätskosten).

Da sowohl die Attribuierungsgewohnheiten als auch die
Widerstandsschätzung auf dem Wissen und den Fertigkeiten (etwa den Möglichkeiten und Erfahrungen bei der In-
formationssuche) beruhen, können sie (zur Modellvereinn-
fachung) auch unter dem Aspekt der Kognition subsumiert
werden. Von dieser Simplifizierung wird auch in der folgenden empirischen Untersuchung - überwiegend aus pragmatischen Gründen - Gebrauch gemacht werden. Das bedeutet jedoch nicht, daß diese Aspekte nicht logisch unabhängig und empirisch getrennt analysierbar sind. Dies
gilt auch für die Verknüpfung und Gewichtung der vier Ein-
zelkomponenten. Wie sich die Handlungstendenz in einer
Situation zusammensetzt - also ob z. B. additive oder
multiplikative Relationen vorliegen - ist eine eigenständige komplexe, empirische Frage, die ebenfalls hier
nicht weiter diskutiert werden kann.[16]
Für die faktische Handlung einer Person gilt nun:
"Der Akteur 'wählt' nach diesem Modell dann in einer Ausgangssituation $S_o$ die Handlung (aus allen möglichen, ihm
vorstellbaren Handlungen), von der er annimmt, daß damit
die Zielsituation mit dem (relativ) höchsten Anreizwert relativ am sichersten durch eigenes Handeln bei
Kostenminimierung erreicht wird."[17]
Das Handeln von Personen wird damit als Entscheidungs-
oder Wahlhandeln interpretiert, wobei der subjektive
"Nettonutzen" als entscheidendes Kriterium bei der Al-
ternativenselektion angesehen werden kann. Dieser Teil-
bereich des Modells wurde von Langeneder auch als der

psychologische bezeichnet,[18] eine Umschreibung, die nur
partiell akzeptiert werden kann, da zum einen alle Merkmalsausprägungen in einer bestimmten Situation als Ergebnis vorgängiger Auseinandersetzungen zwischen Person
und Umgebung angesehen werden müssen. Somit sind sie
"Momentaufnahmen" der anhaltenden Sozialisationsgeschich-
te von Individuen, und eine hohe Korrelation zu soziologischen Kategorien, wie Bildung, Einkommen, Beruf etc.,
ist erwartbar, da diese auch als Indikatoren von Hand-
lungspotentialen gedeutet werden können.

Zum anderen ist die handlungsrelevante Schätzung des Nettonutzen - aus der Kombination der vier Aspekte - direkt
verknüpft mit einem Variablenkomplex, der als "Umgebung"
oder "Situation" bzw. als subjektiv wahrgenommene situationale Umgebungskonstellation gekennzeichnet werden
kann. Die Handlung einer Person wird nicht nur determiniert durch Motivation, Kognition, Attribuierungsgewohnheiten und Widerstand - stark vereinfacht von dem also,
was sie (subjektiv) "will" und "kann" - sondern auch davon, ob die Person glaubt, die Handlung auch bezüglich
ihrer Umgebung durchführen zu können. Und hier ist die
Ausprägung von drei allgemein als "Handlungsopportunitäten", "Handlungsbarrieren" und "Handlungsalternativen"
zu bezeichnenden Konstrukten ausschlaggebend. Unter
Opportunitäten sind dabei Ressourcen zu verstehen, die für
die geplante Handlung günstig bzw. förderlich sind, d. h.,
die Umgebung stellt bestimmte Möglichkeiten zur Zielerreichung zur Verfügung, die vom Akteur als Belohnung
empfunden werden. Barrieren charakterisieren folglich
negative Sanktionen, denkbare Handlungen werden von der
Umgebung "abgelehnt" oder "bestraft". Schließlich bezeichnen Handlungsalternativen die von der Person wahrgenommenen differenten Strategien zur Verwirklichung
eines angestrebten Zieles.[19] Der genannten analytischen
Differenzierung der "Umgebung" in Opportunitäten, Barrie-

ren und Alternativen entsprechen in sozialen Handlungs-
bezügen selbstverständlich andere handelnde Personen,
die mit ihren Handlungen die Parameter der subjektiven
Situationsdefinition für einen Akteur setzen. Die "Umgebung" repräsentiert so gesehen alle in einer bestimmten
Handlungssituation als relevant erachteten Personen ( oder
Gruppen), die vermeintlich in irgendeiner Weise durch die
Handlung tangiert werden. Daß die Umgebung in diesem
Sinne als sozialer Kontext selbst die Ziele und Mittel
der handelnden Person teilweise determiniert - also Individuum und Gesellschaft ein    interdependentes Verhältnis bilden - steht bei dieser Betrachtungsweise völlig außer Zweifel.
Die von der handelnden Person perzipierten Situationsbe-
dingungen stimmen natürlich nicht immer mit den objektiven überein, was folglich zur Zielverfehlung oder nur par-
tiellen Zielerreichung führen kann. Aus diesen Mißerfolgen und natürlich erst recht aus Erfolgen zieht der
Akteur Konsequenzen; er lernt (etwa über Verstärkungen
und Generalisierungen) für sein künftiges Handeln. Diese
Tatsache berührt nun aber den grundsätzlichen Aspekt der
Dynamik des Handelns und des Lernens. Esser schreibt
hierzu: "Personale und situationale Faktoren der Handlung
sind logisch (und oft auch empirisch) voneinander unabhängig, wenngleich sich über Prozesse der "Wahrnehmung"
und des "Lernens" mit der Zeit auch Angleichungen und
Anpassungen der "subjektiven" und der "objektiven" Umgebung erwarten lassen. Personen sind als lernfähige Orga-
nismen in der Lage, ihre Motivationen und Kognitionen den
erlebten Umgebungsbedingungen anzupassen; natürlich ge-
legentlich auch: die Umgebung den Motivationen und Kognitionen anzupassen. Dieser Aspekt des Lernens gibt dem
Handeln seinen typisch prozessualen Charakter: solche
Handlungen werden in Zukunft verstärkt ausgeübt, die sich
als "erfolgreich" in bezug auf die Zielrealisierung erweisen; und es werden in Zukunft solche Handlungen vermieden,

die zum Mißerfolg führten oder für die es Alternativen mit
einem höheren "Nettonutzen" gibt."[20)]
Wie Esser weiter zeigt, lassen sich in diesem Grundtheorem der Handlungstheorie die gängigen Lerntheorien integrieren. Sowohl die herkömmlichen S-R-Theorien sowie Rein-
forcement-Lernen oder Theorien des kognitiven Lernens werden zu Untertypen dieser allgemeinen Theorie, in denen jeweils lediglich spezifische personale bzw. umgebungsbezogene Voraussetzungen gegeben sind.[21)] Interessanter als
dieser Aspekt ist hier vielleicht der Beleg, daß auch
die bekannte Weber'sche Handlungstypologie sich strin-
gent in dieses theoretische Konzept einordnen läßt. Für
den Typus des zweckrationalen Handelns dürfte dies ohne
weiteres einsichtig sein, da Weber formuliert:
"Zweckrational handelt, wer sein Handeln nach Zweck, Mitteln und Nebenfolgen orientiert ... und rational abwägt
... ."[22)] Traditionales Handeln, bei Weber als "... ein
dumpfes, in der Richtung der einmal eingelebten Einstellung ablaufendes Reagieren auf gewohnte Reize"[23)] beschrieben, heißt nun nichts anderes, als daß in bestimmten, häufig wiederkehrenden Situationen eine Handlung erfolgt, die
vorgängig sicher durch Abwägung der genannten Faktoren
und folgender Belohnung durch die Umgebung gelernt wurde, jetzt jedoch soweit verinnerlicht ist, daß eine
Kostenkalkulation unterbleiben kann und quasi mechanisch
abläuft. Affektuelles Handeln, welches sich als "... hem-
mungsloses Reagieren auf einen außeralltäglichen Reiz ..."[24)]
äußern kann, erweist sich als ein Verhalten, welches z. B.
aufgrund von Zeitknappheit die oben erwähnte (ideale) Abwägung nicht zuläßt, und/oder aber ist Resultat einer Umgebungskonstellation, die von Individuen als äußerst überraschend (d. h. mit ihrem Strukturierungs- und Differen-
zierungsvermögen nicht adäquat erfaßbar) empfunden wird.
Der Fall nun, in dem eine Handlung "... ohne Rücksicht
auf vorauszusehende Folgen ..."[25)] durchgeführt wird (wert-
rationales Handeln), kann so gedeutet werden, daß dem

Handeln selbst ein hoher Wert beigemessen wird und dabei
eben auch ausgeprägte Widerstände, Barrieren und Alternativen nicht zum Tragen gelangen.[26]

Schließlich sei noch auf die Einordnung von Handlungen unter "Zwang" eingegangen, von denen angenommen werden könnte,
daß sie nicht mit einer Theorie des Wahl- und Entschei-
dungshandelns erklärt werden könnten. Gewöhnlich bezeichnet man damit Verhaltensweisen, welche nicht unbedingt den
individuellen Zielvorstellungen entspringen, aber z. B.
durch Androhungen von so gravierenden negativen Sanktionen
der Umgebung erwirkt werden, daß jede andere Möglichkeit scheinbar ausgeschlossen ist. Diese Handlungsweise
läßt sich jedoch ebenfalls als eine Wahlhandlung interpretieren, in welcher sich eine Person deshalb für eine
von ihr negativ bewertete Handlung entschließt, da ihre
denkbaren Handlungsalternativen insgesamt noch negativere
Konsequenzen hätten. Die Wahl kann also darin gesehen werden, daß ein Akteur entweder einen nach seiner Meinung
nicht wünschenswerten Zustand unterstützt oder aber die
Folgen einer Weigerung (etwa psychischen Zwang) in Kauf
nimmt.[27]
Wenn nun alle genannten Handlungsmöglichkeiten bei H. Esser
als rational charakterisiert werden, so hat dies den einfachen Grund, daß sie vom Standpunkt des Akteurs als die
"vernünftigsten" bezeichnet werden. Und dies entspricht
der theoretischen Basisannahme, daß jeder Akteur gemäß
einer subjektiven Kalkulation von personalen und situationalen Faktoren (die bewußt in einer handlungsrelevanten Situation oder aber per Lerngeschichte vorgängig ihren
Ursprung hat) handelt. Schlicht, er handelt, wie er es
subjektiv für richtig hält. Das Prädikat "rational" bezieht sich somit weder auf das Resultat von Handlungen,
noch kann es an irgendwelchen interpersonal gültigen Kriterien festgemacht werden.

Mit dieser Bemerkung wollen wir die allgemeine Darstellung
der theoretischen Grundlagen beenden. Sicherlich ist sie
hier in einer eher rudimentären Form erfolgt, was jedoch
erlaubt sein sollte, da sie anderen Orts detailliert beschrieben ist. Bevor nun eine Übertragung auf den Objekt-
bereich "Assimilation von Migranten" vorgenommen wird,
soll noch ein eher wissenschaftstheoretischer Aspekt angesprochen werden, der Anlaß zur Diskussion geben könnte.
Es ist dies der Einwand, Handlungstheorien seien trivial
bzw. tautologisch.[28]
Wie eine tautologische Argumentation in diesem Zusammenhang aussehen könnte, beschreibt Opp mit dem folgenden
Beispiel: "Jemand hat eine Handlung ausgeführt; ein Sozialwissenschaftler A behauptet, der Nettonutzen für diese Handlung sei höher gewesen als der Nettonutzen für andere Handlungen. Ein anderer Sozialwissenschaftler fragt,
woher A das wisse. A antwortet: Sehen Sie denn nicht,
daß die genannte Handlung ausgeführt wurde?"[29] Weiter
schreibt Opp zu dieser Argumentation: "Hier nimmt man
sozusagen automatisch an, daß bei Auftreten der zu erklärenden Ereignisse die gemäß der Theorie relevanten An-
fangsbedingungen vorliegen, ohne diese empirisch zu er-
mitteln."[30] Diese Vorgehensweise stellt nun in der Tat
eine Tautologisierung dar und ist keinem empirischen Theorietest und damit keiner kausalen Erklärung zugänglich. Nur:
eine solche Strategie ist auf _jegliche_ Theorien und keineswegs nur auf handlungstheoretische anwendbar.[31] Eine Handlungstheorie darf natürlich nicht ex-post von dem Resultat
einer Handlung auf die individuelle Intention zurück-
schließen, sondern nur die empirische Erfassung aller
genannten Faktoren und ihre Gegenüberstellung mit den
aus der Theorie deduktiv gewonnenen Hypothesen eröffnet
die Chance einer Falsifikation. Das Verfahren der Überprüfung von handlungstheoretischen Aussagen unterscheidet sich somit in keiner Weise prinzipiell von den üblichen Regeln kritisch-rationaler Wissenschaft. Daß die

oben aufgeführte Strategie gerade bei der skizzierten
Handlungstheorie in die Irre führen kann, ergibt sich
auch aus der Tatsache, daß das objektive Resultat einer
Handlung eben nicht mit dem vom Akteur subjektiv erwarteten übereinstimmen muß. Wäre eine Konvergenz zwischen den
Zielvorstellungen des Akteurs und dem beobachtbaren Ergebnis immer gegeben, so hätten individualistische Theorien
zwangsläufig Schwierigkeiten mit Erklärung von unintendierten Folgen von Handlungen, denn gerade in der Nicht-
Übereinstimmung von vermeintlichen und faktischen
Handlungsfolgen liegt eine der zentralen Zugangs-
möglichkeiten zur Erklärung solcher Phänomene. [31)]

Ein anderer Einwand gegen handlungstheoretische Erklärungen hält diesen vor, "... daß sie eigentlich nur die
Banalität zutage fördern, rational handelnde Individuen
wählten unter den gegebenen Alternativen die für sie
günstigste, ohne zu untersuchen, welchen Beschränkungen
die gegebenen Alternativen unterliegen." [32)] Mit "Banalität" soll wohl zum Ausdruck gebracht werden, daß hier "nur"
"Selbstverständlichkeiten" oder "Alltagswissen" reprodu-
ziert werde. Das Theorem des "Nettonutzen" mag vielleicht
"banal" erscheinen, doch bereits die oben erfolgten kur-
zen Ausführungen über unterschiedliche Faktoren, von denen die handlungsrelevanten Nutzenschätzungen abhängig
sind, machen deutlich, daß handlungstheoretische Erklärungen (leider) keineswegs "einfach" sind. Davon unabhängig ist aber zu bemerken, daß wissenschaftliche Erklärungen weder besonders "originell" noch "komplex" oder
"unverständlich" sein müssen, sondern zunächst logisch
korrekt und empirisch haltbar sein sollen. Und auch der
Hinweis, die Beschränkungen der Alternativen zu untersuchen, spricht nicht gegen den hier vorgeschlagenen Er-
klärungsversuch, da die Umgebung (in Form von Handlungsbarrieren, -alternativen und -opportunitäten) explizit als
wichtiger Erklärungsbestandteil zur Geltung kommt  und

keineswegs einen untergeordneten oder vernachlässigbaren
Faktor darstellt. Die beiden zentralen Konstrukte "Person"
und "Umgebung" sind logisch und analytisch gleichwertige
Theorieelemente.


## 4.2 Die handlungstheoretische Erklärung der Assimilation

Im folgenden soll nun versucht werden, die skizzierten
Grundüberlegungen der Handlungstheorie auf das Phänomen
"Assimilation" zu übertragen, um somit die Voraussetzungen
für eine empirische Beschreibung des Assimilationsprozesses zu schaffen.
Migration im internationalen Kontext bedeutet nach
dem Gesagten für die Wanderer, daß ein großer Teil der
in der Heimatkultur geltenden Verhaltensregelungen außer
Kraft treten, bisherige Bezugsgruppen irrelevant werden
und Möglichkeiten der Partizipation an gesellschaftlichem
Leben verloren gehen. Die Assimilation beginnt in der Aufnahmegesellschaft gemeinhin mit einem starken Defizit an
Kenntnissen über die neue Umgebung und den adäquaten Verhaltensweisen in ihr. Die Situation der Migranten ist zunächst geprägt von einer starken Orientierungslosigkeit
und Verhaltensunsicherheit. Die Beendigung dieses Zustandes impliziert für die Migranten das Aneignen von Fähigkeiten und Kenntnissen, die in der Aufnahmegesellschaft
für eine befriedigende Lebensführung notwendig sind. Diese Re-Sozialisation kann als Lernprozeß verstanden werden,
der sich auf sehr unterschiedliche Bereiche der Aufnahmekultur bezieht. Sprachkenntnisse, Berufsrollen, Identifika-
tionsmuster, Wertvorstellungen und Normeninterpretation
der Aufnahmegesellschaft sind zu erwerben. Ob dieser Prozeß überhaupt, partiell oder völlig, d. h. alle Lebensbereiche umfassend, abläuft, darüber entscheiden nach den
vorgängigen Ausführungen Faktoren, die zum einen in der
Person des Wanderers und zum anderen in seiner neuen Um-

gebung zu bestimmen sind. Als Voraussetzungen für eine
Assimilation gilt bezüglich der Person, "... daß von der
Motivlage und den Kenntnissen her ein Wanderer die Eingliederung anstrebt und über entsprechende Fähigkeiten
verfügt (bzw. Handlungen assimilativer Art durchführt,
die er für seine Zielerreichung als instrumentell an-
sieht, auch ohne daß er die Eingliederung unmittelbar
beabsichtigt)."[33] Bezüglich der Umgebung ist eine prinzipielle Offenheit für assimilative Handlungen erforderlich, d. h., es müssen assimilative Opportunitäten gegeben sein. Ferner müssen ausschließende Handlungsbarrieren (z. B. Vorurteile, Diskriminierungen, juristische
Restriktionen) fehlen, und Handlungsalternativen nicht-
assimilativer Art weniger positiv bewertet werden als die
assimilativen.[34] "Die Eingliederung wird damit prinzipiell über drei Bedingungskombinationen möglich: Erstens
über die motivierte Durchsetzung der Person gegen eine
assimilationshemmende Umgebungskonstellation; intensive
Motive, eine hohe Handlungs-"Systematik" der Person und
die prinzipielle (nicht auch unbedingt: faktische) Offenheit der Aufnahmegesellschaft sind hierzu erforderlich.
Oder zweitens über den Ausschluß nicht-assimilativer
Handlungsmöglichkeiten bei offenstehenden Möglichkeiten zur Assimilation auch bei entgegenstehenden personalen Orientierungen und Absichten des Wanderers. Oder
drittens - selbstverständlich - bei Gegebenheit von Absichten, Fertigkeiten und Möglichkeiten (bzw. gar
bei "Zwängen") zur Eingliederung."[35]
Assimilation ist somit allgemein unerwartbar, wenn ein
Wanderer nicht die erforderlichen kognitiven und motivationalen Eigenschaften besitzt, die Umgebung unüberwind-
liche Barrieren zeigt, oder nicht-assimilative Handlungsalternativen höheren "Nettonutzen" als assimilative
aufweisen. Jegliche assimilative Prozesse beinhalten somit
bestimmte Voraussetzungen personaler und umgebungsbezoge-
ner Art, die jeweils einzeln als notwendige Bedingungen und

zusammen als hinreichende Bedingung der Assimilation betrachtet werden können.

Die vielen notwendigen Lernvorgänge im Verlaufe der Eingliederung vollziehen sich immer nach dem Grundtheorem der
Handlungstheorie: Ein Akteur wählt die Handlung, die nach
Maßgabe seiner Motive, kognitiven Kapazitäten und subjektiven Vorstellung über die Opportunitäten, Alternativen
und Barrieren der Umgebung, als die günstigste zur Zielerreichung erscheint. Die Handlung selbst hat dann - gleich-
gültig, ob sie erfolgreich (Zielerreichung) war oder nicht -
Konsequenzen für den Akteur, da sich die personale Aus-
gangsbedingung im Hinblick auf neue Aktivitäten verändert.
Das Gleiche gilt auch für die Umgebung, als Summe der
Personen, die bezüglich dieser Handlung (re-)agieren.
Sind die Handlungen des Wanderers mit den Zielen dieser
Personen kompatibel oder denen gar förderlich, dann werden die assimilativen Handlungsopportunitäten zukünftig
größer bzw. werden Barrieren abgebaut. Ein Abbau von Opportunitäten oder Verstärkungen von Barrieren ist entsprechend dann zu erwarten, wenn die assimilativen Handlungen negative Konsequenzen für die Umgebung haben. In
diesem Prozeß verändern sich somit ständig die Handlungs-
parameter der beteiligten Personen. Mit anderen Worten:
Das aktuelle Handeln von Individuen ist immer auch Ergebnis vorheriger Handlungserfahrungen. Handlungstheoretische
Erklärungen verweisen somit immer auf den prozessualen
Charakter des Handelns und sind wissenschaftstheoretisch
als genetische Erklärungen zu betrachten.

Für den Verlauf der Eingliederung kann dabei angenommen
werden, daß die ersten Handlungen im Aufnahmesystem auf
jene Deprivationsbeendigung zielen, die für den Migranten
wanderungsentscheidend waren. Somit determinieren die Lebensbedingungen in der Entsendegesellschaft zumindest noch
anfangs die Handlungen im Aufnahmesystem mit. Dies be-

trifft zum einen die Motivation, zum anderen jedoch auch
die Kognition, da die Wahrscheinlichkeit für erfolgreiches
Handeln in der Anfangssituation auch von der Verwertbar-
keit des im Heimatland erworbenen Wissens abhängig ist.
Stehen dem Wanderer in dieser Anfangssituation Möglichkeiten offen, die wanderungsdeterminierenden Bedürfnisse
durch Aktionen zu befriedigen, die (im Einklang mit seiner
Motivation) nicht-assimilativen Charakter haben, dann kann
bezweifelt werden, ob es überhaupt irgendwann zu einer Assimilation kommt. Dieser Fall wäre etwa denkbar, wenn ein Migrant im Aufnahmesystem eine relativ abgeschottete ethnische
Kolonie auffindet, in der er ohne Kontakt zur ethnischen
Majorität zufriedenstellend, also personal integriert, leben kann. Existieren solche rein intraethnischen Handlungsalternativen nicht (bzw. werden sie hinsichtlich der angestrebten Ziele als weniger kostengünstig eingeschätzt), so
sind erste assimilative Handlungen zwangsläufig. Der Erfolg dieser Handlungen ist dann von den Kenntnissen und
Fertigkeiten des Wanderers ebenso abhängig wie von der
Umgebungsstruktur. Bei etwaigen Mißerfolgen wird der Migrant zunächst versuchen, die Gründe des Scheiterns zu
erforschen. Dies entspricht einem Prozeß der Informa-
tionssuche, in dem er sich genauere Kenntnisse über seine
neue Umwelt verschafft, womit er gleichzeitig seine kognitiven Ressourcen erweitert. Dieses neu erworbene Wissen
wird in weitere Handlungen einfließen, die u. U. dann zum
Erfolg führen, der seinerseits als Belohnung empfunden wird.
Überwiegen jedoch in diesem Prozeß Mißerfolge, so werden
nicht-assimilative Handlungstendenzen wahrscheinlicher, die
dann zu resignativem Rückzug auf die eigene Ethnie, zur Re-
Migration oder bei vorhandenem intraethnischen Solidaritäts-
potential auch zum ethnischen Konflikt führen können. Do-
minieren aber assimilative Handlungserfolge, "... bildet
sich beim Wanderer (allmählich) ein (dann auch: habitualisier-
tes) Rezeptwissen für ein erfolgreiches Handeln in der
neuen Umgebung aus. Dieses schafft einerseits die kogniti-

ven und motivationalen Voraussetzungen zur Inangriffnahme
weiterer, zuvor noch überlagerter Deprivationen und sorgt
so für Ansätze eines generalisierten Erfolgsvertrauens in
der neuen Umgebung und bereitet damit die Erweiterung des
subjektiv beherrschbaren Feldes vor. Über die Generali-
sierung des Erlebnisses der Deprivationsbeeindigung auf
die hiermit verbundenen assimilativen Handlungen können
schließlich die assimilativen Handlungen und Teile der
neuen Umgebung selbst expressive Besetzungen annehmen;
d. h. nicht bloß aus instrumentellen Gründen zur Realisierung anderer Ziele, sondern als eigenständige Ziele
attraktiv werden."[36] Im günstigsten Fall kann sich diese
Identifikation auf alle Bereiche der Aufnahmegesellschaft
ausdehnen, was gleichzusetzen wäre mit einer gänzlich erfolgreichen Re-Sozialisation des Migranten, der nunmehr
seine eigene Identität auch ausschließlich über die "neue"
Gesellschaft definieren würde. Hierzu ist jedoch neben den
entsprechenden motivationalen und kognitiven Eigenschaften
des Migranten eine Umgebung erforderlich, die in allen
Handlungsfeldern assimilationsfördernde Opportunitäten bietet, was in geschichteten Gesellschaften jedoch kaum unterstellt werden kann. Der Aufnahmekontext ist, wie Gordon
und auch Eisenstadt deutlich aufgezeigt haben,[37] selbst
nicht homogen, er ist vielmehr geprägt von unterschiedlichen Interessen und Machtpotentialen, die Auswirkungen
auf den Anpassungsprozeß der Migranten haben. Dabei ist
es für die ethnische Minorität zunächst wichtig, daß die-
jenigen Personen des Aufnahmesystems ihren Handlungen positiv gegenüberstehen, die auch über die entsprechenden
Belohnungsmittel verfügen. Dies müssen jedoch keine sta-
bilen Personengruppen sein, sondern die zugestandenen
Opportunitäten (bzw. Barrieren) der Umwelt variieren je
nach Handlungszielen der Migranten inter- und intraperso-
nell. So kann die berufliche Assimilation von bestimmten
Personen unterstützt werden - da sie deren eigenen Zielen
förderlich ist,- von anderen wird sie jedoch - etwa aus

Konkurrenzbefürchtungen heraus - bekämpft. Ebenso ist es
möglich, daß die Bemühungen der Migranten, die "neue"
Sprache zu erlernen, von einer autochthonen Person als legitim empfunden, aber Bestrebungen nach einer juristischen Gleichstellung der ethnischen Minderheit von
derselben Person abgelehnt werden. Somit kann der Assimilationsprozeß auch auf spezielle Lebensbereiche beschränkt bleiben (partielle Assimilation), wenn den Einwanderern in bestimmten assimilativen Handlungsfeldern
Barrieren entgegenstehen, die zugleich immer Ausdruck
der Machtverhältnisse in der Aufnahmegesellschaft sind.[38]

Es erscheint deshalb angebracht, den abstrakten Begriff
"Assimilation" hinsichtlich verschiedener Dimensionen
zu differenzieren, und ihn dadurch auch für empirische
Analysen zugänglicher zu machen. Um zu einer solchen
Systematisierung von assimilativen Handlungen zu gelangen, wollen wir nochmals auf die vorgängige Begriffsexplikation zurückgreifen. Dort wurde zwischen den individuellen und relationalen Bezügen des Eingliederungsprozesses geschieden, wobei sich der erste Aspekt auf den
Erwerb von personalen Handlungsdispositionen bezog und
der zweite die soziale Einbindung in das Interaktionsgefüge der Aufnahmegesellschaft kennzeichnete. In einer
weiteren Differenzierung können schließlich vier Assimilationsdimensionen spezifiziert werden, die inhaltlich
auch in den race-relation-cycles sowie bei Gordon und
Eisenstadt als zentrale Indikatoren der Eingliederung
zumindest implizit genannt werden.[39]

Im Bereich des Erwerbs personaler Merkmale ist dies zum
einen die <u>kognitive Assimilation</u>, die die Ähnlichkeit
von ethnischen Gruppen oder Personen hinsichtlich ihrer
Kenntnisse und Fertigkeiten beschreibt. Zu dieser Wissens-
Dimension gehören vor allem die Sprachbeherrschung und
Kenntnisse der geltenden Norm- und Wertordnung, die ein

adäquates Handeln im Aufnahmekontext erst ermöglichen.
Davon getrennt werden kann die identifikative Assimilation, welche die Übernahme und Verinnerlichung von
Werten und Normen als "selbstverständliche" Handlungs-
regulative beschreibt. In diesem kathektischen Aspekt
wird also die Identifikation mit dem Aufnahmesystem thematisiert.[40]

Im Bereich der relationalen Assimilation ist eine Unterscheidung zwischen struktureller und sozialer Ähnlichkeit
angebracht. Die Partizipation an institutionalisierten
Rollen im interethnischen Kontext wird dabei als strukturelle Assimilation bezeichnet, womit inhaltlich vor
allem die Wahrnehmung von Berufsrollen und Mitwirkung
im politischen System angesprochen wird. Soziale Assimilation bezieht sich auf die horizontale Kommunikation, in deren Verlauf der Migrant Kontakt zu einheimischen Akteuren aufnimmt, und bei einer völligen sozialen
Assimilation diese zu den allein handlungsrelevanten Bezugsgruppen werden.[41]

Obwohl hier vier inhaltlich verschiedene Aspekte angesprochen werden, sind sie jedoch alle mit der vorgestellten Handlungstheorie erklärbar. Die Struktur und die zentralen Größen dieser Erklärung lassen sich mit Hilfe des
folgenden Schemas nochmals verdeutlichen.[42]

Schema 2: Das allgemeine Variablenmodell der Assimilation

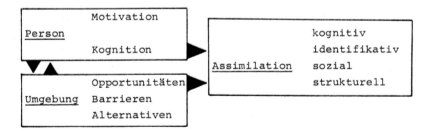

Aus vorgetragener Kritik an den race-relation-cycles
und der handlungstheoretischen Interpretation der Assimilation ergibt sich, daß bezüglich dieser vier Aspekte
a priori keinerlei Angaben über den jeweiligen Grad der
Assimilation gemacht werden können. Ob jeweils eine partielle oder völlige Ähnlichkeit zwischen ethnischer Minorität und Majorität zustandekommt, hängt von den Randbedingungen des Handelns aller Beteiligten ab. Sind jedoch die personalen und situationalen Bedingungen so, daß
assimilative Handlungen möglich sind, dann können empirische Abhängigkeiten zwischen den genannten Assimilationsaspekten vermutet werden. Dabei kann abermals auf die Analysen von Park, Bogardus, Gordon und Eisenstadt zurückgegriffen werden, die darin übereinstimmen, daß die Wanderer zunächst versuchen müssen, eine gewisse Basisorientierung in der neuen Umwelt zu erlangen, um mit ihrer Hilfe die zentralen alltäglichen Probleme zu lösen.[43] Inhaltlich ist damit vor allem das Erlernen von basalen
Verhaltensregeln und Sprachkenntnissen gemeint, was unter dem Begriff der kognitiven Assimilation subsumiert
werden kann. Danach erfolgen dann die ersten Bemühungen,
sich in die Statushierarchie der Aufnahmegesellschaft ein-
zureihen, also materielle Existenzgrundlagen zu sichern
und dann u. U. durch Aufstiegsbemühungen zu verbessern.
Diese berufliche Eingliederung stellt ein zentrales Element der strukturellen Assimilation dar. Auf dieser Basis
können dann erste systematische Handlungsversuche zur Ver-
tiefung der sozialen Kontakte zur autochthonen Bevölkerung
unternommen werden. Dies führt nach Eisenstadt im Idealfall bis zur Bildung von Primärgruppen mit interethnischer
Zusammensetzung[44] und entspricht nach den hier verwendeten Termini der sozialen Assimilation. Als Endpunkt des
Prozesses verbleibt schließlich die identifikative Assimilation, die als Folge der positiven Erfahrungen einen
Wandel der Identität des Wanderers bewirkt.

Diese empirisch zu vermutenden Beziehungen lassen sich
mit Hilfe des folgenden Kausalmodells darstellen.[45)]

Schema 3: Kausalmodell der vier Assimilationsaspekte

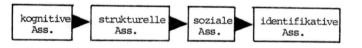

Dieses vereinfachte Modell kann nun nicht dahingehend interpretiert werden, daß in den genannten Bereichen jeweils
eine völlige Assimilation die Voraussetzung für das Antre-
ten des nächsten Zustandes ist. Vielmehr existieren empirisch wahrscheinlich vielfältige Wechselbeziehungen. So liegt
es z. B. nahe, daß die Wahrnehmung von Berufsrollen als
"Nebenprodukt" auch häufig eine Erweiterung der kognitiven
Fertigkeiten (etwa der Sprache) bedingt; oder aber ausgeprägte soziale Assimilation Einflüsse auf die berufliche
Etablierung hat. Diese vielfältigen Wechsel- und Rückbe-
züge kommen in diesem einfachen Schema nicht zum Ausdruck,
hierfür wäre ein weitaus komplexeres Prozeßmodell notwendig, in das alle relevanten Variablen bezüglich Person und
Umgebung zu allen Handlungszeitpunkten explizit aufgenommen
werden müßten, woraus sich dann aber, unter der Annahme des
rationalen Handelns, auch die folgenden Handlungen einer
Person prognostizieren lassen würden.[46)]
Die Überprüfung eines solchen Modells, das im Idealfall
einer exakten Widerspiegelung der Realität entspräche,
wäre dann aber mit Querschnittsdaten kaum noch möglich,
und entsprechende Longitudinalstudien würden wahrscheinlich ebenfalls sehr schnell auf Realisierungsgrenzen stos-
sen, was jedoch nicht die prinzipielle Unmöglichkeit eines
solchen Versuchs bedeutet.
Auch die hier vorliegende Untersuchung kann ein solch
komplexes Modell nicht empirisch nachvollziehen und prüfen,

weshalb "nur" das dargestellte simplifizierende Modell zum
Ausgangspunkt der empirischen Analyse gewählt wird. Das Anliegen der Untersuchung kann nun aber dahingehend konkreti-
siert werden, daß zunächst jeweils kognitive, strukturelle
und soziale Assimilation getrennt auf ihre Abhängigkeit von
personalen und situationalen Faktoren hin untersucht werden
sollen, um danach zu einem gemeinsamen Modell zusammengefaßt
zu werden, indem dann auch die in Schema 3 hypothetisch un-
terstellte Kausalstruktur getestet werden soll.[47)]

Nach den vorgetragenen Überlegungen können wir nun zwei Basishypothesen, die bezüglich aller Assimilationsdimensionen
Gültigkeit haben sollen, den folgenden empirischen Untersuchungen zugrunde legen:

1. "Je intensiver die Motive eines Wanderers in bezug auf
   eine beliebige Zielsituation, je stärker die subjektive
   Erwartung des Wanderers, daß die Zielsituation über
   assimilatives Handeln erreichbar ist und je geringer
   der Widerstand für das assimilative Handeln ist, umso
   eher führt der Wanderer diese Handlung - ceteris paribus -
   aus; umso eher erfolgt eine Assimilation."[48)]

2. "Je mehr assimilative Handlungsopportunitäten dem Wanderer im Aufnahmesystem offenstehen, je geringer die
   Barrieren für assimilative Handlungen im Aufnahmesystem sind und je weniger alternative Handlungsopportunitäten nicht-assimilativer Art zur Verfügung
   stehen, umso eher führt der Wanderer - ceteris paribus - diese Handlungen aus; umso eher erfolgt eine
   Assimilation."[49)]

Um diese Hypothesen und ihre Spezifikation hinsichtlich
der kognitiven, strukturellen und sozialen Assimilation
empirisch zu falsifizieren, bedarf es zunächst der Operationalisierung der Basisvariablen der Handlungstheorie,
d. h., theoretische Konstrukte, wie z. B. "Kognition" und
"Motivation" müssen als valide Indikatoren vorliegen.

Die Lösung dieses meßtheoretischen Problems ist für jed-
wede empirische Überprüfung eine notwendige Bedingung,
die - auch wenn sie häufig leichtfertig ohne nähere Prüfung als erfüllt angenommen wird- doch erhebliche Probleme
birgt, die in dieser Analyse besonders deutlich werden.
Konkret besteht die Schwierigkeit darin, Merkmale wie
"Bildung", "Alter", "Segregation", "Beruf" u. a., die in
der herkömmlichen Eingliederungsforschung als eigenständige Determinanten der Assimilation aufgefaßt werden,
hier den handlungstheoretischen Basisvariablen als Indikator zuzuordnen, da auch der hier analysierte Datensatz
im wesentlichen solche nicht explizit handlungstheoretischen Variablen beinhaltet. Diese Zuordnung ist für verschiedene Variablen (z. B. "Wanderungsmotivation", "Bildung", "Segregation") auf den ersten Blick zwar unproble-
matisch, für andere Merkmale ist diese Indikatorenfunk-
tion jedoch nicht eindeutig.
H. Esser beschreibt die Problematik der Validität am
Beispiel der Variablen "Bevölkerungsüberschuß" und "Aufenthaltsdauer". Letztere beispielsweise kann in unter-
schiedlicher Weise interpretiert werden. So etwa als Anzahl der erhaltenen assimilativen Verstärkungen, Veränderungen und Opportunitäten oder auch als Indikator für
die Assimilation selbst.[50] Die Verwendung solcher Variablen bei der Hypothesenprüfung schmälert dann natürlich
die Aussagefähigkeit der Resultate.
Leider kann dieses allgemeine Problem der Validität von Indikatoren auch in der folgenden Analyse nicht immer befriedigt gelöst werden. So wird zwar auf solche Variablen, deren klare Einordnung unter ein theoretisches Konstrukt
fragwürdig erscheint, verzichtet, jedoch kann auch in den
anderen Fällen nicht davon ausgegangen werden, daß es sich
bei ihnen immer um valide Operationalisierungen handelt. Bezüglich der Handlungstheorie sei aber nochmals betont, daß
dies ein allgemeines meßtheoretisches Problem ist, welches
lediglich hier an einigen Stellen besonders auffallend
sein mag.

Anmerkungen zu Kap. 4.

1) Vgl.: Hartmut Esser, Aspekte der Wanderungssoziologie, Darmstadt 1980.

2) Karl Popper: Die offene Gesellschaft und ihre Feinde,
   Bern 1958, Bd. 2, S. 124.

3) Vgl.: Raymond Boudon, Die Logik des gesellschaftlichen
   Handelns, Darmstadt 1980, S. 30.

4) Zu der Debatte um das Verhältnis von Individualismus
   und Kollektivismus vgl.: Victor Vanberg, Die zwei
   Soziologien, Tübingen 1975.

5) Vgl.: Hans Lenk, Der methodologische Individualismus
   ist (nur?) ein heuristisches Postulat, in: Klaus Eichner,
   Werner Habermehl (Hrsg.), Probleme der Erklärung sozialen Verhaltens, Meisenheim 1977.

6) Vgl.: R. Boudon, a.a.O.
   Vgl.: James S. Coleman, Macht und Gesellschaftsstruktur, Tübingen 1979.
   Vgl.: Victor Vanberg, Markt und Organisation, Tübingen
   1979.

7) Vgl.: V. Vanberg, Die zwei Soziologien, a.a.O.,S. 242ff.

8) Ebd., S. 245.

9) Vgl.: Ebd.
   Bei der Analyse der theoretischen Argumentationen bezüglich einer allgemeinen Theorie des Handelns von
   L. v. Mises, M. Weber, F. A. Hayek und K. Popper kommt
   Vanberg zu dem Resultat, daß all diese Konzeptionen
   auf zwei Elemente verweisen. "... 1. auf die Situation,
   die situativen Umstände, wie der Handelnde sie sieht
   sowie 2. auf die Ziele (Zwecke, Werte etc.) des Handelnden und auf seine 'Theorien'..." (Ebd. S. 126).
   Zweifellos lassen sich diese beiden Merkmale auch in
   den Arbeiten von T. Parsons und A. Schütz nachweisen.
   Vgl.: Talcott Parsons, The Structure of Social Action,
   6. Aufl., Glencoe 1961.
   Vgl.: Alfred Schütz, Das Problem der sozialen Wirklichkeit, in: Alfred Schütz, Gesammelte Aufsätze, Bd. 1,
   Den Haag 1971.

10) Vgl.: H. Esser, a.a.O., S. 182-209.

11) Vgl.: Ebd., S. 187.

12) Vgl.: Ebd., S. 182.

13) Ebd.

14) Ebd.

15) Vgl.: Ebd., S. 183 ff.

16) Ebd., S. 184.

17) Vgl.: Werner Langenheder, Theorie menschlicher Ent-
    scheidungshandlungen, Stuttgart 1975, S. 44 ff.

18) Vgl.: Ebd.

19) Vgl.: H. Esser, a.a.O., S. 193 f.

20) Hartmut Esser, Die Eingliederung von Arbeitsmigran-
    ten, unveröffentlichtes Manuskript, Duisburg 1980, S. 13.

21) Vgl.: H. Esser, Aspekte der Wanderungssoziologie,
    a.a.O., S. 187-194.

22) Max Weber, Wirtschaft und Gesellschaft, 5. Aufl.,
    Tübingen 1980, S. 13.

23) Ebd., S. 12.

24) Ebd.

25) Ebd.

26) Vgl.: H. Esser, Aspekte der Wanderungssoziologie,
    a.a.O., S. 185 f.

27) Vgl.: Ebd., S. 185 f.

28) Zur Auseinandersetzung mit dem Vorwurf der Tautologie
    vgl.: Karl-Dieter Opp. Individualistische Sozialwissen-
    schaften, Stuttgart 1979, S. 79

29) Ebd., S. 83.

30) Ebd.

31) Vgl.: Ebd.

32) Wolfgang Mayer, Alfred Schmidt, Kapitalistische Durch-
    dringung und Mobilität von Arbeitskraft in Westafrika,
    in: Hartmut Elsenhans, Migration und Wirtschaftsent-
    wicklung, Frankfurt 1978, S. 118.

33) Vgl.: V. Vanberg, a.a.O., S. 128.

34) Vgl.: H. Esser, Aspekte der Wanderungssoziologie,
    a.a.O., S. 179 f.

35) Ebd.

36) H. Esser, Die Eingliederung von Arbeitsmigranten,
    a.a.O., S. 10 f.

37) Vgl.: die Ausführungen in Kap. 3.1

38) Vgl.: H. Esser, Die Eingliederung von Arbeitsmigran-
    ten, a.a.O., S. 9 ff.

39) Vgl.: hierzu etwa das siebenstufige Modell der Ein-
    gliederung von Gordon in Kap. 3.1

40) Vgl.: H. Esser, Die Eingliederung von Arbeitsmigran-
    ten, a.a.O., S. 9

41) Vgl.: Ebd.

42) Vgl.: H. Esser, Aspekte der Wanderungssoziologie,
    a.a.O., S. 213.

43) Vgl.: die Ausführungen in Kap. 3.1

44) Vgl.: Shmuel N. Eisenstadt, Institutionalization of
    Immigrants Behavoir, in: Human Relations, 5/1952,
    S. 379 f.

45) Vgl.: H. Esser, Aspekte der Wanderungssoziologie,
    a.a.O., S. 231.

46) Ein solches Modell, in dem der Prozeßcharakter und
    auch die Interdependenzen der verschiedenen Assimi-
    lationsaspekte deutlicher herausgearbeitet werden,
    hat H. Esser vorgelegt. Vgl. hierzu Ebd. S. 225 ff.

47) Der vierte Aspekt, die identifikative Assimilation,
    kann in der empirischen Analse nicht näher berück-
    sichtigt werden.

48) H. Esser, Die Eingliederung von Arbeitsmigranten,
    a.a.O., S. 15.

49) Ebd.

50) Vgl.: Ebd. S. 20 f.

5. Die empirische Rekonstruktion des Assimilationsprozesses

Nach der Darlegung der theoretischen Prämissen dieser Analyse kann nun die empirische Prüfung des Assimilationsver-
laufes angestrebt werden.

Hierbei sollen zunächst, analog zur theoretischen Differenzierung zwischen den verschiedenen Assimilationsaspekten, die empirischen Determinanten der einzelnen Assimi-
lationsbereiche in ihrer Struktur und Gewichtung ermit-
telt werden. In diesen Modellen sind jeweils die kognitive, strukturelle und soziale Assimilation endogene Variablen, deren Variation in Abhängigkeit von personalen
und umgebungsbezogenen Merkmalen untersucht werden soll.
In einem zweiten Schritt können dann diese "Teilmodelle"
zu einem Gesamtmodell zusammengefaßt werden, in das dann
sowohl die zentralen empirischen Determinanten der Teilmodelle eingehen, als auch die Zusammenhänge zwischen den
drei vormals abhängigen Assimilationsvariablen problematisiert werden.

Als konkrete Arbeitsschritte ergeben sich somit die For-
mulierung von Zusammenhangshypothesen in Form hypothe-
tischer Kausalmodelle, die Operationalisierung der Variablen auf der Grundlage des vorliegenden Datensatzes
und schließlich die empirische Überprüfung der vermute-
ten Beziehungen mit Hilfe von Regressions- und Pfadanalysen.[1]

Die genannten Analysen werden sich jeweils zunächst auf
eine "Gesamtheit", die sich aus Italienern, Jugoslawen
und Türken zusammensetzt, beziehen, um danach zu prüfen,
ob diese Modelle in ihrer Struktur und auch für die spezifischen Nationalitätengruppen gültig sind. Damit soll
die Frage geklärt werden, inwiefern Assimilationsprozesse

(genauer: ihre empirische Rekonstruktion in Form von Kausalmodellen) intraethnisch variieren oder aber über die
nationalen Subgruppen hinweg stabil bleiben.
Vor dem Hintergrund dieser Kenntnisse über die Determinanten der Assimilation und deren Zusammenwirken kann
dann schließlich der Frage nachgegangen werden, ob bei
Konstanthalten der assimilationsfördernden und -hemmen-
den Faktoren noch Unterschiede bezüglich des Assimila-
tionsgrades zwischen den Nationalitäten bestehen.
Mit anderen Worten: bleiben die u. U. auf der deskriptiven
Ebene vorhandenen Differenzen zwischen Migranten italienischer, jugoslawischer und türkischer Nationalität hinsichtlich der Sprachbeherrschung, des beruflichen Status
und den Kontakten zu Deutschen auch dann erhalten, wenn
man die zuvor aufgezeigten Wirkungsmechanismen analytisch
für alle Gruppen konstant hält, oder werden die Unterschiede unbedeutend, wodurch die Annahme bestärkt würde, daß
die Faktoren "Nationalität" oder "Ethnie" für die Assimilation irrelevant sind. Diese Problemstellung wird mit
Hilfe varianzanalytischer Methoden bearbeitet werden.

Die Beschränkung der Analysen auf die drei genannten Her-
kunftsländer soll dabei den Untersuchungsaufwand verringern
und zugleich den damit verbundenen Informationsverlust mi-
nimieren. Die beiden in dieser Sekundäranalyse nicht be-
rücksichtigten Gruppen (Griechen und Spanier) erscheinen
deshalb als "vernachlässigbar", da sie in vielen assimilationsrelevanten Merkmalen eher "mittlere" Ausprägungen
zeigen; sie tragen also kaum zur Erweiterung des Varianz-
spektrums bei. Hingegen sind die Migranten aus Italien,
Jugoslawien und der Türkei in mancherlei Hinsicht "Ex-
tremgruppen". In wenigen Worten läßt sich diese Verschie-
denartigkeit so charakterisieren: Italiener genießen weit-
gehende juristische Gleichstellung gegenüber Deutschen
aufgrund der EG-Zugehörigkeit und verweilen am längsten
in der Bundesrepublik Deutschland.[2] Jugoslawen besitzen

eine relativ gute schulische und berufliche Ausbildung. Für
die Türken wird angenommen, daß ihr Herkunftsland sich
hinsichtlich kultureller Faktoren (z. B. Religion) und wirt-
schaftlichem Entwicklungsstand deutlich von den anderen
Gruppen unterscheidet. Darüber hinaus ist ihre durchschnittliche Aufenthaltsdauer am geringsten.[3]

## 5.1 Kognitive Assimilation

Die kognitive Assimilation wurde in Kap. 4.2 als die "Wis-
sen-Dimension" des Eingliederungsprozesses dargestellt.
Sie bringt zum Ausdruck, inwieweit Wanderer die im Aufnahmesystem relevanten kulturspezifischen Kenntnisse und
Fertigkeiten erlernt haben, welche Voraussetzung für alle
u. U. folgenden assimilativen Handlungen sind. Eine heraus-
ragende Stellung unter den vielfältigen zu erwerbenden
Elementen besitzt dabei ohne Zweifel die Sprache. "From
the point of view of assimilation, a most important as-
pect of cultural knowledge is language or the special
argot of the group, - not only does this knowledge facili-
tate other cultural learning, but it also permits maxi-
mum group participation."[4] Ohne Sprachkenntnisse erscheint keine direkte interethnische Kommunikation möglich,
Partizipation am politischen und kulturellen Leben des Aufnahmesystems ist nicht denkbar, und schließlich sind identifikative Umorientierungen ausgeschlossen. Umgekehrt erscheinen all diese Handlungsräume mit zunehmender Beherrschung der deutschen Sprache zumindest potentiell er-
schließbar. Somit kann der Spracherwerb als der erste notwendige Assimilationsschritt angesehen werden, der zugleich  auch Mittel für die folgenden sein kann.[5]

Obwohl die Sprache nicht den einzigen Aspekt der kognitiven Assimilation darstellt, sondern allgemein Kenntnisse von Verhaltensmustern in verschiedenen Situationen

hierunter subsumiert werden können, scheint sie jedoch
so bedeutend, daß sie hier als alleiniger Indikator dienen kann, zumal durchaus angenommen werden darf, daß mit
zunehmenden Sprachkenntnissen auch das Wissen um situa-
tionsadäquates Handeln anwächst. So verweist A. Schütz[6]
darauf, daß der Spracherwerb nicht nur die Möglichkeit
bedeutet,einen Begriff der Sprache A in einen der Sprache
B zu übersetzen, sondern vielmehr muß auch erlernt werden, welche emotionalen, irrationalen und sekundären Be-
deutungen mit der Verwendung von Begriffen gemeint sind.
Hierin liegt für den Wanderer letztlich die Chance zum
adäquaten Handeln. Die Voraussetzung dieser aktiven
Sprachbeherrschung, die sich in der Fähigkeit zur "Sinn-
wahrnehmung" und "Sinngebung" widerspiegelt, ist aber die
passive Sprachbeherrschung, welche Gegenstand der folgenden empirischen Analyse ist.[7]

Nach den theoretischen Ausführungen soll der Prozeß des
Spracherwerbs als ein Lernvorgang beschrieben werden, für
dessen Verlauf personale und situationale Merkmale von
Bedeutung sind. Entsprechend den Basishypothesen wird
davon ausgegangen, daß dieser Prozeß umso erfolgreicher
(intensiver und schneller) verläuft, als die kognitiven
Kapazitäten des Migranten ausgeprägt sind und seine Motivation auf Assimilation gerichtet ist. Für die situationalen Umgebungsmerkmale wird unterstellt, daß assimilative
Opportunitäten den Prozeß fördern und "günstige" intraethnische Handlungsalternativen ihm abträglich sind.[8]

In Anlehnung an das allgemeine handlungstheoretische Modell der Eingliederung[9] gilt es nun Variablen zu benennen, die als Operationalisierungen der theoretischen
Konstrukte betrachtet werden können. Diese Zuordnung
ist, wie oben erwähnt, nicht immer problemlos, da im
Rahmen dieser Sekundäranalyse Operationalisierungen vorgegeben sind, die hier nicht weiter validiert werden

können.

Für den Bereich der kognitiven Fertigkeiten der Migranten, die den Spracherwerb positiv beeinflussen, kann zunächst die schulische Qualifikation (Bildung) herangezogen werden. Dabei wird angenommen, daß sie (auch) ein Indikator für Wissenselemente und Problemlösungsstrategien ist und somit Lernprozesse allgemein positiv beeinflußt. Als zweite Variable läßt sich das Alter der Wanderer benennen. Auch dieser Faktor ist nicht als "eigenständige" Einflußgröße zu interpretieren, sondern als eine personale, kognitive Eigenschaft, welcher die Annahme des "psychischen Konservatismus" zugrunde liegt.[10] Handlungstheoretisch heißt dies, daß mit zunehmendem Lebensalter sich Handlungsstrategien, die in der Abgabegesellschaft positive Effekte hatten, verfestigen. Mit dem Grad dieser Verfestigung sinkt jedoch die Aufgeschlossenheit und Flexibilität gegenüber "neuen" Lerninhalten im Aufnahmesystem. Somit kann vom Alter der Migranten eine negative Wirkung auf den Spracherwerb vermutet werden. Auch der Berufsstatus (sowohl im Herkunftsland als auch zum Beginn des Aufenthalts in der Bundesrepublik Deutschland) soll hier als Indikator für kognitive Möglichkeiten von Personen dienen. Hypothetisch ist mit steigendem Berufsstatus eine Begünstigung des Spracherwerbs anzunehmen.

Bei den motivationalen Faktoren, welche die kognitive Assimilation begünstigen, erscheint die Rückkehrmotivation besonders wichtig.[11] Wird der Aufenthalt in der Bundesrepublik Deutschland nur als vorübergehend betrachtet, so besteht wahrscheinlich auch nur wenig Anlaß, sich intensiv mit dem Erlernen der deutschen Sprache zu beschäftigen, da sie ohnehin nur für einen begrenzten Zeitraum als handlungsrelevant erscheint. Personen mit einer ausgeprägten Rückkehrmotivation werden allgemein dazu neigen, ihre Handlungen auf das nicht-assimilative Ziel der Rückkehr ins Entsendeland zu beziehen. Assimilative Handlungen werden dabei einen stark instrumentellen Charakter haben

und auf wenige Handlungsbereiche beschränkt bleiben. Andererseits kann eine "Bleibemotivation" Gegenteiliges be-
wirken: Die explizite Absicht, unbeschränkt im Aufnahmekontext zu verweilen, fördert assimilative Handlungen in
vielen Aktionsbereichen, und eventuelle Mißerfolge bei
diesen Bemühungen erscheinen aufgrund der ausgeprägten
Handlungstendenz im positiven Sinne verarbeitbar. Eine
Motivation, die **beruflichen Aufstieg in der Bundesrepublik
Deutschland** zum Ziel hat, wirkt sich sicherlich ebenfalls
günstig auf den Prozeß des Spracherwerbs aus. Denn an
steigende berufliche Anforderungen sind auch ausgeprägtere
deutschsprachige Kommunikation und Verbalisierungsvermögen
gekoppelt. Auch dem Migrationsmotiv **"Arbeitslosigkeit im
Herkunftsland"** kann eine assimilationsfördernde Wirkung
unterstellt werden, da es Ausdruck für intensive Deprivation
im Entsendeland ist. Personen, die aufgrund von Arbeitslosigkeit gewandert sind, erscheinen wahrscheinlich die
Handlungsopportunitäten im Herkunftsland geringer als
solchen, die trotz eines Arbeitsplatzes emigrierten, was
zu einer erhöhten Assimilationsbereitschaft bei ersteren
führen könnte. Weiter dürfte der Wunsch, **"neue Menschen"**
(Kontaktwunsch) in der Bundesrepublik Deutschland kennen-
zulernen, zweifellos positive Effekte bezüglich der Eingliederung haben. Alle genannten Motivationsvariablen wurden
auf den Zeitpunkt der Wanderung hin erfragt, sind also als
Wanderungsmotive zu interpretieren.

Als ein zentrales Umgebungsmerkmal kann die **Segregation**
betrachtet werden. Die eingliederungshemmende Wirkung
des ethnisch konzentrierten Wohnens ist mehrfach hervorgehoben worden. Jerold Heiss[12] hat empirisch aufgezeigt, daß mit der Zunahme des Segregationsgrades (bei
Kontrolle des Berufsstatus) die Assimilation deutlich
beeinträchtigt wird. Geht die Segregation soweit, daß
sich ethnische Gemeinden bilden, die auch noch institutionell relativ vollständig sind, unterbleiben häufig

jegliche assimilativen Handlungen, da fast alle existen-
ziellen Bedürfnisse ohne direkten Kontakt zur ethnischen
Majorität befriedigt werden können.[13] Handlungstheoretisch eröffnet die Segregation vor allem kostengünstige
Handlungsalternativen nicht-assimilativer Art bzw. verringert Handlungsopportunitäten assimilativen Charak-
ters, die im Verlauf interethnischer Kommunikation als
Belohnungen fungieren könnten.

Da der Spracherwerb einen langjährigen Lernvorgang darstellt, kann weiter angenommen werden, daß die Aufenthaltsdauer, als Maß für potentielle Lernchancen, einen positiven Einfluß ausübt. Die Variable ist theoretisch am
plausibelsten als Indikator für Umgebungsopportunitäten
zu begreifen, als die im Zeitablauf stattfindende Summe
von Handlungen, aus denen assimilative Lerneffekte resul-
tieren, die wiederum neue Aktionen in dieser Richtung
fördern. Weiter sind an die Aufenthaltsdauer juristische
Barrieren gekoppelt, die mit zunehmender Dauer unwirksamer
werden.[14] Beide Effekte, die hier nicht getrennt werden
können, legen eine positive Beziehung zur kognitiven
Assimilation nahe.

Diese Überlegungen können nun in ein hypothetisches
Kausalmodell zur Erklärung des Spracherwerbs überführt
werden. Es beinhaltet zunächst vier Variablen (Bildung,
Alter, Berufsstatus im Herkunftsland, Berufsstatus anfangs
in der Bundesrepublik Deutschland), die der Kognition des
Wanderers zugerechnet werden, und vier Variablen (Rückkehrmotivation, Berufsmotivation, Arbeitslosigkeit im
Herkunftsland, Kontaktwunsch), die den motivationalen
Bereich repräsentieren. Die Relevanz der Umgebung kann
mit Hilfe des Segregationsgrades und der Aufenthaltsdauer geprüft werden. Die inhaltlichen Zusammenhänge
zwischen Sprachkenntnissen und den genannten Variablen sind
teilweise bereits in anderen Studien aufgezeigt worden.
Vor allem die Wirksamkeit von Alter, Segregation, Aufenthaltsdauer und Bildung wurden mehrfach nachgewiesen.[15]

Allerdings zumeist nur unter Verwendung "einfacher" Ana-
lyseverfahren (Kreuztabellen), die die Bedeutung von intervenierenden Variablen nicht weiter problematisieren und
zudem eben nicht bezüglich der in der Bundesrepublik
Deutschland lebenden Arbeitsmigranten.[16]

Um die folgenden Ausführungen auf die wesentlichen Punkte
zu beschränken, soll bereits hier in einem Vorgriff auf
die Resultate der multiplen Regressionsanalyse hingewiesen werden. Sie erbrachte, daß die Variablen "Berufsstatus im Herkunftsland", "Berufsstatus anfangs in der Bundesrepublik Deutschland", "Kontaktwunsch", "Berufsmotivation" und "Arbeitslosigkeit im Herkunftsland" keine empirische Relevanz für den Spracherwerb besitzen. Die Regressionskoeffizienten lagen, bei Vorgabe aller zehn
Variablen, jeweils deutlich unter 10. Damit kann festgehalten werden, daß diese Wanderungsmotive und auch der
Berufsstatus (im Herkunftsland und direkt nach der Wanderung in der Bundesrepublik Deutschland) für die Gesamtpopulation aus Italienern, Jugoslawen und Türken
hinsichtlich der kognitiven Assimilation in der Bundesrepublik Deutschland unbedeutend sind.[17] In einem Vorgriff kann bereits an dieser Stelle darauf hingewiesen
werden, daß dieses Teilergebnis auch für die soziale
Assimilation Gültigkeit hat. Auch sie ist empirisch
unabhängig von den hier genannten Variablen (vgl. Kap.
5.3).

Damit wird ein Modell mit lediglich sechs Variablen zur
Grundlage der folgenden Analyse. Hypothetisch kann dabei
folgende Kausalstruktur (Schema 4) unterstellt werden:

Schema 4: Hypothetisches Kausalmodell der kognitiven
Assimilation

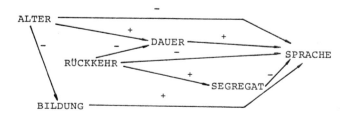

Die Anordnung der Variablen orientiert sich an dem Zeit-
bezug der entsprechenden Frage im Fragebogen. Die ersten
drei Indikatoren (ALTER, BILDUNG, RÜCKKEHR) verweisen
auf den Herkunftskontext, also auf den Zeitpunkt vor der
Wanderung. Segregationsgrad und Aufenthaltsdauer können
als Merkmale, die die Situation bis zur Messung der
Sprachkenntnisse kennzeichnen, aufgefaßt werden.

Aus dem Modell sind neben den formulierten bivariaten
Hypothesen, in denen die Sprachkenntnisse (SPRACHE) jeweils das Explanandum darstellen, weitere Beziehungen
sichtbar. So sind indirekte positive Einflüsse des Alters (ALTER) über die Bildung (BILDUNG) und die Aufenthaltsdauer (DAUER) vermutbar. In verschiedenen Abgabeländern ist erst in den letzten Jahrzehnten eine schulische Ausbildung obligatorisch geworden. Älteren Migranten kann somit (teilweise) eine gewisse Standardausbil-
dung versagt gewesen sein.
Da in der Analysepopulation lediglich Personen über 18
Jahren befragt wurden, ergibt sich zwangsläufig eine Verbindung zwischen Alter und Aufenthaltsdauer. Mit steigendem Alter wachsen auch die Chancen, lange schon in der
Bundesrepublik Deutschland zu verweilen, bzw. es wird
angenommen, daß das Einreisealter mit dem Lebensalter
positiv verbunden ist.

Eine weitere indirekte Verbindung besteht vermutlich
zwischen Rückkehrmotivation (RÜCKKEHR) und Segregation
(SEGREGAT) bzw. Aufenthaltsdauer. Personen, die eine
Rückwanderung erstreben, werden wahrscheinlich in hohem
Maße segregiert wohnen. So können sie "Assimilations-
kosten" sparen, denn eine vorwiegend intraethnisch struk-
turierte Umgebung bietet für diese Migranten günstige
Voraussetzungen, zeitlich begrenzt und ohne Spannungen
in ihrem Persönlichkeitssystem ausgesetzt zu sein, im
Aufnahmesystem zu verweilen.[18]
Und weiter wird angenommen, daß eine eventuell vorhandene
Rückkehrabsicht zum Einreisezeitpunkt auch die tatsäch-
liche Aufenthaltsdauer beeinträchtigt; also zwischen beiden Variablen eine negative Beziehung besteht.

Mit der Einbeziehung dieser indirekten Wirkungsmechanismen deuten sich jedoch auch Probleme an. Bei den explizierten Hypothesen gibt es kaum Diskussionen über die kausale Reihung der angesprochenen Variablen. Sollte sich
jedoch die implizierte Nullhypothese zwischen Aufenthaltsdauer und Segregation nicht bestätigen, so ist die
Frage der kausalen Stellung dieser Variablen zu diskutie-
ren.
Bevor dieses Modell auf seine empirische Haltbarkeit und
seine denkbaren Variationen in den nationalen Subgruppen
hin geprüft wird, sollen zunächst die relevanten Variablen
und ihre Merkmalsausprägungen kurz erläutert werden.[19]

5.1.1 Determinanten des Spracherwerbs

Die folgenden Tabellen zeigen die absoluten und prozen-
tualen Häufigkeiten der jeweiligen Merkmalsausprägungen
für die Gesamtpopulation und die einzelnen Nationalitätsgruppen. Dadurch werden die unterschiedlichen Voraussetzungen für den Assimilationsprozeß in der Bundesrepu-

blik Deutschland verdeutlicht.[20]

Tabelle 15: Bildung (im Herkunftsland)

| Bildung | Gesamt abs. | % | Ita. abs. | % | Jugos. abs. | % | Türk. abs. | % |
|---|---|---|---|---|---|---|---|---|
| 1. kein Abschluß der Pflichtschule | 295 | 33,4 | 137 | 45,1 | 70 | 24,7 | 88 | 29,8 |
| 2. Abschluß der Pflichtschule | 376 | 42,6 | 113 | 37,2 | 105 | 37,1 | 158 | 53,6 |
| 3. Abschluß weiterführende Schule | 117 | 13,3 | 33 | 10,9 | 49 | 17,3 | 35 | 11,9 |
| 4. Hochschulreife | 64 | 7,3 | 15 | 4,9 | 41 | 14,5 | 8 | 2,7 |
| 5. Fachhochschulabschluß | 19 | 2,2 | 4 | 1,3 | 12 | 4,2 | 3 | 1,0 |
| 6. Universitätsabschluß | 11 | 1,2 | 2 | 0,7 | 6 | 2,1 | 3 | 1,0 |
| Summe | 882 | 100 | 304 | 100 | 283 | 100 | 3 | 100 |

Die schulische Ausbildung der Arbeitsmigranten (Tab. 15)
differiert nicht unerheblich zwischen den Nationalitäten.
Obwohl die Dauer und das Niveau der jeweiligen schulischen
Bildung nur in geringem Maße vergleichbar sind, kann doch
die relativ gute Stellung der Jugoslawen hervorgehoben
werden. Etwa 38 % von ihnen haben eine weiterführende Schule besucht und nur 24,7 % haben die Pflichtschule ohne Abschluß verlassen. Hingegen beträgt dieser Anteil bei den
Italienern 45,1 %, womit sie - trotz der Schwierigkeiten
eines solchen Vergleichs - ein relativ geringes Bildungs-
niveau aufzeigen. Entsprechend gestalten sich die Mittelwerte für die drei Gruppen: Italiener 1,82, Türken 1,95
und Jugoslawen 2,42.[21]

Setzt man diese Angaben der Migranten in Relation zu
den Bildungsverhältnissen in den jeweiligen Herkunftsländern, wird deutlich, daß aus Jugoslawien und der Türkei, als Resultat der Anwerbepraxis, tendenziell gut aus-
gebildete Personen emigriert sind. Die durchschnittliche
schulische Ausbildung ist in diesen Ländern erheblich geringer als in der Migrantenpopulation.[22]
Dies gilt jedoch nicht für die Italiener. Für sie sind
eher Indizien zu finden, die auf das Gegenteil hindeu-
ten. So wurde der Anteil der erwerbsfähigen italienischen Bevölkerung ohne Schulabschluß 1961 mit insgesamt
24,1 % beziffert.[23] In dieser Stichprobe geben jedoch
45,1 % der Befragten an, keinen Abschluß der Pflichtschule zu besitzen. Aus Italien emigrieren somit eher Personen, die hinsichtlich ihrer schulischen Bildung ungünstige Assimilationsvoraussetzungen aufweisen.

Tab. 16: Lebensalter

| Alter (in Jahren) | Gesamt abs. | % | Ita. abs. | % | Jugos. abs. | % | Türk. abs. | % |
|---|---|---|---|---|---|---|---|---|
| 1. 18 - 29 | 293 | 33,1 | 111 | 36,6 | 102 | 35,8 | 80 | 26,8 |
| 2. 30 - 39 | 360 | 40,6 | 105 | 34,7 | 125 | 43,9 | 130 | 43,6 |
| 3. 40 - 49 | 184 | 20,8 | 57 | 18,8 | 45 | 15,8 | 82 | 27,5 |
| 4. 50 - 59 | 40 | 4,5 | 24 | 7,9 | 11 | 3,9 | 5 | 1,7 |
| 6. 60 u. älter | 9 | 1,0 | 6 | 2,0 | 2 | 0,7 | 1 | 0,3 |
| Summe | 886 | 100 | 303 | 100 | 285 | 100 | 298 | 100 |

Hinsichtlich des Lebensalters der Migranten (Tab. 16) sind
keine sehr großen Differenzen zwischen den Nationalitäten
festzustellen. In allen Gruppen sind über 70 % zwischen 18

und 39 Jahre alt. Die Mittelwertdifferenzen sind entsprechend gering, sie schwanken zwischen 1,90 (Jugoslawen), 2,04 (Italiener) und 2,05 (Türken).

Die Rückkehrmotivation (Tab. 17) zeigt, daß 73,9 % der
Migranten eine Remigration ins Herkunftsland anstreben.
Der Anteil variiert zwischen den Nationalitäten relativ
stark. Zum Wanderungszeitpunkt gaben 63,9 % der Italiener und 84,1 % der Jugoslawen an, eine Rückkehr zu beabsichtigen. Für die Gruppe der Türken beträgt der entsprechende Prozentsatz 74,3 %.

Tab. 17: Rückkehrmotivation

| Rückkehr-motivation | Gesamt abs. | % | Ita. abs. | % | Jugos. abs. | % | Türk. abs. | % |
|---|---|---|---|---|---|---|---|---|
| 1. Rückkehr geplant | 623 | 73,9 | 188 | 63,9 | 233 | 84,1 | 202 | 74,3 |
| 2. Rückkehr nicht geplant | 220 | 26,1 | 36,1 | 36,1 | 44 | 15,9 | 70 | 25,7 |
| Summe | 843 | 100 | 294 | 100 | 277 | 100 | 272 | 100 |

Betrachtet man die Aufenthaltsdauer in der Untersuchungs-
population (Tab. 18), so spiegelt sich die unterschiedliche
Anwerbetradition in den einzelnen Ländern wider.[24] Zum
Befragungszeitpunkt waren insgesamt ca. 32 % länger als 9
Jahre in der Bundesrepublik Deutschland. Für die italienischen Befragten beträgt der entsprechende Prozentsatz
jedoch 47,3 %. Bei den jugoslawischen Migranten sind 20,6 %
und bei den türkischen 26,5 % länger als 9 Jahre in der
Bundesrepublik. Diese Differenzen zeigen sich auch in den
entsprechenden Mittelwerten. Die Italiener liegen hier mit
2,41 deutlich über den Werten der beiden anderen Gruppen
(Jugoslawen 1,96, Türken 1,98).

Tab. 18: Aufenthaltsdauer

| Aufenthalts-dauer (Jahre) | Gesamt abs. | % | Ita. abs. | % | Jugos. abs. | % | Türk. abs. | % |
|---|---|---|---|---|---|---|---|---|
| 1.  1 - 5 | 241 | 27,4 | 69 | 23,2 | 79 | 28,0 | 93 | 31,2 |
| 2.  6 - 8 | 359 | 40,9 | 88 | 29,5 | 145 | 51,4 | 126 | 42,3 |
| 3.  9 - 14 | 209 | 23,8 | 89 | 29,9 | 49 | 17,4 | 71 | 23,8 |
| 4. 15 u. mehr | 69 | 7,9 | 52 | 17,4 | 9 | 3,2 | 8 | 2,7 |
| Summe | 878 | 100 | 298 | 100 | 282 | 100 | 298 | 100 |

Die Segregation (im Wohnhaus) zeigt, daß die Türken zu
45,4 % in Häusern wohnen, die überwiegend oder ausschließlich von Ausländern bewohnt sind. Bei den Italienern beträgt dieser Anteil 36,3 %. Für alle Gruppen gilt,
daß lediglich ca. 46 - 53 % der Befragten nur oder überwiegend mit Deutschen in direkter Nachbarschaft leben.
Ordnet man die Nationalitäten nach der durchschnittlichen
Ausprägung des Segregationsgrades (Jugoslawen 2,70, Italiener 2,76, Türken 2,98), so gilt, daß die Wohnumgebung
der jugoslawischen Migranten am relativ günstigsten für
assimilative Handlungen erscheint.

Tab. 19: Segregationsgrad

| Segregation im Wohnhaus | Gesamt abs. | % | Ita. abs. | % | Jugos. abs. | % | Türk. abs. | % |
|---|---|---|---|---|---|---|---|---|
| 1. nur Deutsche | 239 | 27,3 | 95 | 31,9 | 80 | 28,0 | 64 | 21,8 |
| 2. überwiegend Deutsche | 191 | 21,8 | 47 | 15,8 | 70 | 24,5 | 74 | 25,3 |
| 3. gleichviel Deut. u. Ausl. | 99 | 11,3 | 48 | 16,1 | 29 | 10,1 | 22 | 7,5 |
| 4. überwiegend Ausländer | 190 | 21,7 | 52 | 17,4 | 69 | 24,1 | 69 | 23,5 |
| 5. nur Ausländer | 158 | 18,0 | 56 | 18,8 | 38 | 13,3 | 64 | 21,9 |
| Summe | 877 | 100 | 298 | 100 | 286 | 100 | 293 | 100 |

Faßt man an dieser Stelle die Resultate der deskriptiven
Übersicht in der Art zusammen, daß wir jeder Nationalität
entsprechend der durchschnittlichen Variablenausprägung
einen Rangplatz zuweisen, der zum Ausdruck bringt, wie gut
die jeweiligen Voraussetzungen im Vergleich zu den anderen
Subgruppen für eine kognitive Assimilation sind, so ergibt
sich folgende Übersicht (Tab. 20).

**Tab. 20:** Voraussetzung für die kognitive Assimilation
nach den Mittelwerten in den Subgruppen

| Konstrukt | Indikator | Ita. | Jugos. | Türk. |
|-----------|-----------|------|--------|-------|
| Kognition | Bildung | 3 | 1 | 2 |
|  | Alter | 2 | 1 | 3 |
| Motivation | Rückkehrmotiv. | 1 | 3 | 2 |
| Opportu- | Segregation | 2 | 1 | 3 |
| nitäten | Aufenthaltsd. | 1 | 3 | 2 |

1 = im Sinne der Hypothesen relativ günstige Voraussetzungen

2 = im Sinne der Hypothesen mittlere Voraussetzungen

3 = im Sinne der Hypothesen relativ ungünstige Voraussetzungen

Tab. 20 ist so zu interpretieren, daß z. B. der Wert 3
der Italiener bei der Bildung darauf hinweist, daß diese
Gruppe durchschnittlich die niedrigste schulische Qualifikation aufweist, was nach unseren Hypothesen eine ungünstige Voraussetzung hinsichtlich der Assimilation ist.
Zwischen den Gruppen ergibt sich somit im wesentlichen,
daß die Italiener in bezug auf Motivation und Umgebung
die beste Position aufweisen. Hingegen sind die Jugoslawen im Bereich der Kognition bevorzugt. Die Türken erscheinen auf allen drei Konstrukten auf Platz zwei und

drei, d. h., insgesamt sind die personalen und situationalen Voraussetzungen relativ schlecht. Dies ist natürlich
nur als grober Hinweis auf die Ausgangssituation zu werten, denn noch steht das Gewicht der Einzelvariablen für
die Eingliederung nicht fest.

Betrachtet man schließlich die Verteilung der endogenen
Variablen, der kognitiven Assimilation, ergibt sich folgendes Bild. Nach der subjektiven Einschätzung ihrer
Sprachkenntnisse befragt (Tab. 21), geben 29,3 % der Türken, 26,6 % der Italiener und lediglich 14,4 % der Jugoslawen an, kein oder nur wenig Deutsch zu sprechen. Auch
die Mittelwerte zeigen, daß die jugoslawischen Migranten
deutlich am ausgeprägtesten assimiliert sind. Der Mittelwert für diese Gruppe beträgt 3,50. Es folgen die Italiener mit 3,31 und schließlich die Türken mit 3,12. Bedenkt
man die differenten Voraussetzungen für den Spracherwerb
(Tab. 20), so sind diese Unterschiede eher geringfügig.
Vor allem scheint es in bezug auf die kognitive Assimilation kaum gerechtfertigt zu sein, von einem "Türkenproblem" bzw. von besonders "anpassungsfähigen" Italienern zu sprechen.

Tab. 21 Kognitive Assimilation (Sprachkenntnisse)

| Sprachkenntnisse | Gesamt abs. | % | Ita. abs. | % | Jugos. abs. | % | Türk. abs. | % |
|---|---|---|---|---|---|---|---|---|
| 1. kein Deutsch | 27 | 3,0 | 14 | 4,6 | 3 | 1,1 | 10 | 3,4 |
| 2. wenig Deutsch | 182 | 20,5 | 67 | 22,0 | 38 | 13,3 | 77 | 25,9 |
| 3. noch Verständi-gungsprobleme | 259 | 29,2 | 66 | 21,7 | 96 | 33,7 | 97 | 32,7 |
| 4. gut Deutsch | 324 | 36,6 | 124 | 40,8 | 108 | 37,9 | 92 | 31,0 |
| 5. fließend Deutsch | 94 | 10,6 | 33 | 10,9 | 40 | 14,0 | 21 | 7,1 |
| Summe | 886 | 100 | 304 | 100 | 285 | 100 | 297 | 100 |

An dieser Stelle sei auf eine Erhebung, die 1978 in Frankfurt durchgeführt wurde, hingewiesen.[25] Diese erbrachte
für die Italiener und die Türken bedeutend geringere Anteile von Personen mit ausgeprägten Deutschkenntnissen.
"45 % (der Italiener, d. Verf.) geben an, nur minimale
Sprachkenntnisse zu haben, 43 % glauben, die Sprache relativ
gut und 12 % perfekt zu beherrschen."[26] Der Anteil der
Türken mit "minimalen" Deutschkenntnissen wird auf ca. 66 %
beziffert.[27] Diese Daten scheinen auf den ersten Blick
in Widerspruch zu den hier vorgetragenen zu stehen. Bei
einer solchen Gegenüberstellung ist jedoch zu berücksich-
tigen, daß eine auf Frankfurt und Umgebung bezogene Stichprobe hinsichtlich der Verteilungen von assimilationsrelevanten Variablen eine andere Zusammensetzung hat als diese
Untersuchung, die auf Gebietstypen der ganzen Bundesrepublik Deutschland bezogen ist. Regionale bzw. lokale Differenzen sind nicht nur möglich, sondern geradezu erwartbar,
wenn darin auch Variationen in Merkmalen wie Aufenthaltsdauer, Bildung, Segregation u. a. zum Ausdruck kommen,
von denen, wie im folgenden zu zeigen sein wird, die kognitive Assimilation abhängig ist.

## 5.1.2 Die Kausalstruktur der kognitiven Assimilation

Im folgenden sollen nun die "endgültigen" Modelle für
den Spracherwerb wiedergegeben werden. Sie geben Auf-
schluß über die qualitativen und quantitativen Einflüsse der verschiedenen Variablen. Nicht im einzelnen vorgestellt werden können die vielen Zwischenschritte, die
zu diesen Kausalstrukturen führten. Technisch bestanden
diese Teilschnitte jeweils aus Korrekturen des hypothetischen Modells durch Eliminierung von Pfadkoeffizienten
unter .10 und dem Vergleich von beobachteten und errech-
neten Korrelationen, die ebenfalls nicht mehr als .10 voneinander abweichen sollen.[28] Inhaltlich entspricht die-

sem Vorgehen eine Falsifikation oder auch Reformulierung
der vorgestellten Hypothesen.

Das Ergebnis der Analyse zeigt Schema 5, in dem die kausale Abhängigkeit des Spracherwerbs für die Gesamtpopulation dargestellt wird. Vergleicht man dieses empirische
Modell mit dem hypothetischen, so kann zunächst festgehalten werden, daß alle direkten Beziehungen zwischen den
fünf unabhängigen (und intervenierenden) Variablen zur
kognitiven Assimilation bestätigt werden. Dabei bestehen
jedoch zusätzlich verschiedene indirekte Beziehungen,
die nicht vermutet wurden.

Die Variable "Alter", die als kognitive Disposition interpretiert wurde, zeigt nicht nur einen direkten negativen Effekt auf den Spracherwerb, sondern hat auch indirekte Einflüsse über alle anderen vier Variablen. Sieht
man von der Verbindung über die Aufenthaltsdauer ab, in
der der direkte Effekt teilweise kompensiert wird, ergibt sich inhaltlich immer die gleiche Wirkungsart. Mit
steigendem Lebensalter nimmt die kognitive Assimilation
tendenziell ab.

Der zweite Indikator, welcher den kognitiven Fähigkeiten
der Wanderer zugerechnet wird, die Bildung, zeigt ebenfalls die erwartete direkte Wirkung. Daneben verstärken
sich die Effekte dieser Kongitionsvariablen auch über die
Rückkehrmotivation und die Segregation. Die negativen Beziehungen zu diesen beiden Indikatoren deuten darauf hin,
daß Wanderer mit hoher Bildung eine schwächere Rückkehrmotivation aufweisen, was dahingehend interpretiert
werden kann, daß sie bereits zum Wanderungszeitpunkt ihre
eigenen Möglichkeiten des erfolgreichen Agierens in der
neuen Umgebung höher einschätzen als Personen mit geringer
Bildung. Deshalb hat auch für sie die Rückkehroption
weniger Bedeutung. Entsprechend wirkt sich die Bildung

auf das segregierte Wohnen aus. Migranten mit ausgeprägten kognitiven Fähigkeiten scheinen die intraethnisch
strukturierte Umgebung aufgrund tendenziell ausgeprägte-
rer "Lernerfahrung" und "Problemlösungskapazitäten" weniger zu benötigen und meiden eher segregierte Wohnquar-
tiere. Dabei spielt sicherlich auch die Tatsache eine
Rolle, daß die Bildung positiv mit dem Berufsstatus und
dem Einkommen verbunden ist, wodurch die Abdeckung relativ hoher Mietkosten in wenig segregierten Gegenden er-
leichtert wird.
Betrachtet man die Aufenthaltsdauer, so steht auch sie in
unmittelbarer und mittelbarer Relation zu den Sprachkenntnissen. Wer lange in der Bundesrepublik Deutschland verweilt, spricht besser Deutsch und wohnt eher desegregiert,
was wiederum die Deutschkenntnisse positiv beeinflußt.

Aufschlußreich ist ferner die Nullbeziehung zwischen Rückkehrmotivation und Aufenthaltsdauer. Die zum Einreisezeitpunkt vorherrschende Absicht, nach einer gewissen
Verweildauer - etwa zum Zwecke der Ansammlung von Erspar-
tem - zu remigrieren, beeinflußt nach den vorliegenden
Daten nicht die faktische Aufenthaltsdauer. Dies zeigt
abermals, daß die Rückkehrabsicht eher eine "Heimkehr-
illusion" ist, die nicht unbedingt mit dem Verbleiben
im Aufnahmeland in Beziehung steht. Trotzdem ist sie
aber bedeutsam für die kognitive Assimilation.[29] Personen, die diese Absicht äußern, erscheinen nicht-assimilative Handlungen "kostengünstiger", sie leben eher
in segregierter Umgebung und lernen die deutsche Sprache
weniger als Personen mit "Bleibeabsicht".

<u>Schema 5:</u> Modell der kognitiven Assimilation

(Gesamtmodell)

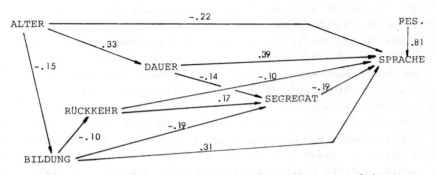

<u>Tab. 22:</u> Effektzerlegung der kognitiven Assimilation[3o)]

| dep. Var. | indep. Var. | Rb | Re | dir. | indir. | total Effects | ncaus. | Rb-Re | R |
|-----------|-------------|------|------|------|--------|-------|--------|-------|---|
| SPRACHE | SEGREGAT | -.32 | -.32 | -.19 | +.00 | -.19 | -.14 | +.00 | |
| | DAUER | +.32 | +.32 | +.39 | +.03 | +.42 | -.10 | +.00 | |
| | RUECKKEHR | -.20 | -.20 | -.10 | -.03 | -.13 | -.07 | +.00 | |
| | BILDUNG | +.35 | +.35 | +.31 | +.05 | +.36 | -.00 | -.00 | |
| | ALTER | -.15 | -.15 | -.22 | +.09 | -.13 | -.02 | +.00 | |
| | | | | | | | | | +.59 |
| SEGREGAT | DAUER | -.13 | -.13 | -.14 | +.00 | -.14 | +.01 | +.00 | |
| | RUECKKEHR | +.19 | +.19 | +.17 | +.00 | +.17 | +.02 | -.00 | |
| | BILDUNG | -.20 | -.20 | -.19 | -.02 | -.21 | +.01 | +.00 | |
| | ALTER | +.04 | -.00 | - | -.02 | -.02 | +.02 | +.04 | |
| | | | | | | | | | +.30 |
| DAUER | RUECKKEHR | -.02 | +.04 | - | +.00 | +.00 | +.04 | -.06 | |
| | BILDUNG | -.09 | -.05 | - | +.00 | +.00 | -.05 | -.04 | |
| | ALTER | +.33 | +.33 | +.33 | +.00 | +.33 | +.00 | +.00 | |
| | | | | | | | | | +.33 |
| RUECKKEHR | BILDUNG | -.10 | -.10 | -.10 | +.00 | -.10 | +.00 | +.00 | |
| | ALTER | +.11 | +.02 | - | +.02 | +.02 | +.00 | +.09 | |
| | | | | | | | | | +.10 |
| BILDUNG | ALTER | -.15 | -.15 | -.15 | +.00 | -.15 | +.00 | +.00 | |
| | | | | | | | | | +.15 |

Hier muß nun auch auf die Beziehung zwischen Aufenthaltsdauer und Segregation eingegangen werden, da sich
die vermutete Nullhypothese nicht bestätigte. Der Pfad-
koeffizient zwischen beiden Variablen beträgt -.14, was
bei dieser kausalen Reihung eine geringe Tendenz zum Auszug aus segregierten Quartieren und steigender Verweildauer bedeutet. Eine solche kausale Abfolge scheint auch
theoretisch plausibel. Auf diese Weise kann ein Wanderer
zu Beginn des Aufenthaltes relativ "spannungsfrei" leben
und langsam die Sprache und Verhaltensstandards der Aufnahmegesellschaft erlernen, wobei ihm gleichzeitig Kontakte, die auf dem Wert- und Normgefüge der Abgabegesellschaft aufbauen, offenstehen. Er besitzt somit quasi zwei
Handlungsräume, einen bekannten und "sicheren" und einen
unbekannten und "unsicheren". Erst in dem Maße, wie er
die neuen Handlungsregeln beherrscht - d. h., er sich assimiliert hat - wird der Auszug aus ethnischen Kolonien für
ihn lohnend.[31] Diese Interpretation scheint jedoch nur
dann gültig, wenn die Segregation nicht die Form einer
auch institutionell vollständigen ethnischen Gemeinde annimmt, denn dann wäre kaum eine Assimilation erwartbar,
da quasi alle Bedürfnisse der Migranten in solchen Kolonien befriedigt werden könnten.
Trotzdem wurde auch die Möglichkeit der alternativen Reihung der beiden Variablen empirisch geprüft, wobei der
Anteil der erklärten Varianz und die Anzahl der Restriktionen (=Informationsgehalt) als Bewertungsmaßstäbe für die
Modelle dienen können. In beiden Kriterien ergaben sich
jedoch keine relevanten Abweichungen. Der Restriktionsgrad
blieb identisch, d. h., beide Anordnungen widerlegen gleich-
viele Hypothesen, und die erklärte Varianz schwankte lediglich um 1 %. Somit können die vorliegenden Querschnittsdaten keinen Hinweis auf die effizientere Stellung der
Variablen geben. Aus den genannten theoretischen Gründen
soll somit bei der Anordnung, welche der Aufenthaltsdauer
einen Einfluß auf die Segregation zuschreibt, verblieben
werden.

Betrachtet man schließlich die empirische Bedeutung der
verschiedenen Variablen für den Prozeß des Spracherwerbs
(Tab. 22), so sind zwei Indikatoren besonders relevant,
die Aufenthaltsdauer und die Bildung. Die direkten kausalen Effekte der beiden Variablen heben sich deutlich von
den anderen ab. Insgesamt werden von dem Modell rund
35 % der Gesamtvarianz der Sprachkenntnisse erklärt, woran
die Indikatoren für die Umgebung (Aufenthaltsdauer, Segregation) und die Kognition (Alter, Bildung) etwa gleich
stark beteiligt sind. Die Motivation - hier ist auch die
Irrelevanz der oben erwähnten Wanderungsmotive zu beachten - trägt nur wenig zur systematischen Variation der
kognitiven Assimilation bei.

### 5.1.3 Kausalstruktur der kognitiven Assimilation in den Subgruppen

Mit den folgenden Analysen soll nun die Frage geklärt werden, inwiefern das allgemeine Modell der kognitiven Assimilation zwischen den Nationalitätengruppen variiert. Verändert sich also das Gewicht und die Abhängigkeitsstruktur
der unabhängigen und intervenierenden Variablen, wenn die
Modelle für Italiener, Jugoslawen und Türken getrennt be-
rechnet werden? Sollten sich solche Differenzen nachweisen
lassen, wäre dies ein konkretes Indiz für die ethnische
Spezifität von Assimilationsprozessen.

Zunächst seien die Resultate für die Subgruppe der Italiener (Schema 6) dargestellt. Das entsprechende Modell unterscheidet sich lediglich in der Beziehung zwischen Alter und
Rückkehrmotivation von dem allgemeinen Modell. Es besteht
ein geringer positiver Effekt zwischen den beiden Merkmalen,
der inhaltlich darauf verweist, daß ältere italienische Arbeitsmigranten eher eine Rückkehr beabsichtigen als jüngere.

Schema 6: Modell der kognitiven Assimilation
für italienische Migranten

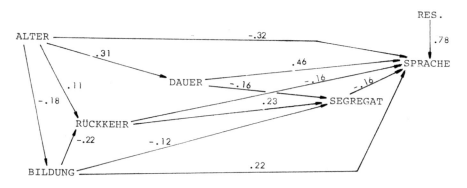

Tab. 23: Effektzerlegung der kognitiven Assimilation
für italienische Migranten

| dep. Var. | indep. Var. | Rb | Re | dir. | indir. total Effects | | ncaus. | Rb-Re | R |
|-----------|-------------|-----|-----|-----|-------|-------|--------|-------|---|
| SPRACHE | SEGREGAT | -.27 | -.27 | -.16 | +.00 | -.16 | -.12 | +.00 | |
| | DAUER | +.35 | +.35 | +.46 | +.02 | +.49 | -.13 | +.00 | |
| | RUECKKEHR | -.31 | -.31 | -.16 | -.04 | -.20 | -.11 | +.00 | |
| | BILDUNG | +.28 | +.28 | +.22 | +.06 | +.29 | -.01 | -.00 | |
| | ALTER | -.23 | -.23 | -.32 | +.08 | -.24 | +.01 | +.00 | |
| | | | | | | | | | +.63 |
| SEGREGAT | DAUER | -.14 | -.14 | -.16 | +.00 | -.16 | +.02 | +.00 | |
| | RUECKKEHR | +.26 | +.26 | +.23 | +.00 | +.23 | +.03 | -.00 | |
| | BILDUNG | -.15 | -.15 | -.12 | -.05 | -.17 | +.02 | +.00 | |
| | ALTER | -.08 | +.01 | - | +.01 | +.01 | +.00 | -.08 | |
| | | | | | | | | | +.32 |
| DAUER | RUECKKEHR | -.01 | +.05 | - | +.00 | +.00 | +.05 | -.05 | |
| | BILDUNG | -.14 | -.05 | - | +.00 | +.00 | -.05 | -.09 | |
| | ALTER | +.31 | +.31 | +.31 | +.00 | +.31 | +.00 | +.00 | |
| | | | | | | | | | +.31 |
| RUECKKEHR | BILDUNG | -.24 | -.24 | -.22 | +.00 | -.22 | -.02 | +.00 | |
| | ALTER | +.15 | +.15 | +.11 | +.04 | +.15 | +.00 | +.00 | |
| | | | | | | | | | +.27 |
| BILDUNG | ALTER | -.18 | -.18 | -.18 | +.00 | -.18 | +.00 | +.00 | |
| | | | | | | | | | +.18 |

(Dieses Ergebnis gilt im übrigen auch für die Gruppe der
Türken (Schema 8)). Den stärksten direkten Einfluß auf den
Spracherwerb hat die Aufenthaltsdauer, gefolgt von dem
Alter und der Bildung. Insgesamt können rund 40 % der
Varianz des Spracherwerbs erklärt werden. Dies ist der
höchste Erklärungswert innerhalb der Subpopulationsmodelle.[32]

Bei der Betrachtung des Modells für die jugoslawischen
Migranten (Schema 7) fällt auf, daß zwei exogene Variablen angenommen werden müssen. Alter und Schulbildung sind
unabhängige Größen in dieser ethnischen Gruppe. Ausschlaggebend für diese Tatsache könnte der Auf- und Ausbau des
jugoslawischen Bildungssystems sein. Im Vergleich mit anderen Abgabeländern kann wohl unterstellt werden, daß im
sozialistischen Jugoslawien seit langem eine qualitativ
und quantitativ relativ gute schulische Ausbildung der
Regelfall ist.[33] Darüber hinaus zeigt dieses Modell zwei
Beziehungen auf, die in den beiden anderen Subgruppen nicht
nachzuweisen sind. So besteht eine direkte positive Verbindung von Alter und Segregation, d. h., ältere Arbeitnehmer
wohnen in höherem Maße segregiert. Wobei dann weiter gesagt
werden muß, daß die Aufenthaltsdauer keine Bedeutung für
den Segregationsgrad hat. Die sonst geltende Verbindung
"Alter-Aufenthaltsdauer-Segregation", wobei das Alter die
Segregation nur durch die Aufenthaltsdauer mitbestimmt,
trifft nicht zu. Bei den Jugoslawen besteht eine direkte Verbindung von Alter und Segregation, für welche die Aufenthaltsdauer irrelevant ist.

Die Hypothese, daß mit steigender Aufenthaltsdauer ein
Auszug aus stark segregierten Wohnquartieren lohnend wird,
kann für die jugoslawischen Migranten nicht aufrechterhalten werden. Es gibt auch keine indirekte Wirkung des
Alters über die Rückkehrmotivation auf den Segregationsgrad  wie bei der italienischen Gruppe.

Schema 7: Modell der kognitiven Assimilation für
jugoslawische Migranten

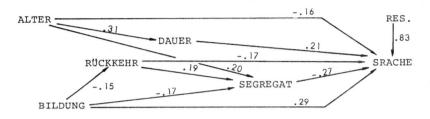

Tab. 24: Effektzerlegung der kognitiven Assimilation
für jugoslawische Migranten

| dep. Var. | indep. Var. | Rb | Re | dir. | indir. total Effects | | ncaus. | Rb-Re | R |
|---|---|---|---|---|---|---|---|---|---|
| SPRACHE | SEGREGAT | -.39 | -.39 | -.27 | +.00 | -.27 | -.13 | -.00 | |
| | DAUER | +.13 | +.13 | +.21 | +.00 | +.21 | -.08 | -.00 | |
| | RUECKKEHR | -.25 | -.25 | -.17 | -.05 | -.22 | -.03 | +.00 | |
| | BILDUNG | +.37 | +.37 | +.29 | +.08 | +.36 | +.01 | +.00 | |
| | ALTER | -.17 | -.17 | -.16 | +.01 | -.15 | -.03 | -.00 | |
| | | | | | | | | | +.56 |
| SEGREGAT | DAUER | +.02 | +.08 | - | +.00 | +.00 | +.08 | -.06 | |
| | RUECKKEHR | +.21 | +.21 | +.19 | +.00 | +.19 | +.02 | +.00 | |
| | BILDUNG | -.21 | -.21 | -.17 | -.03 | -.20 | -.02 | -.00 | |
| | ALTER | +.21 | +.21 | +.20 | +.00 | +.20 | +.01 | -.00 | |
| | | | | | | | | | +.34 |
| DAUER | RUECKKEHR | +.07 | -.00 | - | +.00 | +.00 | -.00 | +.08 | |
| | BILDUNG | -.05 | -.03 | - | +.00 | +.00 | -.03 | -.02 | |
| | ALTER | +.31 | +.31 | +.31 | +.00 | +.31 | +.00 | +.00 | |
| | | | | | | | | | +.31 |
| RUECKKEHR | BILDUNG | -.15 | -.15 | -.15 | +.00 | -.15 | +.00 | +.00 | |
| | ALTER | -.01 | +.01 | - | +.00 | +.00 | +.01 | -.02 | |
| | | | | | | | | | +.15 |
| BILDUNG | ALTER | -.09 | +.00 | - | +.00 | +.00 | +.00 | -.09 | |
| | | | | | | | | | +.00 |

Der Anteil der erklärten Varianz ist insgesamt relativ
gering. Etwa 31 % der Varianz in den Sprachkenntnissen
können durch die fünf Variablen erklärt werden. Die relative Bedeutung der beteiligten Merkmale ist - bezogen
auf die theoretischen Kategorien "Motivation", "Kognition" und "Umgebung" - eher ausgeglichen zu nennen. Die
direkten Erklärungsanteile für Alter und Bildung sowie
für Segregation und Aufenthaltsdauer betragen jeweils ca.
11 %.

Als Besonderheit im Modell für türkische Migranten (Schema 8) fällt die relativ geringe direkte Determinations-
kraft der Segregation für den Spracherwerb auf. Alle anderen direkten Pfade im Modell zeigen einen höheren Koeffizienten. Trotzdem bleibt auch bei den Türken eine hohe
Erklärungskraft des Faktors "Umgebung" erhalten. Denn
mit einem direkten Effekt von .41 wird die Aufenthaltsdauer als die dominierende Variable im Modell ausgewiesen.
Sie kompensiert quasi den geringen Segregationseffekt und
erklärt direkt über 22 % der Varianz in den Sprachkenntnissen.
Am Rande sei hier an einem Beispiel auf die Vorteile multivariater Analysetechniken hingewiesen. Betrachtet man
die Korrelation zwischen Alter und Sprachkenntnissen, die
nur einen Wert von .01 zeigt, so kann dieses Modell geradezu schulmäßig eine "verdeckte" Beziehung erhellen.
Der negative Effekt von Alter auf Sprache (-.13) wird
in der Korrelationsmatrix durch die Intervention der
Variablen "Aufenthaltsdauer" neutralisiert. Eine lediglich bivariate Betrachtung kann solche Zusammenhänge kaum
eruieren.
Als einzige Subgruppe zeigt sich bei den Türken eine hohe
positive Beziehung zwischen Bildung und Aufenthaltsdauer.
In den anderen Nationalitätengruppen konnte keine solche
Verbindung nachgewiesen werden. Genauer, die Korrelation
zwischen den Variablen konnte durch Intervention von

Schema 8: Modell der kognitiven Assimilation für
türkische Migranten

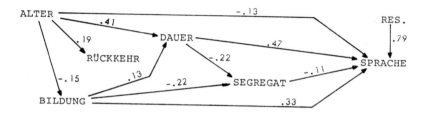

Tabelle 25: Effektzerlegung der kognitiven Assimilation
für türkische Migranten

| dep. Var. | indep. Var. | Rb | Re | dir. | indir. total Effects | ncaus. | Rb-Re | R |
|---|---|---|---|---|---|---|---|---|
| SPRACHE | SEGREGAT | -.30 | -.30 | -.11 | +.00 | -.11 | -.19 | +.00 | |
| | DAUER | +.47 | +.47 | +.47 | +.02 | +.49 | -.02 | -.00 | |
| | RUECKKEHR | -.07 | -.05 | - | +.00 | +.00 | -.05 | -.01 | |
| | BILDUNG | +.41 | +.41 | +.33 | +.09 | +.42 | -.01 | -.00 | |
| | ALTER | +.01 | +.01 | -.13 | +.14 | +.01 | -.01 | -.00 | |
| | | | | | | | | | +.62 |
| SEGREGAT | DAUER | -.23 | -.23 | -.22 | +.00 | -.22 | -.02 | -.00 | |
| | RUECKKEHR | +.11 | +.01 | - | +.00 | +.00 | +.01 | +.09 | |
| | BILDUNG | -.24 | -.24 | -.22 | -.03 | -.25 | +.01 | +.00 | |
| | ALTER | +.01 | -.05 | - | -.05 | -.05 | +.00 | +.06 | |
| | | | | | | | | | +.32 |
| DAUER | RUECKKEHR | +.02 | +.07 | - | +.00 | +.00 | +.07 | -.05 | |
| | BILDUNG | +.07 | +.07 | +.13 | +.00 | +.13 | -.06 | +.00 | |
| | ALTER | +.39 | +.39 | +.41 | -.02 | +.39 | +.00 | -.00 | |
| | | | | | | | | | +.41 |
| RUECKKEHR | BILDUNG | -.08 | -.03 | - | +.00 | +.00 | -.03 | -.05 | |
| | ALTER | +.19 | +.19 | +.19 | +.00 | +.19 | +.00 | +.00 | |
| | | | | | | | | | +.19 |
| BILDUNG | ALTER | -.15 | -.15 | -.15 | +.00 | -.15 | +.00 | +.00 | |
| | | | | | | | | | +.15 |

dritten spezifiziert werden. Inhaltlich liegt hier die
Vermutung nahe, daß es sich um ein Selektionskriterium
handeln könnte, d. h., die am besten qualifizierten Arbeitnehmer wurden zuerst angeworben. Danach erfolgte ein
verstärkter Nachzug von (überwiegend) Frauen, die eine
weniger gute schulische Ausbildung besitzen. Durch den
Familiennachzug konnten die recht hohen Selektionsmaß-
stäbe des Anwerbeverfahrens hinsichtlich der persönlichen
Bildungsqualifikation umgangen werden. Dies spricht auch
für die Annahme, daß "Pionierwanderer", also solche, die
die Wanderungskette eröffnen, sich durch besonders günstige kognitive Merkmale auszeichnen, während Anschluß-
wanderer häufig aus "diffusen Gründen" und kurzfristigen Entscheidungen auf nicht gesicherter Informa-
tionsgrundlage sich zur Migration entschließen.[34]

Faßt man die Ergebnisse der Subgruppenanalyse zusammen,
so kann zunächst festgestellt werden, daß das Modell für
die italienische Gruppe den höchsten Varianzanteil in der
kognitiven Assimilation erklärt. Dabei hat dieses Modell
jedoch den niedrigsten Informationsgehalt: drei Restriktionen gegenüber fünf bei den Modellen für Jugoslawen und
Türken. Die beschriebenen Differenzen in den Kausalstrukturen erscheinen insgesamt nicht so gravierend, daß von
gänzlich verschiedenen, ethnisch spezifischen Assimila-
tionsverläufen gesprochen werden könnte. Auffällig ist
allgemein die recht geringe Bedeutung der Motivation für
den Spracherwerb. Entsprechend groß ist die Relevanz der
Variablen "Dauer" und "Bildung" für das Ausmaß der vollzogenen kognitiven Assimilation.

## 5.2 Strukturelle Assimilation

Im Anschluß an die Analyse der kognitiven Assimilation soll
nun die strukturelle Assimilation einschließlich ihrer Determinanten
analysiert werden. Theoretisch galt sie als relationaler
Aspekt, der die Frage nach der gesamtgesellschaftlichen
Position der Migranten im Aufnahmesystem aufwirft.[35]
Die Bedeutung dieses Assimilationsaspektes für die u. U.
folgende soziale und identifikative Angleichung der Migranten und auch für die gesamtgesellschaftliche Stabilität
des Aufnahmesystems wird in den theoretischen Arbeiten zur
Wanderungstheorie immer wieder hervorgehoben.[36] Inhaltlich sind unter der strukturellen Assimilation vor allem
die Möglichkeiten und Realisierungen von Beteiligungen in
institutionalisierten Lebensbereichen zu nennen. Juristische Gleichstellung, Mitgliedschaften in politischen und
sozialen Vereinigungen und besonders das Eindringen in
die Statushierarchie des Aufnahmelandes sind Indizien
vollzogener Assimilation. Daß diese in der Bundesrepublik
nur partiell möglich ist, ergibt sich bereits aus den
aufenthaltsrechtlichen Restriktionen, denen vor allem die
Migranten aus Nicht-EG-Staaten unterliegen. Solange diese
systematischen Ausgrenzungen bestehen - deren Überwindung
derzeit nur durch eine Naturalisierung möglich ist - kann
eine strukturelle Assimilation auch lediglich in Teilbe-
reichen realisiert werden.
Die berufliche Etablierung ist dabei zweifellos ein besonders wichtiger Aspekt, da der Berufsstatus in geschichteten Gesellschaften Ausdruck vorgängiger und zukünftiger Handlungsmöglichkeiten vielfältiger Art impliziert. Deshalb soll er auch im folgenden als Indikator
für die strukturelle Assimilation der Migranten in der
Bundesrepublik Deutschland dienen. Dabei gilt auch hier,
daß der Berufsstatus als eine Funktion von personalen Merkmalen und Opportunitäten der Umgebung zu betrachten ist.
Die strukturelle Angleichung wird umso rascher erfolgen,
als die Motive auf dauerhafte Teilnahme am Produktions-

prozeß in der Bundesrepublik Deutschland gerichtet sind,
die kognitiven Kapazitäten die erforderlichen Lernprozesse begünstigen und die Umgebung assimilative
Handlungsopportunitäten zur Verfügung stellt, bzw. keine
juristischen oder askriptiven Barrieren vorliegen.

Zur Überprüfung dieser Überlegungen wurden verschiedene
Merkmale in Relation gesetzt, wobei abermals im Hinblick
auf die Kausalmodelle zwischen den Gegebenheiten im Herkunftsland, der "Zwischensituation" in der Bundesrepublik
Deutschland und dem Berufsstatus zum Befragungstermin unterschieden werden kann.
Im einzelnen wurden zunächst die Wanderungsmotive "beruflicher Aufstieg", "Arbeitslosigkeit im Herkunftsland" und
die Rückkehrmotivation als assimilationsrelevante Merkmale
betrachtet. Wobei erstere in einer positiven Beziehung
und letzteres in einer negativen Relation zum Berufsstatus
stehen sollten.[37]
Als Indikatoren für die im Herkunftsland erworbenen kognitiven Fähigkeiten, die den Grad der Eingliederung positiv beeinflussen, kann die schulische Bildung und der
dortige Berufsstatus betrachtet werden. Für die Variablen wird angenommen, daß sie im Sinne der Handlungstheorie als Indikatoren für Lernflexibilität, Handlungser-
fahrung und Situationsbeurteilungsvermögen interpretiert
werden können. Die Gültigkeit beider Hypothesen wurde in
den empirischen Studien zum Eingliederungsverhalten mehrfach belegt. So etwa am Beispiel ungarischer Migranten in
den USA[38] oder italienischer Wanderer in der Schweiz.[39]
Der wirtschaftliche Entwicklungsstand der Herkunftsregion
und der berufliche Status des Vaters können als Merkmale
interpretiert werden, die Handlungsopportunitäten im Abgabeland zum Ausdruck bringen, welche für die Eingliederung bedeutsam sein könnten. Inhaltlich wird unterstellt,
daß Migranten, die aus industrialisierten Regionen abwan-
dern, die strukturelle Assimilation schneller und inten-

siver vollziehen, da sie in einem solchen Herkunftskontext
u. U. Möglichkeiten hatten, bestimmte Arbeitstechniken
einer industriellen, arbeitsteiligen Produktion zu erlernen,
die in der Bundesrepublik Deutschland von ihnen erwartet
werden. Hingegen verfügen Wanderer aus ländlichen Regionen
mit vorwiegend landwirtschaftlichen Erwerbsmöglichkeiten
kaum über Kenntnisse, die in der Arbeitswelt der Bundesrepublik Deutschland direkt verwertbar sind. Da die
Berufsposition des Vaters Partizipationschancen im Bil-
dungs- und Berufsbereich des Abgabelandes vermittelt,
sind von ihr zumindest indirekte assimilationsfördernde
Impulse zu erwarten. Hoffmann-Nowotny spricht den beiden
Merkmalen sogar eine "hochsignifikante" direkte Wirkung
auf das Eindringen in die Statushierarchie des Aufnahmelandes zu. [40)]
Für die Zwischensituation wurden, wie schon für die kognitive Assimilation, der Segregationsgrad, der Berufsstatus zu Beginn des Aufenthalts und die Aufenthaltsdauer in die Analyse aufgenommen. [41)] Darüber hinaus erscheinen die Sprachkenntnisse, also der Indikator für
die kognitive Assimilation, nach den theoretischen Ausführungen als besonders wichtig für die berufliche Eingliederung. [42)]


Die genannten elf Variablen bildeten die Basis einer
ersten multiplen Regressionsanalyse, in der sich, wie
schon bei der Analyse der kognitiven Assimilation, die
empirische Irrelevanz einiger Merkmale für den Grad der
vollzogenen strukturellen Assimilation der Arbeitsmigranten in der Bundesrepublik Deutschland erwies. Dies betrifft zunächst alle genannten Motivationsvariablen. Ihre
direkten und indirekten kausalen Effekte lagen unter .05.
Auch der Segregationsgrad, die Aufenthaltsdauer und die
Sprachkenntnisse erwiesen sich als empirisch relativ un-
bedeutsam für die strukturelle Assimilation. Dieses Teilergebnis mag besonders überraschen, da gerade die Relevanz

der drei zuletzt genannten Merkmale für die beruflichen
Möglichkeiten der Wanderer im Aufnahmeland in der Eingliederungsforschung häufig hervorgehoben wurde.[43]

Fragt man nach den Gründen für diese auf den ersten Blick
widersprüchlichen Resultate in verschiedenen Studien,
liegen drei Argumente nahe:
Zunächst kann auf einen methodischen Aspekt verwiesen werden. So variieren Operationalisierungen und Stichproben-
parameter in den verschiedenen Untersuchungen, womit auch
Differenzen in den Resultaten begründet sein können. Ein
weiterer gewichtiger Einwand kann dahingehend vorgebracht
werden, daß die Kontexte, auf welche sich die verschiedenen Studien beziehen, "unvergleichbar" sind. Dies gilt mit
Sicherheit, wenn man die Forschungsergebnisse aus den USA
und der Bundesrepublik Deutschland gegenüberstellt. Die
historischen und gesellschaftlichen Rahmenbedingungen
weichen in der Tat beträchtlich voneinander ab. Daß sich
dies im Eingliederungsverhalten der Migranten niederschlägt, macht gerade der hier vertretene theoretische
Ansatz deutlich, der ausdrücklich auf die Handlungsrele-
vanz der "Umgebung" hinweist.
Es gibt aber auch einen simpleren Grund, der die Differenzen teilweise erklären könnte. Er liegt in den unterschiedlichen Analysemethoden. Betrachtet man z. B. den Zusammenhang zwischen Berufsstatus und Sprachkenntnissen, so
ergibt sich ein Korrelationskoeffizient von .27 für die
Italiener in dieser Untersuchung. Bei ähnlicher Operationalisierung und auch für italienische Migranten, allerdings
in der Schweiz, errechnete Hoffmann-Nowotny einen Gammawert
von .38.[44] Berücksichtigt man, daß die Maßzahl "Gamma"
tendenziell höhere Werte (durch die Nicht-Berücksichtigung
von "Ties") als r annimmt, so sind diese Werte durchaus
vergleichbar hoch. Nun liegt jedoch die Vermutung nahe,
daß die Differenzen in der endgültigen Bewertung der Ergebnisse nur in den unterschiedlichen Analysetechniken

begründet sein könnten. Mit anderen Worten: Der "hochsignifikante" bivariate Zusammenhang in der Schweizer
Studie könnte sich u. U. bei der Anwendung multivariater
Techniken auch als Scheinkorrelation erweisen, wie es in
dieser Analyse der Fall ist.[45]

Welche der genannten (und möglicher anderer) Begründungen
letztlich für die oftmals inkonsistenten Ergebnisse verantwortlich ist, kann hier nicht entschieden werden. Eine
Möglichkeit, die aufgeworfenen Fragen (gleichzeitig) einer Beantwortung näherzuführen, läge mit Sicherheit nur
in einer international vergleichenden Analyse, die über
den methodischen Aspekt hinaus selbstverständlich auch
der weiteren theoretischen Klärung des Eingliederungsprozesses dienlich wäre.

Faßt man nun die vorgängigen bivariaten Hypothesen unter
Berücksichtigung der bereits vorgetragenen Teilergebnisse
in einem Kausalmodell zusammen, so hat dies folgende Struktur (Schema 9).

Schema 9: Hypothetisches Kausalmodell der strukturellen
Assimilation

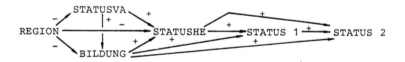

Die beiden Opportunitätsindikatoren für die Situation
in der Abgabegesellschaft, der ökonomische Entwicklungsstand der Herkunftsregion (REGION) und der Berufsstatus
des Vaters (STATUSVA), stehen nach den vorgetragenen
Überlegungen nur in einer indirekten Beziehung zur strukturellen Assimilation, indem sie Einfluß auf die Bildung

und die Berufsposition im Heimatland ausüben. Für die Region wird zudem noch eine Beziehung zur ersten beruflichen Stellung angenommen. Für die Variable "BILDUNG" wird unterstellt, daß sie zu allen Zeitpunkten für den Berufsstatus entscheidende Bedeutung hat, denn ein beruflicher Positionswechsel, sowohl in horizontaler als auch in vertikaler Richtung, ist immer an Lernprozesse gekoppelt, die kognitive Leistungen erfordern. Die berufliche Tätigkeit im Herkunftsland und die erste in der Bundesrepublik Deutschland wirken sich vermutlich ebenfalls auf die strukturelle Assimilation aus. Alle Relationen sollten positiver Art sein, außer den Beziehungen der Region, denn diese Variable ist in Richtung abnehmender Industrialisierung codiert. D. h., den höchsten Zahlenwert (+4) erhielten Personen, die aus ländlichen Gebieten stammen. Deshalb ist in den folgenden Modellen zu beachten, daß ein negativer Koeffizient inhaltlich den Hypothesen entspricht. Vor der Prüfung dieses Modells sollen abermals zunächst die univariaten Verteilungen der Merkmale insgesamt und getrennt nach den Nationalitäten vorgestellt werden.

## 5.2.1 Determinanten des Berufsstatus

Bei der deskriptiven Aufschlüsselung der Variablen "REGION" (Tab. 26) fallen zunächst die Unterschiede zwischen den Italienern und Türken auf. Erstere kommen ganz überwiegend aus ökonomisch unterentwickelten Gebieten. Dies ist auch ein Resultat der nur anfänglich wirksamen Selektion durch die Anwerbestellen in Italien. Seit etwa 1962 wanderte der größte Teil dieser Arbeitnehmer aufgrund eigener Initiative vorwiegend aus den ländlichen Gebieten Süditaliens in die Bundesrepublik Deutschland aus. Ermöglicht wurde dies durch das Inkrafttreten der Vereinbarungen über die Freizügigkeit des Arbeitsplatzes innerhalb der EG-Mitgliedsstaaten.[46] In der Türkei hingegen wurden Arbeitskräfte

vor allem in den industrialisierten Regionen um Istanbul,
Ankara und Izmir rekrutiert. Und hier war es aufgrund des
Überangebots an Migrationswilligen auch möglich, strenge
Auswahlkriterien vorwiegend im Bereich der beruflichen
Kenntnisse und physischer Gesundheit anzuwenden.[47] Die
jugoslawischen Arbeitnehmer stammen zu ca. zwei Dritteln
aus weniger entwickelten Regionen und der Rest aus eher
entwickelten Gebieten.[48]

Tab. 26: Ökonomischer Entwicklungsstand der Herkunftsregion[49]

| Herkunfts- region | Gesamt abs. | % | Ita. abs. | % | Jugos. abs. | % | Türk. abs. | % |
|---|---|---|---|---|---|---|---|---|
| 1. Ballungsräume, hohe Industrie- alisierung, hohes BSP | 165 | 19,2 | 4 | 1,4 | 66 | 24,0 | 95 | 31,8 |
| 2. mittelgroße Städte, be- ginnende In- dustrialisie- rung | 156 | 18,1 | 20 | 7,0 | 27 | 9,8 | 109 | 36,5 |
| 3. ländliche Gebiete mit stabiler Be- völkerungs- struktur | 212 | 24,7 | 16 | 5,6 | 113 | 41,1 | 83 | 27,8 |
| 4. Stark unter- entwickelte Regionen, sehr geringes BSP | 327 | 38,0 | 246 | 86,0 | 69 | 25,1 | 12 | 4,0 |
| Summe | 860 | 100 | 286 | 100 | 285 | 100 | 291 | 100 |

Für den Berufsstatus des Vaters (Tab. 27) ergibt sich eine
Verteilung, die in ihrer Tendenz der der Region entspricht.
Italiener stammen zu über 75 % aus Familien, deren Vater un-
oder angelernter (Land-)Arbeiter war. Dieser Prozentsatz

fällt bei den Jugoslawen auf 66,4 % und bei den Türken
auf 59 % ab. Die entsprechenden Gruppenmittelwerte lauten
1,31 (Italiener), 1,50 (Jugoslawen) und 1,70 (Türken).
Dies ist ein weiterer Beleg dafür, daß türkische Migranten
eben nicht - wie häufig behauptet - in ihrer Mehrzahl aus
den völlig unterentwickelten Regionen Anatoliens auswandern. Im Gegenteil, die Mehrzahl der türkischen Wanderer stammt aus ökonomisch relativ entwickelten Gebieten
und besitzt eine für türkische Verhältnisse relativ gute
Ausbildung.

Die Verteilung der Variablen "Status im Herkunftsland"
(Tab. 27) zeigt in ihrer Tendenz für die drei Nationalitätengruppen ein ähnliches Bild, wie die für den Status
des Familienvaters. Bei den von der Stichprobe erfaßten Italienern sind über 75 % ohne Berufsausbildung im Herkunftsland geblieben. Der entsprechende Anteil liegt bei den
beiden anderen Subgruppen unter 50 %. Dies macht deutlich,
daß vor allem für die Türkei und Jugoslawien die Abwanderung von Arbeitskräften volkswirtschaftlich auch Nachteile
mit sich bringt. Denn in beiden Ländern werden gerade
qualifizierte Arbeitnehmer für die weitere wirtschaftliche
Entwicklung dringend benötigt, die jedoch unter den Wanderern überdurchschnittlich häufig vertreten sind.[50]
Vor diesem Hintergrund scheint sich nunmehr auch in den
Abgabeländern die Einsicht durchzusetzen, daß die negativen Effekte der Wanderungen, wie der Verlust an "human
capital" in Form qualifizierter Arbeitskräfte, deren Ausbildung hohe staatliche Investitionen im Bildungsbereich
erforderte, die nun aber im Ausland genutzt werden, höher
einzuschätzen sind als die positiven (z. B. Deviseneinfuhr,
Entlastung des Arbeitsmarktes).[51]

Berücksichtigt man in diesem Zusammenhang auch die Verteilung der Variablen "Bildung" (Tab. 15), so spaltet
sich die Gesamtpopulation tendenziell in zwei Gruppen.

Einmal Personen, die sich hinsichtlich kognitiver Merkmale
positiv von den Nicht-Wanderern im Herkunftsland absetzen
(Jugoslawen und Türken), und zum anderen die Italiener,
die eher negativ von der Gesamtbevölkerung abweichen.
Dies spiegelt in gewisser Weise die vielfältigen empirischen Befunde zur Selektivität von Wanderungen wider,[52]
für die es scheinbar keine Erklärung gibt. "Die Problematik der selektiven Wirkung der Wanderung in bezug auf
Schulbildung ist noch völlig offen und es scheint uns
so zu sein, daß hier keine Gesetzmäßigkeit zu finden sein
dürfte, denn historisch-politische Faktoren sind hier zu
mannigfach mitbeteiligt, als daß sich mehr als ad-hoc-
Erklärungen finden ließen."[53]
Diese pessimistische Einschätzung erscheint aus der hier
vorgetragenen theoretischen Sichtweise jedoch nicht ganz
berechtigt.
Die Wanderungsentscheidung läßt sich nämlich nicht an
der Bildung oder einer anderen Variablen schlechthin fest-
machen. Nach der Handlungstheorie ist diese Entscheidung
das Produkt einer individuellen Kalkulation, für die personale Aspekte (Kognition, Motivation, Widerstand,
Attribuierung) und Umgebungsmerkmale (Opportunitäten,
Alternativen, Barrieren) verantwortlich sind. Dabei kann
die Migrationsentscheidung Ausdruck inhaltlich sehr verschiedener Schätzungen sein. Gemeinsam ist ihnen aber
allen, daß sich so handelnde Subjekte von der Migration
die Beendigung eines Deprivationszustandes (gleich welcher Art) erhoffen. Daß die Kognition der italienischen
Migranten eher unterdurchschnittlich (gegenüber den
Nicht-Migranten) ist, läßt vermuten, daß für diesen Per-
sonenkreis wenig Handlungsopportunitäten im Herkunftsland
gegeben sind und die Wanderung in die Bundesrepublik
Deutschland eine günstige Alternative war. Dies bedeutet
nun aber keineswegs, daß ein adäquater türkischer Perso-
nenkreis (ungelernte Arbeiter) in der Türkei bessere
Lebensbedingungen hätte und deshalb weniger stark migriert.

Tab. 27: Berufsstatus des Vaters und Status des Migranten
im Herkunftsland

| Berufsstatus Vater | Gesamt abs. | % | Ita. abs. | % | Jugos. abs. | % | Türken abs. | % |
|---|---|---|---|---|---|---|---|---|
| an-, ungelernte Arbeiter | 580 | 67,2 | 223 | 75,9 | 186 | 66,4 | 171 | 59,2 |
| Facharbeiter, Handwerker | 174 | 20,2 | 56 | 19,0 | 58 | 20,7 | 60 | 20,8 |
| mittlere, gehobene Angest. u. Beamte | 58 | 7,9 | 8 | 2,7 | 27 | 9,6 | 33 | 11,4 |
| leitende, höhere Angestellte u. Beamte | 41 | 4,8 | 7 | 2,4 | 9 | 3,3 | 25 | 8,6 |
| Summe | 863 | 100 | 294 | 200 | 280 | 100 | 289 | 100 |
| Status Herkunft | | | | | | | | |
| an-, ungelernte Arbeiter | 342 | 57,0 | 154 | 75,1 | 96 | 46,8 | 92 | 48,5 |
| Facharbeiter Handwerker | 202 | 33,7 | 46 | 22,4 | 82 | 40,0 | 74 | 38,9 |
| mittlere, gehobene Angest. u. Beamte | 39 | 6,5 | 1 | 0,5 | 22 | 10,7 | 16 | 8,4 |
| leitende, höhere Angestellte u. Beamte | 17 | 2,8 | 4 | 2,0 | 5 | 2,4 | 8 | 4,2 |
| Summe | 600 | 100 | 205 | 100 | 205 | 100 | 190 | 100 |

Sondern für diese besteht eine entscheidende Handlungs-
barriere: das an der beruflichen Qualifikation orientierte Anwerbeverfahren. Diese Barriere ist kaum zu um-
gehen, es sei denn auf dem Weg der illegalen Einreise,
die handlungstheoretisch jedoch mit hohen "Kosten" verbunden ist und nur bei einer äußerst ausgeprägten Moti-

vation realisiert werden dürfte. Wenn makrosoziologische Migrationstheorien Wanderungen mit Systemspannungen, strukturelle Gewalt oder ökonomische Ent-
wicklungsunterschiede erklären wollen,[54] so sprechen
sie aus handlungstheoretischer Sicht damit im Prinzip
systematisch variierende Umgebungsopportunitäten an
und unterstellen dabei auch durchweg ein bestimmtes
(ökonomisches) Wanderungsmotiv. Wird diese Konstellation von Randbedingungen nicht mehr eingehalten, so
treten zwangsläufig Anomalien auf, etwa in Form von
Personen, die aus der Bundesrepublik nach Griechenland auswandern, quasi der "strukturellen Gewalt" und
der ökonomischen Unterentwicklung entgegen.[55]

Tab. 28: Erster Status in der Bundesrepublik Deutschland

| Status nach der Einreise | Gesamt abs. | % | Ita. abs. | % | Jugos. abs. | % | Türk. abs. | % |
|---|---|---|---|---|---|---|---|---|
| an-, ungelern-te Arbeiter | 622 | 81,7 | 240 | 89,6 | 182 | 71,9 | 200 | 83,2 |
| Facharbeiter, Handwerker | 124 | 16,3 | 26 | 9,7 | 60 | 23,7 | 38 | 15,8 |
| mittlere, ge-hobene Ange-stellte u. Beamte | 9 | 1,2 | 2 | - | 7 | 2,8 | 2 | 0,8 |
| leitende, höh. Angestellte u. Beamte | 6 | 0,8 | 4 | 0,7 | 4 | 1,6 | - | - |
| Summe | 776 | 100 | 272 | 100 | 253 | 100 | 240 | 100 |

Vergleicht man den Status vor der Wanderung (Tab. 27) mit
den ersten Positionen in der Bundesrepublik Deutschland
(Tab. 28), so bringt die Migration zunächst einen Abstieg

in der Statushierarchie mit sich. Die Mittelwerte gehen
deutlich zurück: von 1,29 (Italiener), 1,69 (Jugoslawen)
und 1,68 (Türken) auf 1,12, 1,34 und 1,17. Damit ist diese Tendenz bei den Türken am ausgeprägtesten. Allgemein
kann dieser Abstieg mit den differenten Definitionen von
beruflicher Bildung in den Entsendesystemen in Verbindung
gebracht werden. Eine mit der Bundesrepublik Deutschland
vergleichbare institutionalisierte Berufsausbildung
existiert in den genannten Ländern kaum (am wenigsten in
der Türkei).

Die Zusammenfassung der relevanten Variablen für die strukturelle Assimilation analog zu Tab. 20 ergibt folgendes
Bild:

Tab. 29: Voraussetzungen für die strukturelle Assimilation nach den Mittelwerten in den Subgruppen*

| Konstrukt | Indikator | Ita. | Jugos. | Türk. |
|-----------|-----------|------|--------|-------|
| Kognition | Bildung | 3 | 1 | 2 |
|  | Status Herkunft | 3 | 1 | 2 |
|  | Status 1 | 3 | 1 | 2 |
| Opportuni-<br>täten | Status Vater | 3 | 2 | 1 |
|  | Region | 3 | 3 | 1 |

* Zur Interpretation siehe Tab. 20.

Diese Werte entsprechen Rangplätzen, die sich an den durchschnittlichen Variablenausprägungen orientieren. Am auf-
fälligsten ist dabei die Position der Italiener; sie weisen für das Erreichen einer (absolut) hohen Berufsposition
in der Bundesrepublik Deutschland die schlechtesten Voraussetzungen auf. In den Durchschnittswerten der fünf ge-
messenen Variablen belegen sie in allen Merkmalen nur den
dritten Rangplatz.

Im Bereich der Kognition haben die Jugoslawen auf allen
drei Variablen die höchsten Durchschnittswerte. Und hinsichtlich der Opportunitäten im Herkunftsland sind die
türkischen Wanderer eher begünstigt. Demnach ist es wahrscheinlich, daß die Jugoslawen die durchschnittlich
höchste strukturelle Assimilation aufweisen, gefolgt
von den türkischen und italienischen Migranten.
Vergleicht man nun den Indikator für die strukturelle Assimilation (Status 2) mit dem ersten Status in der Bundesrepublik Deutschland (Tab. 28 und 30), so wird deutlich,
daß die vertikale Mobilität sehr begrenzt ist. In allen
Gruppen ist nur eine geringe durchschnittliche Aufwärts-
mobilität (von etwa 3 - 4 %) festzustellen, und dabei
handelt es sich um Personen, die in der Bundesrepublik
Deutschland eine Berufsausbildung absolvierten.[56]

Trotz dieses geringen Anteils von "Aufsteigern" glaubt
jedoch ein Großteil der ausländischen Arbeitnehmer, daß
sich ihre berufliche Situation im Verlaufe des Aufenthalts verbessert hat. Dieser Beurteilung unterliegen jedoch wahrscheinlich andere Maßstäbe als die hier verwendeten Statuskriterien, so etwa Verbesserungen in der Arbeitsplatzsituation.[57]

Tab. 30: Strukturelle Assimilation (Status 2)

| Status zum Befragungszeitp. | Gesamt abs. | % | Ita. abs. | % | Jugos. abs. | % | Türk. abs. | % |
|---|---|---|---|---|---|---|---|---|
| an-, ungelernte Arbeiter | 639 | 78,3 | 245 | 86,6 | 182 | 68,4 | 212 | 79,4 |
| Facharbeiter, Handwerker | 145 | 17,8 | 29 | 10,2 | 70 | 26,3 | 46 | 17,2 |
| mittl., gehob. Angestellte u. Beamte | 21 | 2,6 | 4 | 1,4 | 11 | 4,1 | 6 | 2,2 |
| leitende, höhere Angestellte u. Beamte | 11 | 1,3 | 5 | 1,8 | 3 | 1,2 | 3 | 1,2 |
| Summe | 816 | 100 | 283 | 100 | 266 | 100 | 267 | 100 |

Bisher wurde die strukturelle Assimilation hier immer
mit Hilfe der absoluten Höhe der Berufsposition in der
Bundesrepublik Deutschland dargestellt. Nach der theoretischen Differenzierung ist sie jedoch vor allem ein
relationaler Assimilationsaspekt, d. h., ihre Bewertung
muß sich auch an "vergleichbaren" Deutschen orientieren.
Deshalb sollen hier zwei Hinweise auf die Resultate von
Kremer und Spangenberg[58] erlaubt sein, die dieser Frage
intensiver nachgingen. Zur Situation am Arbeitsplatz ergibt sich, daß die Belastungen (bei Konstanz des Ausbil-
dungsniveaus und guten Deutschkenntnissen der Ausländer)
etwa gleich eingeschätzt werden. "In einer schlechteren
Arbeitsplatzsituation als deutsche Hilfsarbeiter befinden
sich nur die ausländischen Hilfsarbeiter mit echten Ver-
ständigungsschwierigkeiten."[59] Dieses Ergebnis gilt auch
für den wichtigen Verdienstaspekt. "Von einer Benachteiligung der ausländischen Arbeitnehmer kann ... nicht gesprochen werden. Insgesamt kann gesagt werden, daß bei
gleicher beruflicher Position ein Einkommensnachteil wohl
nicht besteht."[60] Dies wäre auch überraschend, wenn man
die über Tarifverträge geregelten Entlohnungsmodalitäten
in der Bundesrepublik Deutschland bedenkt, die eine Benachteiligung über das Merkmal "Ethnie" unwahrscheinlich
machen. Somit deutet einiges darauf hin, daß bei gleichen
personalen Voraussetzungen im Arbeitsleben auch gleiche
Opportunitäten offenstehen, d. h., Aufstiegsmöglichkeiten
und Entlohnungen variieren nicht nach ethnischen Kriterien.
Betrachtet man die strukturelle Assimilation wieder in
ihrer absoluten Ausprägung zum Befragungszeitpunkt (Tab.
30), so bleibt die ungünstige Stellung der Italiener, die
mittlere der Türken und die gute der Jugoslawen erhalten.
In den folgenden Pfadanalysen soll nun wieder geprüft werden, wie die einzelnen Merkmale an der Höhe des beruflichen
Status beteiligt sind, und ob darüber hinaus gravierende
Unterschiede im Prozeß der Positionszuweisung in der Bun-

desrepublik Deutschland zu beobachten sind.

## 5.2.2 Die Kausalstruktur der strukturellen Assimilation

Das allgemeine Modell der strukturellen Assimilation
(Schema 10) zeigt, daß sie in direkter Weise von der
erworbenen Bildung, dem Status im Herkunftsland und dem
ersten Status in der Bundesrepublik Deutschland abhängig ist. Der erste Status in der Bundesrepublik wieder
um kann als positive Funktion der Berufsposition im
Abgabeland und der Bildung betrachtet werden. Entgegen den
Erwartungen hat die Variable "REGION" jedoch keinen direkten Einfluß auf den ersten Status im Aufnahmeland.

Das Modell verdeutlicht weiter die hohe Relevanz der
Situation im Herkunftsland für die strukturelle Assimilation. D. h., bereits die Handlungsopportunitäten, die
durch den wirtschaftlichen Entwicklungsstand der Herkunftsregion und den väterlichen Berufsstatus gekennzeichnet sind, beeinflussen indirekt die Höhe der strukturellen Anpassung in der Bundesrepublik Deutschland.
Vom Erklärungsgewicht her haben die Bildung, der Status
vor der Wanderung und der erste Status nach der Wanderung die höchste Bedeutung. Insgesamt erklären die unabhängigen und intervenierenden fünf Variablen fast 50 %
der strukturellen Assimilation. Wobei nochmals betont
werden muß, daß die Wanderungsmotive, die Segregation,
die Aufenthaltsdauer und die Sprachkenntnisse kaum empirische Relevanz besitzen; genauer, die entsprechenden
hohen Korrelationen dieser Variablen schlagen sich nicht
als direkte oder indirekte Regressionskoeffizienten nie-
der.

**Schema 10:** Modell der strukturellen Assimilation (Gesamtpopulation)

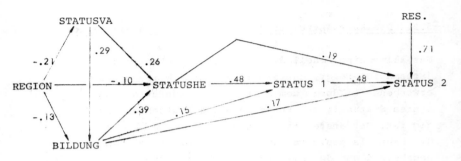

**Tab. 31:** Effektzerlegung der strukturellen Assimilation

| dep. Var. | indep. Var. | Rb | Re | dir. | indir. total Effects | | ncaus. | Rb-Re | R |
|---|---|---|---|---|---|---|---|---|---|
| STATUS2 | STATUS1 | +.65 | +.65 | +.48 | +.00 | +.48 | +.17 | -.00 | |
| | STATUSHE | +.54 | +.54 | +.19 | +.23 | +.42 | +.12 | -.00 | |
| | BILDUNG | +.45 | +.45 | +.17 | +.23 | +.40 | +.04 | -.00 | |
| | STATUSVA | +.25 | +.22 | - | +.23 | +.23 | -.01 | +.03 | |
| | REGION | -.13 | -.12 | - | -.14 | -.14 | +.02 | -.01 | +.70 |
| STATUS1 | STATUSHE | +.55 | +.55 | +.48 | +.00 | +.48 | +.07 | +.00 | |
| | BILDUNG | +.38 | +.38 | +.15 | +.18 | +.34 | +.05 | -.00 | |
| | STATUSVA | +.19 | +.24 | - | +.22 | +.22 | +.02 | -.05 | |
| | REGION | -.09 | -.14 | - | -.14 | -.14 | +.00 | +.05 | +.57 |
| STATUSHE | BILDUNG | +.49 | +.49 | +.39 | +.00 | +.39 | +.10 | -.00 | |
| | STATUSVA | +.41 | +.41 | +.26 | +.11 | +.38 | +.03 | -.00 | |
| | REGION | -.23 | -.23 | -.10 | -.13 | -.23 | -.00 | +.00 | +.57 |
| BILDUNG | STATUSVA | +.32 | +.32 | +.29 | +.00 | +.29 | +.03 | +.00 | |
| | REGION | -.19 | -.19 | -.13 | -.06 | -.19 | +.00 | +.00 | +.35 |
| STATUSVA | REGION | -.21 | -.21 | -.21 | +.00 | -.21 | +.00 | +.00 | +.21 |

### 5.2.3 Kausalstruktur der strukturellen Assimilation in den Subgruppen

Fragt man nun wiederum nach der ethnischen Variation des Statuszuweisungsprozesses, so kann vorweggenommen werden, daß - wie schon für die kognitive Assimilation - nur geringe Differenzen in den Modellen für die nationalen Subgruppen festzustellen sind.

Für die Italiener (Schema 11) zeigen sich einige Besonderheiten. Erstens hat die Herkunftsregion einen direkten Effekt auf den beruflichen Status im Heimatland, der dazu auch noch positiv ist. Expost könnte diese Tatsache - ohne den Koeffizienten von +.11 überzustrapazieren - so gedeutet werden, daß relativ gut qualifizierte Arbeitnehmer aus unterentwickelten Regionen in die Bundesrepublik Deutschland abgewandert sind. Sie sahen in der heimatlichen Umgebung wohl kaum Handlungsspielräume, um ihre beruflichen Kenntnisse adäquat umzusetzen. Weiter ist bemerkenswert, daß die Variable "REGION" auch einen direkten Einfluß auf die strukturelle Assimilation in der Bundesrepublik Deutschland hat. Die Korrelation von .15 zwischen diesen beiden Merkmalen kann nicht völlig auf indirekte Effekte zurückgeführt werden, womit wir in diesem Punkt das Ergebnis von Hoffmann-Nowotny bestätigen können.[61]

Der Status des Vaters hat ebenfalls Relevanz für die erste Position nach der Wanderung. Daß die Beziehung jedoch negativ ist, überrascht sehr und kann auch kaum ad-hoc erklärt werden. Schließlich ist noch ein sehr hoher direkter Effekt (.65) vom Status vor der Wanderung auf die erste berufliche Tätigkeit in der Bundesrepublik Deutschland festzustellen. Mit anderen Worten: Bei den Italienern ist eine sehr hohe Kontinuität bezüglich dieser Variablenausprägungen zu konstatieren. Aus der Häufigkeitsverteilung ist

<u>Schema 11:</u> Modell der strukturellen Assimilation für
italienische Migranten

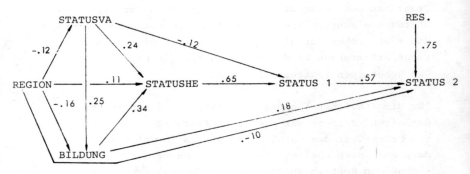

<u>Tab. 32:</u> Effektzerlegung der strukturellen Assimilation
für italienische Migranten

| dep.<br>Var. | indep.<br>Var. | Rb | Re | dir. | indir. total<br>Effects | | ncaus. | Rb-Re | R |
|---|---|---|---|---|---|---|---|---|---|
| STATUS2 | STATUS1 | +.62 | +.62 | +.57 | +.00 | +.57 | +.05 | +.00 | |
| | STATUSHE | +.48 | +.42 | - | +.37 | +.37 | +.05 | +.07 | |
| | BILDUNG | +.34 | +.34 | +.18 | +.13 | +.31 | +.03 | +.00 | |
| | STATUSVA | +.12 | +.11 | - | +.10 | +.10 | +.01 | +.01 | |
| | REGION | -.15 | -.15 | -.10 | -.02 | -.12 | -.03 | +.00 | |
| | | | | | | | | | +.66 |
| STATUS1 | STATUSHE | +.61 | +.61 | +.65 | +.00 | +.65 | -.04 | +.00 | |
| | BILDUNG | +.24 | +.22 | - | +.22 | +.22 | -.00 | +.02 | |
| | STATUSVA | +.09 | +.09 | -.12 | +.21 | +.09 | -.00 | -.00 | |
| | REGION | -.03 | +.03 | - | +.03 | +.03 | +.00 | -.06 | |
| | | | | | | | | | +.62 |
| STATUSHE | BILDUNG | +.38 | +.38 | +.34 | +.00 | +.34 | +.04 | -.00 | |
| | STATUSVA | +.31 | +.31 | +.24 | +.08 | +.32 | -.01 | +.00 | |
| | REGION | +.02 | +.02 | +.11 | -.09 | +.02 | +.00 | +.00 | |
| | | | | | | | | | +.45 |
| BILDUNG | STATUSVA | +.26 | +.26 | +.25 | +.00 | +.25 | +.02 | +.00 | |
| | REGION | -.19 | -.19 | -.16 | -.03 | -.19 | +.00 | +.00 | |
| | | | | | | | | | +.31 |
| STATUSVA | REGION | -.12 | -.12 | -.12 | +.00 | -.12 | +.00 | +.00 | |
| | | | | | | | | | +.12 |

zu ersehen, daß 75,1 % der Migranten in Italien un- und angelernte Arbeitnehmer waren. Zu Beginn des Aufenthalts in
der Bundesrepublik Deutschland sind es 89,6 %. Bezogen
auf diesen Berufsstatus ergeben sich also 14,5 % "Ab-
steiger". In keiner anderen Subpopulation ist dieser Anteil geringer. Dies könnte als ein Hinweis auf den relativ
großen Handlungsspielraum dieser Migrantengruppe verstanden
werden. Da sie kaum einer Anwerbeselektion und auch nur geringen juristischen Barrieren im Vergleich mit Jugoslawen
und Türken unterliegen, ergeben sich scheinbar teilweise
Aktionsbereiche bei der Arbeitsplatzsuche, die anderen Migrantengruppen nicht zur Verfügung stehen.

Für die jugoslawischen Arbeitnehmer ergibt sich ein Kausalmodell (Schema 12), welches den höchsten Informationsgehalt (6 Restriktionen) und zugleich am meisten Varianz
(60 %) in der strukturellen Assimilation erklärt. Dabei
ist die Struktur des Statuszuweisungsprozesses relativ
klar. Der berufliche Status in der Bundesrepublik rekurriert
sehr stark auf der schulischen Qualifikation der Migranten
und ihrer vorherigen beruflichen Position im Heimatland.
Insbesondere hat die Variable "REGION" nur einen direkten
Einfluß auf die Bildung und tangiert die folgenden Merkmale nur indirekt.

Von dem Modell für die Jugoslawen weicht das der Türken
(Schema 13) am stärksten ab. Für sie kann prozentual der
geringste Varianzanteil des Berufsstatus durch die anderen Variablen erklärt werden; es sind lediglich 38 %. Weiterhin ist auffallend, daß die strukturelle Assimilation
auf direkte Art mit allen Variablen - außer der Region -
verbunden ist. Bei keiner anderen Subpopulation ergibt
sich eine so vielfältige Abhängigkeitsstruktur für den
derzeitigen Berufsstatus in der Bundesrepublik Deutschland.

Schema 12: Modell der strukturellen Assimilation für
jugoslawische Migranten

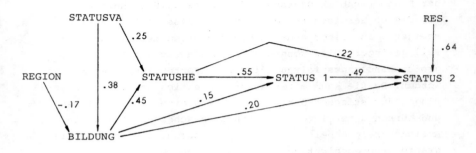

Tab.33: Effektzerlegung der strukturellen Assimilation
für jugoslawische Migranten

| dep.<br>Var. | indep.<br>Var. | Rb | Re | dir. | indir.<br>Effects | total | ncaus. | Rb-Re | R |
|---|---|---|---|---|---|---|---|---|---|
| STATUS2 | STATUS1 | +.71 | +.71 | +.49 | +.00 | +.49 | +.23 | -.00 | |
| | STATUSHE | +.63 | +.63 | +.22 | +.27 | +.49 | +.15 | -.00 | |
| | BILDUNG | +.53 | +.53 | +.20 | +.29 | +.49 | +.05 | -.00 | |
| | STATUSVA | +.29 | +.31 | - | +.31 | +.31 | -.00 | -.02 | |
| | REGION | -.10 | -.10 | - | -.08 | -.08 | -.01 | -.00 | |
| | | | | | | | | | +.77 |
| STATUS1 | STATUSHE | +.63 | +.63 | +.55 | +.00 | +.55 | +.08 | -.00 | |
| | BILDUNG | +.45 | +.45 | +.15 | +.25 | +.39 | +.05 | -.00 | |
| | STATUSVA | +.28 | +.29 | - | +.29 | +.29 | +.00 | -.01 | |
| | REGION | -.07 | -.09 | - | -.07 | -.07 | -.02 | +.02 | |
| | | | | | | | | | +.64 |
| STATUSHE | BILDUNG | +.55 | +.55 | +.45 | +.00 | +.45 | +.10 | +.00 | |
| | STATUSVA | +.43 | +.43 | +.25 | +.17 | +.42 | +.00 | +.00 | |
| | REGION | -.11 | -.10 | - | -.08 | -.08 | -.02 | -.02 | |
| | | | | | | | | | +.60 |
| BILDUNG | STATUSVA | +.39 | +.39 | +.38 | +.00 | +.38 | +.01 | +.00 | |
| | REGION | -.19 | -.19 | -.17 | +.00 | -.17 | -.02 | +.00 | |
| | | | | | | | | | +.43 |
| STATUSVA | REGION | -.05 | +.00 | - | +.00 | +.00 | +.00 | -.05 | |
| | | | | | | | | | +.00 |

Schema 13: Modell der strukturellen Assimilation für
türkische Migranten

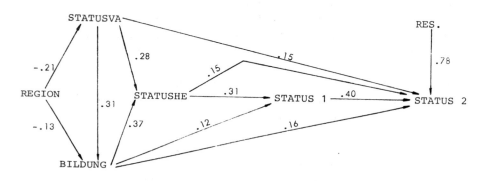

Tab. 34: Effektzerlegung der strukturellen Assimilation
für türkische Migranten

| dep. Var. | indep. Var. | Rb | Re | dir. | indir. total Effects | | ncaus. | Rb-Re | R |
|---|---|---|---|---|---|---|---|---|---|
| STATUS2 | STATUS1 | +.52 | +.52 | +.40 | +.00 | +.40 | +.12 | -.00 | |
| | STATUSHE | +.43 | +.43 | +.15 | +.13 | +.28 | +.16 | -.00 | |
| | BILDUNG | +.38 | +.38 | +.16 | +.15 | +.31 | +.07 | -.00 | |
| | STATUSVA | +.32 | +.32 | +.15 | +.17 | +.32 | -.00 | -.00 | |
| | REGION | -.15 | -.13 | - | -.11 | -.11 | -.02 | -.02 | |
| | | | | | | | | | +.62 |
| STATUS1 | STATUSHE | +.37 | +.37 | +.31 | +.00 | +.31 | +.05 | -.00 | |
| | BILDUNG | +.26 | +.26 | +.12 | +.12 | +.23 | +.03 | -.00 | |
| | STATUSVA | +.14 | +.16 | - | +.16 | +.16 | +.01 | -.03 | |
| | REGION | -.10 | -.08 | - | -.06 | -.06 | -.02 | -.02 | |
| | | | | | | | | | +.38 |
| STATUSHE | BILDUNG | +.47 | +.47 | +.37 | +.00 | +.37 | +.09 | -.00 | |
| | STATUSVA | +.40 | +.40 | +.28 | +.12 | +.39 | +.01 | -.00 | |
| | REGION | -.19 | -.13 | - | -.13 | -.13 | +.00 | -.06 | |
| | | | | | | | | | +.53 |
| BILDUNG | STATUSVA | +.34 | +.34 | +.31 | +.00 | +.31 | +.03 | +.00 | |
| | REGION | -.19 | -.19 | -.13 | -.06 | -.19 | +.00 | +.00 | |
| | | | | | | | | | +.36 |
| STATUSVA | REGION | -.21 | -.21 | -.21 | +.00 | -.21 | +.00 | +.00 | |
| | | | | | | | | | +.21 |

Versucht man abschließend, die Einzelresultate zu werten,
so kann festgehalten werden, daß sich die Struktur der
Modelle zwar auf den ersten Blick unterscheidet, diese
Differenzen jedoch nicht gravierend sind. Die zentralen
Beziehungen sind für alle Subgruppen die zwischen Bildung
und beruflichem Status und die direkte Determination der
Status untereinander. Für die strukturelle Assimilation
der Arbeitsmigranten sind also ihre kognitiven Kenntnisse
und Fähigkeiten die zentralen Einflußgrößen. Dies entspricht den Ausgangshypothesen.

Überraschend erscheinen eher die folgenden Details. Die
Bedeutung der Herkunftsregion und des Status des Vaters
variiert für die einzelnen Nationalitätengruppen.[62] Für
die Italiener muß ein geringer direkter Effekt von dem
ökonomischen Entwicklungsstand der Herkunftsregion auf
die strukturelle Assimilation der Bundesrepublik Deutschland konstatiert werden. D. h., die Hypothese, daß
zwischen den Variablen keine direkte Beziehung besteht,
muß hier zurückgewiesen werden.

Für die türkischen Arbeitsmigranten kann die Korrelation
zwischen dem Status des Vaters und dem Status 2 nicht
gänzlich auf indirekte Assoziationen zurückgeführt werden.
Somit muß die entsprechende Nullhypothese als nicht bestätigt gelten. Solche direkten "Spätfolgen" der Umgebung im Heimatland sind schwer erklärbar. Denkbar wären
jedoch Verknüpfungen von personalen Handlungsmustern und
Sozialisationserfahrungen im Elternhaus, die mit dem väterlichen Berufsstatus variieren.

Besonders hervorzuheben sind die starken Assoziationen
zwischen schulischer Bildung und dem beruflichen Status.
Bei denkbaren Auf- oder Abstiegsoptionen in der Statushierarchie sind formale Bildungsqualifikationen ein häufig
angewendetes Selektionskriterium. Auch die Wahrnehmung

von Umschulungs- und Weiterbildungsmöglichkeiten ist
häufig an diese gekoppelt. Freilich gilt für das analysierte Klientel eher der ungünstigere Fall: Aufstiegsmöglichkeiten können aufgrund fehlender formaler Qualifikation nicht realisiert werden. Diese Art der Reglementierung von Aufstiegsmobilität kann durchaus als
Barriere interpretiert werden, welche für Arbeitsmigranten - bedenkt man noch die geringe Vergleichbar-
keit ihrer Pflichtschulausbildung mit den entsprechenden deutschen Abschlüssen - auch bei ausgeprägter Motivation nur schwer durchbrochen werden kann. Freilich gilt
(mit Abstrichen) dies auch für un- und angelernte deutsche Arbeitnehmer. Insgesamt stellt sich die strukturelle
Assimilation (gemessen als Berufsposition), ebenso wie
die kognitive, nicht nur als Ergebnis von Handlungsoptionen
in der Bundesrepublik Deutschland dar, sondern ist zumindest partiell an personale und situationale Dispositionen, die bereits im Herkunftsland erworben wurden,
gebunden.


## 5.3 Soziale Assimilation

In diesem Kapitel soll nun abschließend die soziale Assimilation der Arbeitsmigranten betrachtet werden. Nach
dem allgemeinen Modell der Assimilation vermittelt sie
zwischen dem strukturellen und identifikativen Aspekt.
Sie ist ebenfalls nach der begrifflichen Konkretisierung
als ein relationales Merkmal zu betrachten, d. h., sie
findet ihren Ausdruck im Auf- und Ausbau von interethn-
nischen Kontakten und Bindungen. Im Gegensatz zur strukturellen Assimilation wird hier jedoch stärker das Eindringen in informelle Gruppen thematisiert bzw. wie
Eisenstadt es umschreibt, die Transformation von sekundären und primären Bezugsgruppen.[63] Die Funktionen
solcher Beziehungen sind für den weiteren Eingliede-
rungsverlauf von vielfältiger Art: "Interethni-

sche Kontakte vermitteln Lernmöglichkeiten für die
assimilationsrelevanten Fertigkeiten, Orientierungen und Situationsdeutungen. Sie geben Hinweise auf
solche Handlungen assimilativer Art, denen keine Barrieren entgegenstehen bzw. die von Wanderern sogar erwartet werden. Und sie sind schließlich auch die Voraussetzung zu persönlichen Identifikationen und Bindungen, da nur in wirklich erfolgenden Interaktionen
die Chance besteht, daß eine Stimulusgeneralisierung
bei erfolgreicher Problemlösung direkt auch auf Personen und Institutionen (und Symbolisierungen) des
Aufnahmesystems erfolgt."[64]

Als Operationalisierung der sozialen Assimilation dient
im folgenden ein Index, der sich aus drei Einzelvariablen
zusammensetzt. Es handelt sich dabei um die privaten Kontakte zu deutschen Arbeitskollegen, Kontakte zu deutschen
Nachbarn und die Anzahl von deutschen Freunden und Bekannten.[65] Somit wurden bewußt interethnische Kontakte
institutioneller und formaler Art nicht berücksichtigt,
da aus der Eingliederungsforschung bekannt ist, daß eine
assimilationsfördernde Wirkung nicht von jedweden interethnischen Beziehungen zu erwarten ist, sondern vornehmlich
von sogenannten "equal-status"-Kontakten"..., die als nicht
bedrohlich oder statusgefährdend angesehen werden..."[66]
Im Rahmen solcher Interaktionen, die von gemeinsamen Interessen und Zielvorstellungen geleitet werden, ist ein
Wechsel von Identifikationen am ehesten zu erwarten,
durch den der Assimilationsprozeß ein gewisses Endstadium erreichen kann.
Theoretisch kann der Wechsel von Bezugsgruppen als
eine Entscheidungshandlung aufgefaßt werden, die
handlungstheoretisch erklärbar ist.[67] Somit wurden
zunächst abermals die Bildung, die Rückkehrmotivation und die Aufenthaltsdauer - in der bekannten
handlungstheoretischen Interpretation - als denk-

bare Determinanten der sozialen Assimilation betrachtet und in die empirische Analyse aufgenommen.

Nach dem allgemeinen Modell der Assimilation[68] ergibt sich, daß die kognitive und strukturelle Assimilation hypothetisch in einem starken Zusammenhang zur
sozialen Assimilation stehen könnte. Dies bedeutet,
daß die entsprechenden Indikatoren, Sprachkenntnisse
und Status, bezüglich ihres Einflusses auf das interethnische Kontaktverhalten zu überprüfen sind.
Sollten sich diese Hypothesen bestätigen, so kann daraus
auch auf die empirische Haltbarkeit des allgemeinen
Assimilationsmodells geschlossen werden.

Die vorliegenden Ergebnisse der Eingliederungsforschung
verweisen weiter auf die besondere Relevanz der Segregation und der sozialen Distanz[69] für den Wechsel von Bezugsgruppen. Dabei kann die soziale Distanz als Folge der
Segregation betrachtet werden.[70] "Residenzielle Nähe von
Personen der gleichen Ethnie ... erhöhen die Neigung zu
interethnischen Interaktionen, so daß zunehmend Personen
der gleichen Kategorie miteinander verkehren, einander
kontrollieren und mit der Zeit auch soziale Distanzen
zu Personen anderer kategorialer Zugehörigkeit entwickeln,
so daß die räumliche Strukturierung einer Stadt schließlich das Muster der sozialen Distanzen der Gruppen zueinander spiegelt."[71] Somit liegt die Hypothese nahe, daß
die Segregation sowohl direkten Einfluß auf die interethnischen Kontakte hat, als auch indirekten über die
soziale Distanz. Der Grad der sozialen Assimilation müßte
sich also mit zunehmender Distanz und Segregation verringern.
Theoretisch kann die Variable "Distanz" (zu anderen Ethnien) als ein kognitives Element betrachtet werden, da
es sich um handlungsrelevante Orientierungen einer Person handelt, in denen - häufig emotional oder affektiv

überlagerte - Wertvorstellungen zum Ausdruck kommen. H.
Esser beschreibt diese Dispositionen auch als "Alltagstheorien" der handelnden Akteure, "... in denen Schlüsse
von bestimmten Merkmalen ... auf bestimmte andere Merkmale ... typisierend zusammengefaßt und mit einer ... Bewertung (anziehend, neutral, abstoßend) versehen sind."[72]
Sie sind dabei selbst wiederum in vorgängigen Handlungen
erworben, d. h., sie können u. U. Ausdruck von "Mißerfolgen" bei assimilativen Handlungen sein.

Eine der Möglichkeiten, die zur sozialen Distanzierung
von der ethnischen Majorität führt, liegt, neben der
Segregation, in perzipierten Diskriminierungen in der
Aufnahmegesellschaft. Solche Diskriminierungen, die als
Handlungsbarrieren für die Migranten zu interpretieren
sind, stellen andererseits wiederum "Alltagstheorien"
der Akteure der ethnischen Majorität dar und sind häufig Ausdruck von diffusen Berührungsängsten oder konkreten Konkurrenzbefürchtungen auf dem Arbeits- oder Wohnungsmarkt. Gelingt es den Einheimischen, solche Vorbehalte in allgemeingültige Handlungsvorschriften gegenüber den Migranten umzusetzen, die auch in juristisch
legitimierten Partizipationsbeschränkungen an bestimmten
materiellen und immateriellen Gütern münden können, dann
wird eine Assimilation in solchermaßen intraethnisch ab-
geschlossenen Handlungsfeldern ausbleiben.[73] In den race-
relation-cycles von Bogardus und Park werden solche Reaktionen der Majorität besonders anschaulich beschrieben.[74]

Für die Bundesrepublik Deutschland gilt - abgesehen von
den aufenthaltsrechtlichen Bestimmungen und deren Aus-
führungsvorschriften[75] -, daß solche offenen und juristisch legitimierten Diskriminierungen derzeit weniger
ausgeprägt sind; d. h., Vorurteile gegenüber Ausländern
sind (noch) keine soziale Norm. Die negativen, herabsetzen-
den Typisierungen von Migranten haben eher (noch) in-

dividuelle oder informelle kollektive Träger. In dieser Form sind sie aber in der Bundesrepublik <u>stark</u> ausgeprägt und damit assimilationsrelevant.
"Mehr als die Hälfte der <u>deutschen</u> Befragten halten es
z. B. für richtig, daß ausländische Arbeitnehmer zuerst
entlassen werden sollen, wenn in einem deutschen Be-
trieb Arbeitskräfte entlassen werden müssen. 46 % der
Befragten halten es für richtig, daß ausländische Arbeitnehmer die Arbeiten verrichten, die den Deutschen
zu schmutzig, zu anstrengend oder zu langweilig sind.
Etwa 10 % würden einer Benachteiligung der ausländischen
Arbeitnehmer bei der Entlohnung zustimmen."[76] Solche
Diskriminierungsabsichten gegenüber Angehörigen anderer ethnischer Herkunft sind stark von der beruflichen
Position - also von Konkurrenzbefürchtungen - abhängig.
So neigen deutsche un- und angelernte Arbeitnehmer stärker zu ethnischen Diskriminierungen als höher qualifizierte Personen.[77] Dies bedeutet jedoch nicht, daß Einheimische, die am Ende der Statushierarchie rangieren,
irgendeine "besondere Disposition" zur Vorurteilungs-
bildung aufweisen. Vielmehr stehen sie real und/oder ver-
meindlich in einer Arbeitsplatzkonkurrenz zu Migranten,
und in dieser Situation werden Vorurteile, in Ermangelung
anderer Handlungsstrategien, als Abwehrreaktionen erwartbar.[78] Vermutlich würden Angehörige der Mittel- und Ober-
schicht, in der gleichen Situation auch ähnlich reagieren.
Ethnozentristische Neigungen sind so gesehen, keineswegs
ein "Unterschichtenproblem".
Trotz dieser Diskriminierungsbereitschaft gegenüber
Ausländern ist aber - wie im Zusammenhang mit der strukturellen Assimilation dargestellt - keine faktische Benachteiligung hinsichtlich des Einkommens und der Arbeitsplatzsituation der Migranten festzustellen. Dies mag in
dem Auseinanderfallen von "privaten" Präferenzen von einheimischen Akteuren und der "öffentlichen Norm" im Aufnahmesystem liegen.[79] Es ist jedoch anzunehmen, daß die

Wahrnehmung solcher Ressentiments der ethnischen Majorität bei den ausländischen Arbeitnehmern assimilations-
hemmend wirkt.
Handlungstheoretisch formuliert: perzipierte Diskriminierungen erhöhen die Kosten für Eingliederungshandeln,
und gleichzeitig werden damit intraethnische Alternativen "günstiger". Als Variablen für die Diskriminierungserfahrungen wurden wahrgenommene Benachteiligungen
bei der Wohnungssuche, Arbeitsplatzssicherheit und bei
der Behandlung durch Behörden als Index zusammengefaßt und
in die Analyse aufgenommen.

Schließlich wurden auch die Hypothesen überprüft, daß,
wenn intraethnische Bezugsgruppen - primäre und sekun-
däre - den Aufbau von privaten freundschaftlichen Beziehungen und entsprechende Wohnungsbesuche bei und von Deutschen ablehnen, dies auch die soziale Assimilation beeinträchtigt. Dabei ist weiter anzunehmen, daß solche Bezugsgruppenbarrieren (repräsentiert durch Angehörige der Ethnie des Migranten) auch in Verbindung zur Segregation und
zur Aufenthaltsdauer stehen. Zur Aufenthaltsdauer deshalb, weil in ihr neben potentiellen Lernchancen auch
tendenziell eine Differenzierung zwischen "Pionier-" und
"Kettenwanderern" zum Ausdruck kommt.[80] Dabei haben die
Bezugsgruppenbarrieren (hypothetisch) weniger Bedeutung
für Pionierwanderer, da sie zu ihrem relativ frühen Einreisezeitpunkt nur von wenigen Personen gleicher Ethnie
umgeben waren, die solche Ressentiments gegenüber Akteuren der Aufnahmekultur hätten hegen können. Bei dieser
Gruppe von Erstwanderern kommt es somit "zwangsläufig"
zu assimilativen Handlungen, da es in der ersten Phase
ihres Aufenthalts an innerethnisch strukturierten Handlungsalternativen fehlt und Kontakte zu Deutschen die
zentrale Handlungsoption zur Vermeidung einer ausgeprägten sozialen Isolation darstellen.
Anders ist die Situation für "Kettenwanderer". Sie ha-

ben potentiell häufiger die Chance, zwischen assimilativen und nicht-assimilativen Aktionen zu wählen, da bereits eine ansehnliche Zahl von Akteuren der gleichen
kulturellen Herkunft im Aufnahmekontext verweilt, die
sich bei räumlicher Nähe als Interaktionspartner anbie-
ten. In einer solchen Situation ist dann aber auch eine
nicht-assimilative Einflußnahme auf das Handeln des Migranten durch diese Mitwanderer wahrscheinlich. Konkret
wird also vermutet, daß Bezugsgruppenbarrieren der sozialen Assimilation zum einen direkt abträglich sind, und
zum anderen über die Segregation auch indirekt den privaten Kontakt zu Deutschen vermindern können.

Ausgehend von diesen Überlegungen wurden die genannten
Variablen zunächst in eine multiple Regressionsanalyse
bzw. in verschiedene Pfadanalysen (die sich durch die
kausale Reihung der Variablen unterschieden) eingebracht.
Um die Darstellungen hier möglichst kurz zu halten, seien
abermals die "Zwischenergebnisse" dieser Analysen hier
angegeben. Als Kriterium für die Nicht-Berücksichtigung
von Variablen galt, daß die jeweiligen direkten oder indirekten kausalen Effekte unter .10 lagen. Dies gilt dann
auch für folgende Merkmale: "Rückkehrmotivation", "Status 2" bzw. "strukturelle Assimilation", "Diskriminierung",
"Segregation" und "Aufenthaltsdauer".

Somit konnte also u. a. nicht nachgewiesen werden, daß die
strukturelle Assimilation in einer direkten Verbindung zur
sozialen Assimilation steht.[81] Auch die Hypothese, welche
den faktischen Kontakt zu Deutschen in Abhängigkeit von
Diskriminierungserfahrungen sieht, kann nicht belegt werden. Dies gilt jedoch nur mit einer Einschränkung. Bei der
türkischen Population war ein sehr geringer Zusammenhang von
$p = .11$ zwischen Diskriminierungswahrnehmung und sozialer
Distanz zu verzeichnen. Dabei ist die Diskriminierung selbst
nur vom beruflichen Status abhängig, aber ebenfalls nur

in einem sehr geringen Umfang (p = -.12). Es gibt also in
der türkischen Population eine Verbindung zwischen Status
2, Diskriminierung und sozialer Distanz, die jedoch für
alle anderen Variablen im Modell irrelevant ist, d. h.,
sie liefert auch keinen Erklärungsbeitrag für die hier
zur Diskussion stehenden interethnischen privaten Kontakte. Aus diesem Grunde können die Diskriminierungserfahrungen auch im folgenden Modell der sozialen Assimilation
für die türkischen Migranten vernachlässigt werden.

Somit verbleiben als Determinanten der sozialen Assimilation fünf Merkmale: die im Herkunftsland erworbene schulische Bildung, die Deutschkenntnisse (kognitive Assimilation), Bezugsgruppenbarrieren und die soziale Distanz zu Deutschen, für die folgende Kausalstruktur
angenommen wird (Schema 14).

Schema 14: Hypothetisches Kausalmodell der sozialen
           Assimilation

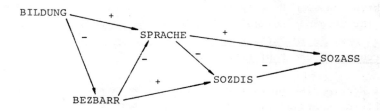

Es wird also vermutet, daß die schulische Bildung (BILDUNG)
indirekt über Sprachkenntnisse (SPRACHE), Bezugsgruppenbarrieren (BEZBARR) und soziale Distanz zu Deutschen
(SOZDIS) Einfluß auf die soziale Assimilation nimmt.
Für die Bezugsgruppenbarrieren wird vermutet, daß sie
vor allem in Verbindung mit einer geringeren Bildung
wirksam werden und dann die Sprachkenntnisse negativ
beeinflussen bzw. die soziale Distanz verstärken, also

ebenfalls indirekt den Kontakt zu Deutschen mindern.
Die Sprachkenntnisse und die soziale Distanz stehen vermutlich in direkter positiver bzw. negativer Beziehung
zu den Kontakten.
Abgesehen von der Variablen "Bildung" ist der Zeitpunkt
der Messung für alle Variablen auf den Befragungszeitpunkt bezogen. Womit sich abermals das Problem der kausalen Anordnung dieser Variablen ergibt. So wäre es denkbar, daß die Sprachkenntnisse abhängig von der sozialen
Distanz sind, d. h., es ist ein entsprechendes alternati-
ves Modell zu testen.

## 5.3.1 Determinanten des interethnischen Kontaktverhaltens

Im folgenden sollen nun die Verteilungen der Variablen
"Bezugsgruppenbarrieren", "soziale Distanz" und "sozia-
le Assimilation" für die Gesamtpopulation und für die
nationalen Subgruppen dargestellt werden.
Für die schulische Bildung (Tab. 15) und die Sprachkenntnisse (Tab. 21) erübrigt sich diese deskriptive
Analyse, da sie bereits weiter oben vorgenommen wurde.[82]
Wie bereits angedeutet, handelt es sich bei den drei
Merkmalen um Indices, die aus verschiedenen Einzelvariablen konstruiert wurden. Dem Index "BEZBARR"
liegen drei Fragen zugrunde, die das Einverständnis der
Familie bei Besuchen von Deutschen in der eigenen Wohnung, das Einverständnis der Familie zu privaten Freund-
schaften mit Deutschen und das Einverständnis von wichtigen Freunden (der gleichen Ethnie) bei privaten Freund-
schaften mit Deutschen thematisieren.[83] Als Antwort-
möglichkeiten waren jeweils "bestimmt einverstanden",
"weniger einverstanden" und "nicht einverstanden" vorgegeben.[84]
Der additive Index erfaßte einen Wertbereich von 1 bis 7,
wobei 1 keinerlei perzipierte Barrieren durch die Fami-

lie oder Freunde bedeutet, und 7 gleichzusetzen ist mit
einer starken Ablehnung in allen Dimensionen.

Tab. 35: Bezugsgruppenbarrieren

| Ablehnung von Kontakten zu Deutschen | Gesamt | | Ita. | | Jugos. | | Türk. | |
|---|---|---|---|---|---|---|---|---|
| | abs. | % | abs. | % | abs. | % | abs. | % |
| 1 | 564 | 66,4 | 208 | 72,0 | 199 | 70,3 | 157 | 56,7 |
| 2 | 89 | 10,5 | 31 | 10,7 | 29 | 10,2 | 29 | 10,5 |
| 3 | 55 | 6,5 | 20 | 6,9 | 14 | 4,9 | 21 | 7,6 |
| 4 | 71 | 8,6 | 17 | 5,9 | 26 | 9,2 | 28 | 10,1 |
| 5 | 29 | 3,4 | 6 | 2,1 | 7 | 2,5 | 16 | 5,8 |
| 6 | 17 | 2,0 | 1 | 0,3 | 3 | 1,1 | 13 | 4,7 |
| 7 | 24 | 2,6 | 6 | 2,1 | 5 | 1,8 | 13 | 4,7 |
| Summe | 849 | 100 | 289 | 100 | 283 | 100 | 277 | 100 |

1 = keinerlei Ablehnung
7 = sehr starke Ablehnung

Wie Tab. 35 zeigt, gibt es insgesamt nur wenig Vorbehalte in den ethnisch gleichen primären und sekundären Bezugsgruppen gegenüber der Kontaktaufnahme mit
Deutschen. Zwei Drittel aller Befragten nehmen weder
in Kreisen ihrer Familie noch bei ihren Freunden diesbe-
züglich irgendwelche negativen Einstellungen wahr. In
den Nationalitätengruppen ergeben sich jedoch deutliche Abweichungen.

Während bei den Italienern 72,0 % nicht die geringste
Ablehnung von Deutschen in ihrem Bezugskreis wahrnehmen,
beträgt dieser Anteil bei den Türken lediglich 56,7 %.
Die Mittelwerte auf der Skala lauten für die Italiener
1,64, für die Jugoslawen 1,75 und für die Türken 2,30.

Die Verteilungen für die Einzelvariablen, die diesem
Index zugrunde liegen, zeigen keine besonderen Abweichungen. Die Türken zeigen auf allen drei Fragen die relativ höchsten Bezugsgruppenbarrieren, die Italiener die
niedrigsten, dicht gefolgt von den Jugoslawen.

Der Index "SOZDIS" als kognitives Muster der Migranten,
welches die Neigung zur Kontaktvermeidung zu bestimmten
Personen oder Personengruppen symbolisiert, wurde aus
vier Fragestellungen konstruiert. Sie bezogen sich auf
die Bereitschaft bzw. Ablehnung von Kontakten in folgenden Dimensionen: Gespräche, Wohnungsbesuch, enge Freund-
schaft und Heirat (eines Familienmitglieds). Die Vorbehalte des Migranten wurden jeweils bezüglich Deutschen
und bezüglich Personen ethnisch gleicher Herkunft erfaßt und in Relation gesetzt.[85]
Die auf einer siebenteiligen Skala gemessene Distanz,
z. B. zu einem Wohnungsbesuch von Deutschen, wird der
Distanz zu Landsleuten gegenübergestellt. Die Differenz
aus dieser Gegenüberstellung ergab die Richtung der vorliegenden Distanz. Im folgenden Schema 15 sei dies noch
einmal demonstriert.

Schema 15: Index soziale Distanz (Beispiel Wohnungsbesuch)

| | zu Lands-leuten | zu Deut-schen | |
|---|---|---|---|
| Besuch wird begrüßt | 1 A | 1 | |
| | 2 | 2 | |
| | 3 B | 3 | Antwort Person A = Wert 3 |
| | 4 | 4 | Antwort Person B = Wert 2 |
| Besuch wird abgelehnt | 5 C | 5 | Antwort Person C = Wert 1 |
| | 6 | 6 | |
| | 7 | 7 | |

Aus dem Beispiel resultiert für das Antwortverhalten der
Person A eine Distanz zu Deutschen; ein Wohnungsbesuch
von Deutschen wird weniger begrüßt als einer von Landsleuten. Person B zeigt keine Distanz zu Deutschen, es
besteht kein ethnischer Stereotyp. Für Person C, die
einem Besuch von Deutschen positiver gegenübersteht als
einem Besuch von Personen gleicher Ethnie, kann ein positiver Stereotyp gegenüber der ethnischen Majorität angenommen werden. Die entsprechenden Werte jeder Person auf
jeder Dimension wurden addiert, was zu einem Minimalwert von 4 und einem Maximalwert von 12 führte, woraus
bei entsprechender Recodierung abermals drei Werte re-
sultieren, die (Wert 1) eine Bevorzugung von Deutschen
(positiver Stereotyp), eine ethnisch indifferente Einstellung (Wert 2) und (Wert 3) eine relative Ablehnung
von Deutschen (negativer Stereotyp) zum Ausdruck bringen. Tab. 36 zeigt die Verteilung des Index für die Gesamtpopulation und die Subpopulationen.

Tab. 36: Soziale Distanz

| Soziale Distanz | Gesamt abs. | % | Ita. abs. | % | Jugos. abs. | % | Türk. abs. | % |
|---|---|---|---|---|---|---|---|---|
| 1. Bevorzugung von Deut-schen | 78 | 9,7 | 20 | 7,1 | 41 | 15,8 | 17 | 6,4 |
| 2. ethnisch-neutrale Haltung | 472 | 58,9 | 191 | 68,0 | 154 | 59,2 | 127 | 48,8 |
| 3. Bevorzugung der eigenen Ethnie | 251 | 31,4 | 70 | 24,9 | 65 | 25,0 | 116 | 44,6 |
| Summe | 801 | 100 | 281 | 100 | 260 | 100 | 260 | 100 |

Insgesamt haben rund 60 % aller Befragten keinerlei ethnische Kontaktpräferenzen. Etwa 30 % hegen jedoch Vorbehalte gegenüber Deutschen und 10 % wiederum weisen eine po-
sitivere Einstellung zu Personen des Aufnahmelandes auf
als zur eigenen Ethnie. Die soziale Distanz zu Deutschen
ist in den Subgruppen am stärksten bei den Türken ($\bar{x}$=2,38)
ausgeprägt. Es folgen mit einer geringeren durchschnittlichen Distanz die Italiener ($\bar{x}$=2,17) und die Jugoslawen
($\bar{x}$=2,09).

Die Verteilungen in den Einzelvariablen erbringen keine
großen Unterschiede, bei allen Indikatoren zeigen die
Türken eine 10 bis 15 % höhere Besetzung der Variablenausprägung "Bevorzugung der eigenen Ethnie". In bezug auf
die Möglichkeit einer Heirat mit Deutschen ist die Differenz jedoch erheblich größer. Während einer solchen interethnischen Heirat in der eigenen Familie 39,0 % der Italiener und 42,0 % der Jugoslawen ablehnend gegenüberstehen,
sind es bei den Türken 69,0 %. Da eine Heirat nicht nur
einen juristischen Akt darstellt, sondern auch stark von
einem religiösen Aspekt geprägt ist, könnte an diesem
Punkt die islamische Religionszugehörigkeit der Türken
eine Rolle spielen und diese Differenz teilweise bedingen.

Faßt man die genannten Merkmale und ihre durchschnittliche
Ausprägung in den Subgruppen zusammen, so ergibt sich folgendes Bild (Tab. 37).

Tab. 37: Voraussetzungen für die soziale Assimilation
         nach Mittelwerten in den Subgruppen*

| Konstrukt | Indikator | Ita. | Jugos. | Türk. |
|-----------|-----------|------|--------|-------|
| Kognition | Bildung | 3 | 1 | 2 |
| | Sprache | 2 | 1 | 3 |
| | soziale Distanz | 2 | 1 | 3 |
| Barrieren | Bezugs-gruppen-barrieren | 1 | 2 | 3 |

* Zu Interpretation siehe Tab. 20.

Die Gruppe der jugoslawischen Migranten besetzt bei
den drei Kognitionsindikatoren jeweils den ersten Rangplatz, d. h., der Durchschnittswert der entsprechenden
Variablen ist bei ihnen am höchsten. Dies gilt auch in
bezug auf die kognitive Assimilation (Tab. 20) und strukturelle Assimilation (Tab. 29). Insgesamt weniger günstig sind die Durchschnittswerte der Italiener, und am
schlechtesten sind die kognitiven und situativen Voraussetzungen bei den Türken, die dreimal den dritten Rangplatz und nur einmal den zweiten belegen.

Entsprechend sieht die Verteilung für die soziale Assimilation aus. Ihr liegt ebenfalls ein Index zugrunde, der
die Anzahl der Personen, mit denen die Befragten in häu-
figem, persönlichem, privatem Kontakt stehen, wiedergibt.
Dabei wurden diese Kontakte für drei Personenkreise getrennt erhoben: für deutsche Arbeitskollegen, Deutsche
aus der Nachbarschaft und für Deutsche außerhalb der Nachbarschaft. Für den Index "SOZASS" wurde jeweils zunächst
dichotomisiert: keine deutschen Kontaktpersonen (Wert =
1, Kontaktpersonen vorhanden Wert = 2) und dann additiv
zusammengefaßt. So ergab sich ein Minimalwert von 3, der
keinerlei deutsche Kontaktpersonen zum Ausdruck bringt und
ein Maximalwert von 6, der für Kontaktpersonen in allen
drei Bereichen steht. Die Verteilung, die sich nach einer
weitere Umcodierung[87] ergab, zeigt Tab. 38.

Tab. 38: Soziale Assimilation (deutsche Kontaktpersonen)

| Soziale Assimilation | Gesamt abs. | % | Ita. abs. | % | Jugos. abs. | % | Türk. abs. | % |
|---|---|---|---|---|---|---|---|---|
| keine Ass. | 144 | 18,7 | 67 | 26,8 | 36 | 14,0 | 41 | 15,7 |
| mittlere Ass. | 456 | 59,3 | 154 | 61,6 | 138 | 53,5 | 164 | 52,8 |
| hohe Ass. | 169 | 22,0 | 26 | 11,6 | 84 | 32,6 | 56 | 21,5 |
| Summe | 769 | 100 | 247 | 100 | 258 | 100 | 261 | 100 |

Demnach haben 32,6 % der Jugoslawen in hohem Maße die soziale Assimilation vollzogen. Sie haben intensive, persönliche Kontakte zu Deutschen in und außerhalb der Nachbarschaft und zu deutschen Arbeitskollegen. Lediglich 14,0 %
von ihnen pflegen keinerlei Beziehungen zu deutschen Personen. Im Gegensatz zu Ergebnissen von Tab. 37, nach denen
die italienischen Migranten die soziale Assimilation am
zweitstärksten vollzogen haben müßten, erscheinen die Türken auf dieser Position. Nur 15,7 % der türkischen Befragten geben an, mit keinen Personen der Aufnahmegesellschaft
häufig auf privater Ebene zu interagieren. Hingegen beträgt der entsprechende Anteil bei den Italienern 26,8 %.
Die Differenzen zwischen den Subgruppen verdeutlichen auch
die entsprechenden Mittelwerte. Sie betragen für Jugoslawen
2,19, für Türken 2,05 und für Italiener 1,85. Dies läßt
abermals die Auffassung, das "Ausländerproblem" sei ein
"Türkenproblem", sehr fragwürdig erscheinen.[88]
Denn sowohl in der strukturellen als auch in der sozialen
Assimilation erscheinen die Türken besser eingegliedert
als die Italiener und dies, obwohl ihre kognitiven, motivationalen und umgebungsbezogenen Merkmale durchschnittlich häufig ungünstigere Werte aufweisen als die der italienischen Migranten.

## 5.3.2 Die Kausalstruktur der sozialen Assimilation

Das Modell für die soziale Assimilation (Schema 16) weicht
in zwei Punkten von den vorgetragenen Hypothesen ab. Erstens besteht keine direkte Verbindung zwischen den Sprachkenntnissen und der sozialen Distanz, und zweitens hat die
Bildung der Migranten einen direkten Einfluß auf die Anzahl der Kontaktpersonen in den verschiedenen Lebensbereichen. Damit erweisen sich die kognitiven Merkmale der
Migranten für alle drei hier diskutierten Assimilationsaspekte von hoher Bedeutung.[89] Nicht nur die Sprachkennt-

Schema 16: Modell der sozialen Assimilation
(Gesamtpopulation)

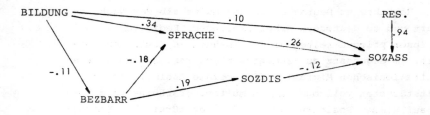

Tab. 39: Effektzerlegung der sozialen Assimilation

| dep. Var. | indep. Var. | Rb | Re | dir. | indir. Effects | total | ncaus. | Rb-Re | R |
|---|---|---|---|---|---|---|---|---|---|
| SOZASS | SOZDIS | -.16 | -.16 | -.12 | +.00 | -.12 | -.04 | -.00 | |
| | SPRACHE | +.31 | +.31 | +.26 | +.00 | +.26 | +.05 | +.00 | |
| | BEZBARR | -.15 | -.09 | - | -.07 | -.07 | -.02 | -.06 | |
| | BILDUNG | +.20 | +.20 | +.10 | +.09 | +.20 | +.00 | +.00 | |
| | | | | | | | | | +.34 |
| SOZDIS | SPRACHE | -.12 | -.04 | - | +.00 | +.00 | -.04 | -.08 | |
| | BEZBARR | +.19 | +.19 | +.19 | +.00 | +.19 | +.00 | +.00 | |
| | BILDUNG | -.05 | -.02 | - | -.02 | -.02 | +.00 | -.03 | |
| | | | | | | | | | +.19 |
| SPRACHE | BEZBARR | -.22 | -.22 | -.18 | +.00 | -.18 | -.04 | +.00 | |
| | BILDUNG | +.35 | +.35 | +.34 | +.02 | +.35 | +.00 | -.00 | |
| | | | | | | | | | +.40 |
| BEZBARR | BILDUNG | -.11 | -.11 | -.11 | +.00 | -.11 | +.00 | +.00 | |
| | | | | | | | | | +.11 |

nisse und der Berufsstatus werden von ihnen determiniert, sondern auch die soziale Eingliederung. Daß der Einfluß der Bildung nicht nur - wie vermutet - über die Sprach-fertigkeiten auf das Kontaktverhalten hinwirkt, kann so interpretiert werden, daß mit steigender schulischer Qua-lifikation neben dem formalen Wissensstandard, der Lern-flexibilität und dem Situationsbeurteilungsvermögen auch die "Kommunikationsfähigkeit" in Situationen, die durch das Versagen der in der Herkunftsgesellschaft funktionie-renden Handlungsrezepte gekennzeichnet sind, ansteigt und sich auf die interethnische Kommunikation positiv auswirkt. Leider kann hier nicht zwischen den verschie-denen Aspekten der Kognition und deren vielleicht unter-schiedlichen Auswirkungen differenziert werden. Die Be-deutung dieses Konstruktes, welches ja hier nur mit Hilfe des "groben" Indikators "Bildung" erfaßt werden konnte, ist aber unübersehbar und bedürfte einer tiefergehenden Analyse, in der dann auch exakter zwischen Kognition, Attribuierungsgewohnheiten und Widerständen zu unter-scheiden wäre. [90)]

Auf die Relevanz der Bildung weist auch die Verbindung "BILDUNG-BEZBARR-SOZDIS" hin. Personen mit geringer schu-lischer Qualifikation unterliegen innerhalb der eigenen Familie offenbar größeren Bezugsgruppenbarrieren gegen-über Deutschen, wodurch die persönliche soziale Distanz ansteigt, welche wiederum die soziale Assimilation nega-tiv beeinflußt. Daß die Sprachkenntnisse die sozialen Bindungen zu Einheimischen begünstigen, entspricht den theoretischen Erwartungen und ist auch inhaltlich nicht erläuterungsbedürftig; sie sind als Medium der Kommuni-kation unabdingbar. Die Frage nach der kausalen Reihung der beiden Indikatoren "SPRACHE" und "SOZDIS" erweist sich in dem Modell für die Gesamtpopulation als gegenstandslos, da keine Verbindung zwischen ihnen besteht, d. h., die Beherrschung der deutschen Sprache hat keinerlei Bedeutung für Vorbehalte gegenüber Personen anderer ethnischer Herkunft. Betrachtet man den relativen Einfluß der vier Variablen bezüglich sozialer Assimilation, so weisen die Sprachkenntnisse den höchsten Erklärungswert auf, es folgen die soziale Distanz und die Bildung, diese jedoch auch mit beträchtlichen indirekten kausalen Einflüssen. Die insgesamt erklärte Varianz der endogenen Variablen beträgt rund 14 %, dies ist deutlich weniger als in den entsprechenden Modellen für die kognitive Assimilation (Schema 5) und die strukturelle Assimilation (Schema 10), aber doch noch ein akzeptabler Anteil.

### 5.3.3 Kausalstruktur der sozialen Assimilation in den Subgruppen

Die Analyse der kausalen Abhängigkeit des Kontaktverhaltens in den Subgruppen zeigt für die italienischen Migranten (Schema 17), daß die soziale Distanz in dieser Gruppe keinen Beitrag zur Erklärung liefert. Wie Tab. 40 verdeutlicht, können die (geringeren) Korrelationen dieser Variable mit den anderen Modellvariablen nicht als direkte oder indirekte kausale Effekte spezifiziert werden. Somit haben die positiven bzw. negativen Einstellungsstereotypen für den privaten Kontakt zu Deutschen keine Relevanz, und weiter sind sie nicht von den familiären Bezugsgruppenbarrieren gegenüber Deutschen abhängig. Auch die Deutschkenntnisse bedingen sie nicht, was dazu führt, daß die soziale Distanz (der Italiener gegenüber den Deutschen) aus dem Modell eliminiert werden konnte.

Trotzdem sind auch hier die interethnischen Kontakte von zwei "gegensätzlichen" Wirkungsmechanismen abhängig. Die Bildung determiniert ausgeprägt die Sprachkenntnisse und diese wiederum direkt die soziale Assimilation. Zum an-

deren steht eine ausgeprägte schulische Bildung in einem negativen Bezug zur Wahrnehmung von Vorbehalten gegenüber der
ethnischen Majorität durch die familiäre Umgebung, die dann
selbst eine negative Verbindung zu der endogenen Variablen
aufweist. Die größte Erklärungskraft für das Kontaktverhalten der Italiener kommt dabei zweifellos den Sprachkenntnissen zu. Dies gilt - bei Betrachtung der direkten kausalen Effekte bezüglich der sozialen Assimilation - auch für
alle anderen untersuchten Nationalitätsgruppen. Mit zunehmender Beherrschung der deutschen Sprache nehmen auch die
interethnischen Kontakte zu. Mit ca. 14,5 % erklärtem Varianzanteil steht das Modell in seinem Erklärungswert
zwischen dem Modell für die beiden anderen Subgruppen, wobei jedoch sein Informationsgehalt aufgrund der hohen Mo-
dellrestriktivität ausgesprochen groß ist.

Das Pfadmodell für die jugoslawischen Migranten, welche
mit über 16 % erklärter Varianz in der endogenen Variablen die ausgeprägteste Erklärungskraft hat, zeigt, daß
alle vier exogenen bzw. intervenierenden Variablen in
einer direkten Beziehung zur sozialen Assimilation stehen.
Die Sprache besitzt, wie in den anderen Kausalmodellen,
die relativ stärkste direkte Erklärungskraft für das
Kontaktverhalten. Die totalen kausalen Effekte, die von
der Bildung (.25) und der Sprache (.20) ausgehen, sind
geringfügig höher zu bewerten als die von "BEZBARR" (.22)
und "SOZDIS" (-.17). Die in den intraethnischen Bezugsgruppen wahrgenommenen Vorbehalte gegenüber interethnischen Beziehungen wirken dabei sowohl direkt (wie auch
bei den Italienern) als auch indirekt negativ auf das
Kontaktverhalten der jugoslawischen Migranten ein. Besonders hervorzuheben ist in diesem Modell die Variable
"Bildung", die in dieser Subgruppe auch durchschnittlich
am stärksten ausgeprägt war (Tab. 15). Sie hat einen direkten kausalen Einfluß auf alle anderen Variablen im

<u>Schema 17:</u> Modell der sozialen Assimilation für ita-
        lienische Migranten

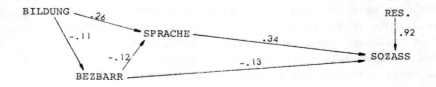

<u>Tab. 40:</u> Effektzerlegung der sozialen Assimilation für
        italienische Migranten

| dep. Var. | indep. Var. | Rb | Re | dir. | indir. total Effects | | ncaus. | Rb-Re | R |
|---|---|---|---|---|---|---|---|---|---|
| SOZASS | SOZDIS | -.05 | -.03 | - | +.00 | +.00 | -.03 | -.02 | |
| | SPRACHE | +.35 | +.35 | +.34 | +.00 | +.34 | +.02 | -.00 | |
| | BEZBARR | -.18 | -.18 | -.13 | -.04 | -.17 | -.01 | +.00 | |
| | BILDUNG | +.12 | +.11 | - | +.11 | +.11 | +.00 | +.02 | |
| | | | | | | | | | +.38 |
| SOZDIS | SPRACHE | -.07 | +.00 | - | +.00 | +.00 | +.00 | -.07 | |
| | BEZBARR | +.06 | +.00 | - | +.00 | +.00 | +.00 | +.06 | |
| | BILDUNG | +.01 | +.00 | - | +.00 | +.00 | +.00 | +.01 | |
| | | | | | | | | | +.00 |
| SPRACHE | BEZBARR | -.14 | -.14 | -.12 | +.00 | -.12 | -.03 | +.00 | |
| | BILDUNG | +.28 | +.28 | +.26 | +.01 | +.28 | +.00 | +.00 | |
| | | | | | | | | | +.30 |
| BEZBARR | BILDUNG | -.11 | -.11 | -.11 | +.00 | -.11 | +.00 | +.00 | |
| | | | | | | | | | +.11 |

Modell - außer auf die soziale Distanz, mit welcher sie
nur indirekt in Relation steht. Entsprechend ist ihr to-
taler kausaler Effekt auf die soziale Assimilation mit .25
am größten. Mit anderen Worten, eine ausgeprägte Kognition bei den
Migranten fördert die soziale Assimilation direkt, indem
mit ihr eine gesteigerte "Kommunikationskompetenz" verbunden ist, sie beschleunigt den Spracherwerb und sie verringert die perzipierten Bezugsgruppenbarrieren gegenüber
Personen der Aufnahmegesellschaft.

Die soziale Assimilation, die bei der türkischen Subgruppe nach der jugoslawischen am weitesten vollzogen
ist (Tab. 38), kann für die türkischen Migranten nur zu
9 % erklärt werden. Der entsprechende Residualpfadkoeffi-
zient mit einem Wert von .95 symbolisiert die hohe Bedeutung von Variablen, die im Modell nicht berücksichtigt
werden konnten (Schema 19). Wie bei den italienischen Migranten hat die Variable "Bildung" keinen direkten Effekt
auf die interethnische Kommunikation, sondern wirkt nur
über die Sprachkenntnisse indirekt auf diese ein.[91]
Als eine Besonderheit, die nur für die türkische Population gültig ist, erweist sich das Fehlen einer Verbindung zwischen der Bildung und den wahrgenommenen
Bezugsgruppenbarrieren. Die Korrelation von -.09 kann
nicht als kausaler Effekt spezifiziert werden und ist nach
den Kriterien der Pfadanalyse vernachlässigbar.[92]

Somit erscheinen in diesem Modell zwei exogene Variablen, wobei jedoch die Determiniertheit der schulischen
Qualifikation bereits im Zusammenhang mit der strukturellen Assimilation diskutiert wurde.[93] Inhaltlich bedeutet dies, daß die Vorbehalte der primären und sekundären ethnischen Bezugsgruppen gegenüber Deutschen von türkischen Migranten ohne Unterschied in ihren schulischen
Qualifikationen perzipiert werden.

Schema 18: Modell der sozialen Assimilation für
jugoslawische Migranten

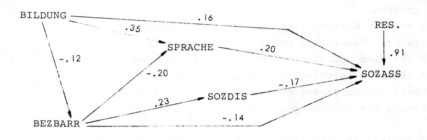

Tab. 41: Effektzerlegung der sozialen Assimilation für
jugoslawische Migranten

| dep. Var. | indep. Var. | Rb | Re | dir. | indir. Effects | total | ncaus. | Rb-Re | R |
|---|---|---|---|---|---|---|---|---|---|
| SOZASS | SOZDIS | -.21 | -.21 | -.17 | +.00 | -.17 | -.04 | +.00 | |
| | SPRACHE | +.29 | +.29 | +.20 | +.00 | +.20 | +.09 | -.00 | |
| | BEZBARR | -.24 | -.24 | -.14 | -.08 | -.22 | -.03 | +.00 | |
| | BILDUNG | +.26 | +.26 | +.16 | +.09 | +.25 | +.00 | -.00 | |
| | | | | | | | | | +.41 |
| SOZDIS | SPRACHE | +.00 | -.05 | - | +.00 | +.00 | -.05 | +.05 | |
| | BEZBARR | +.23 | +.23 | +.23 | +.00 | +.23 | +.00 | +.00 | |
| | BILDUNG | -.05 | -.03 | - | -.03 | -.03 | +.00 | -.02 | |
| | | | | | | | | | +.23 |
| SPRACHE | BEZBARR | -.24 | -.24 | -.20 | +.00 | -.20 | -.04 | +.00 | |
| | BILDUNG | +.37 | +.37 | +.35 | +.02 | +.37 | +.00 | -.00 | |
| | | | | | | | | | +.42 |
| BEZBARR | BILDUNG | -.12 | -.12 | -.12 | +.00 | -.12 | +.00 | +.00 | |
| | | | | | | | | | +.12 |

Die größte Bedeutung für die soziale Assimilation haben auch in dieser Subgruppe die Deutschkenntnisse, es folgen mit deutlichem Abstand in ihrer Erklärungskraft die soziale Distanz und die Schulbildung. Die Sprachkenntnisse sind dabei in zweifacher Weise wirksam. Neben ihrem direkten Einfluß auf die soziale Assimilation vermindern sie auch die soziale Distanz gegenüber Deutschen. Die Stellung dieser beiden Merkmale und auch die Relation der sozialen Distanz zu ihnen ist dabei jedoch theoretisch auch in einer anderen als der vorgenommenen Reihung plausibel. Denkbar wäre z. B., daß die soziale Distanz die Sprachkenntnisse negativ beeinflußt und hiervon die soziale Assimilation abhängig ist; oder aber auch eine Anordnung, welche die Deutschkenntnisse als endogene Variable betrachtet, die dann von den beiden anderen Variablen abhängig wäre. Der "Test" eines solchen Dreivariablenmodells erübrigt sich jedoch, da die entscheidende Voraussetzung - eine Überidentifikation - nicht gegeben ist. In einem vollidentifizierten (Teil-)Modell bleiben die hier vorgestellten Pfadkoeffizienten identisch, es ist also in diesem Fall nicht möglich, mit Hilfe der Pfadanalyse eine statistisch effizientere Variablenreihung zu bestimmen.[94]

Inhaltlich liegt bei der Analyse der Beziehungen zwischen Sprache, sozialer Distanz und sozialer Assimilation die Vermutung nahe, daß es sich hier um "interdependente" Zusammenhänge handelt. Genauer: ganz im Sinne der Handlungstheorie und ihres spezifischen Erklärungstyps, der genetischen Erklärung,[95] ist davon auszugehen, daß die Handlung zum Zeitpunkt $t_0$ in ihrem Ergebnis die Handlung zum Zeitpunkt $t_1$ beeinflußt; je nach Zielerreichung bzw. Erfolg oder Zielverfehlung bzw. Mißerfolg wird eine bestimmte Handlungstendenz verstärkt oder abgeschwächt.[96] Diese Prozeßhaftigkeit des Handelns kann mit Hilfe von Pfadanalysen, die auf Querschnittsdaten beruhen, auch nur in rudimentärer Art verdeutlicht werden.

Schema 19: Modell der sozialen Assimilation für türkische Migranten

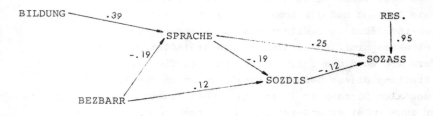

Tab. 42: Effektzerlegung der sozialen Assimilation für türkische Migranten

| dep. Var. | indep. Var. | Rb | Re | dir. | indir. total Effects | | ncaus. | Rb-Re | R |
|---|---|---|---|---|---|---|---|---|---|
| SOZASS | SOZDIS | -.17 | -.17 | -.12 | +.00 | -.12 | -.05 | +.00 | |
| | SPRACHE | +.28 | +.28 | +.25 | +.02 | +.27 | +.00 | -.00 | |
| | BEZBARR | -.13 | -.08 | - | -.07 | -.07 | -.01 | -.05 | |
| | BILDUNG | +.06 | +.11 | - | +.11 | +.11 | +.00 | -.05 | |
| | | | | | | | | | +.30 |
| SOZDIS | SPRACHE | -.22 | -.22 | -.19 | +.00 | -.19 | -.03 | -.00 | |
| | BEZBARR | +.17 | +.17 | +.12 | +.04 | +.16 | +.01 | +.00 | |
| | BILDUNG | -.06 | -.09 | - | -.07 | -.07 | -.01 | +.03 | |
| | | | | | | | | | +.25 |
| SPRACHE | BEZBARR | -.23 | -.23 | -.19 | +.00 | -.19 | -.04 | +.00 | |
| | BILDUNG | +.41 | +.41 | +.39 | +.00 | +.39 | +.02 | +.00 | |
| | | | | | | | | | +.45 |
| BEZBARR | BILDUNG | -.09 | +.00 | - | +.00 | +.00 | +.00 | -.09 | |
| | | | | | | | | | +.00 |

Resümiere man an dieser Stelle die Resultate zur Analyse der sozialen Assimilation, so kann zunächst festgehalten werden, daß in allen Subgruppen die Variablen
"BILDUNG" und "SPRACHE" (bzw. kognitive Assimilation),
die zum Konstrukt "Kognition" zuzuordnen sind, von zentraler Bedeutung für das interethnische Kontaktverhalten
der Migranten sind.
Die Unterschiede in den Kausalstrukturen für die Submodelle kommen im wesentlichen durch die differente Be-
deutsamkeit der sozialen Distanz zustande. Während sie
in dem Modell für die italienischen Befragten eliminiert werden kann, da sie in keiner Relation zu den anderen Merkmalen steht, spielt sie für die Kommunikation
zwischen Türken sowie Jugoslawen und Deutschen doch
eine wichtige Rolle. Die Erklärungskraft des Gesamt-
modells und der Submodelle liegt deutlich unter denen
der Kausalmodellen für die kognitive und strukturelle
Assimilation. Während dort teilweise ca. 60 % (Schema
12) der Varianz in der endogenen Variable erklärt werden
konnte, lag hier der beste Wert bei annähernd 16 %
(Schema 18).

Ebenso wichtig wie diese Information ist freilich die
Tatsache, daß einige Hypothesen, die fast schon zum
"Standardwissen" der Wanderungssoziologie gehören,
nicht bestätigt werden konnten. Dazu gehören die Falsifikation der Hypothesen, die dem Segregationsgrad und der
Berufsposition direkten Einfluß auf die soziale Assimilation zuschreiben.[97] Im folgenden Abschnitt der Analyse, in dem das Zusammenwirken der drei Assimilationsaspekte und ihrer wichtigsten Determinanten dargestellt
wird, ist auf dieses Partialergebnis der Analyse nochmals zurückzukommen.

## 5.4 Das Verhältnis von kognitiver, struktureller und sozialer Assimilation

In diesem Teil der Analyse soll nun geprüft werden, wie der Zusammenhang zwischen den verschiedenen Assimilationsdimensionen gestaltet ist. In Kap. 4.2 wurde im Anschluß an H. Esser ein allgemeines Modell der Assimilation postuliert (Schema 3), welches hypothetisch eine kausale Abfolge von kognitiver, struktureller, sozialer und identifikativer Eingliederung behauptet, wobei die vier Konstrukte in der genannten Reihenfolge direkt kausal verbunden sind. Da hier der Aspekt der identifikativen Assimilation nicht analysiert wird, beschränkt sich die Fragestellung auf das Verhältnis der drei erstgenannten Dimensionen der Eingliederung.

In diesem Test der Kausalstruktur werden nicht nur die drei Indikatoren "STATUS 2", "SPRACHE" und "SOZASS" einbezogen, sondern auch deren zentrale Determinanten, so daß in folgendem Modell insgesamt elf Variablen erscheinen, die einen Einblick in die Gesamtstruktur des Prozesses ermöglichen und die in den vorgängigen Einzelanalysen vollzogene analytische Differenzierung zwischen den verschiedenen Bereichen aufheben. Nicht mehr berücksichtigt wurden die Merkmale "REGION", "STATUSVA" und "STATUSHE" als Faktoren, welche auf die Situation im Herkunftsland verweisen und deren Wichtigkeit für die strukturelle Assimilation bereits erörtert wurde.[98]

Dies geschah vor allem deshalb, weil sich keinerlei neue Aspekte für das Zusammenwirken der drei Assimilationsdimensionen durch ihre Einbeziehung in den Modelltest ergeben, d. h., für die strukturelle Eingliederung sind sie von Bedeutung, für die kognitive und soziale jedoch kaum.[99] Weiter kann damit die Analyse übersichtlicher gehalten werden, ohne daß ein Informationsverlust eintritt.

Schema 20: Gesamtmodell der Eingliederung

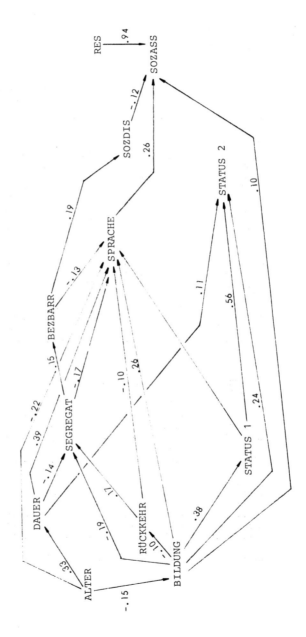

Tab. 43: Effektzerlegung für das Gesamtmodell der Eingliederung

| dep. Var. | indep. Var. | Rb | Re | dir. | indir. Effects | total | ncaus. | Rb-Re | R |
|---|---|---|---|---|---|---|---|---|---|
| SOZASS | SOZDIS | -.16 | -.16 | -.12 | +.00 | -.12 | -.04 | -.00 | |
| | STATUS2 | +.18 | +.12 | - | +.00 | +.00 | +.12 | +.06 | |
| | SPRACHE | +.31 | +.31 | +.26 | +.00 | +.26 | +.05 | +.00 | |
| | BEZBARR | -.15 | -.09 | - | -.06 | -.06 | -.03 | -.06 | |
| | SEGREGAT | -.09 | -.12 | - | -.05 | -.05 | -.07 | +.02 | |
| | DAUER | +.11 | +.08 | - | +.11 | +.11 | -.03 | +.03 | |
| | STATUS1 | +.17 | +.10 | - | +.02 | +.02 | +.07 | +.07 | |
| | RUECKKEHR | -.01 | -.07 | - | -.03 | -.03 | -.04 | +.06 | |
| | BILDUNG | +.20 | +.20 | +.10 | +.09 | +.19 | +.01 | +.00 | |
| | ALTER | +.00 | -.05 | - | -.05 | -.05 | -.00 | +.05 | |
| | | | | | | | | | +.34 |
| SOZDIS | STATUS2 | -.08 | -.01 | - | +.00 | +.00 | -.01 | -.07 | |
| | SPRACHE | -.12 | -.04 | - | +.00 | +.00 | -.04 | -.08 | |
| | BEZBARR | +.19 | +.19 | +.19 | +.00 | +.19 | +.00 | +.00 | |
| | SEGREGAT | +.11 | +.03 | - | +.03 | +.03 | +.00 | +.08 | |
| | DAUER | -.07 | -.01 | - | -.00 | -.00 | -.01 | -.06 | |
| | STATUS1 | -.08 | -.00 | - | +.00 | +.00 | -.00 | -.08 | |
| | RUECKKEHR | +.09 | +.00 | - | +.00 | +.00 | -.00 | +.09 | |
| | BILDUNG | -.05 | -.02 | - | -.01 | -.01 | -.01 | -.03 | |
| | ALTER | -.03 | +.00 | - | -.00 | -.00 | +.01 | -.03 | |
| | | | | | | | | | +.19 |
| STATUS2 | SPRACHE | +.27 | +.23 | - | +.00 | +.00 | +.23 | +.04 | |
| | BEZBARR | -.06 | -.04 | - | +.00 | +.00 | -.04 | -.02 | |
| | SEGREGAT | -.12 | -.11 | - | +.00 | +.00 | -.11 | -.01 | |
| | DAUER | +.05 | +.05 | +.11 | +.00 | +.11 | -.06 | +.00 | |
| | STATUS1 | +.65 | +.65 | +.56 | +.00 | +.56 | +.08 | +.00 | |
| | RUECKKEHR | -.10 | -.04 | - | +.00 | +.00 | -.04 | -.06 | |
| | BILDUNG | +.45 | +.45 | +.24 | +.22 | +.46 | -.01 | +.00 | |
| | ALTER | +.00 | -.01 | - | -.03 | -.03 | +.02 | +.01 | |
| | | | | | | | | | +.69 |
| SPRACHE | BEZBARR | -.22 | -.22 | -.13 | +.00 | -.13 | -.09 | +.00 | |
| | SEGREGAT | -.32 | -.32 | -.17 | -.02 | -.19 | -.14 | +.00 | |
| | DAUER | +.32 | +.32 | +.39 | +.03 | +.41 | -.10 | +.00 | |
| | STATUS1 | +.19 | +.19 | +.10 | +.00 | +.10 | +.09 | -.00 | |
| | RUECKKEHR | -.20 | -.20 | -.10 | -.03 | -.13 | -.06 | -.00 | |
| | BILDUNG | +.35 | +.35 | +.26 | +.09 | +.35 | +.01 | -.00 | |
| | ALTER | -.15 | -.15 | -.22 | +.09 | -.13 | -.02 | +.00 | |
| | | | | | | | | | +.61 |

(Fortsetzung Tab. 43)

| | | | | | | | | |
|---|---|---|---|---|---|---|---|---|
| BEZBARR | SEGREGAT | +.15 | +.15 | +.15 | +.00 | +.15 | +.00 | +.00 |
| | DAUER | -.07 | -.02 | - | -.02 | -.02 | +.00 | -.05 |
| | STATUS1 | -.02 | -.01 | - | +.00 | +.00 | -.01 | -.00 |
| | RUECKKEHR | +.01 | +.03 | - | +.02 | +.02 | +.00 | -.02 |
| | BILDUNG | -.11 | -.03 | - | -.03 | -.03 | +.00 | -.08 |
| | ALTER | +.02 | +.01 | - | -.00 | -.00 | +.01 | +.02 |

+.15

| | | | | | | | | |
|---|---|---|---|---|---|---|---|---|
| SEGREGAT | DAUER | -.13 | -.13 | -.14 | +.00 | -.14 | +.01 | +.00 |
| | STATUS1 | -.08 | -.07 | - | +.00 | +.00 | -.07 | -.02 |
| | RUECKKEHR | +.19 | +.19 | +.17 | +.00 | +.17 | +.02 | -.00 |
| | BILDUNG | -.20 | -.20 | -.19 | -.02 | -.21 | +.01 | +.00 |
| | ALTER | +.04 | -.00 | - | -.02 | -.02 | +.02 | +.04 |

+.30

| | | | | | | | | |
|---|---|---|---|---|---|---|---|---|
| DAUER | STATUS1 | -.07 | -.00 | - | +.00 | +.00 | -.00 | -.07 |
| | RUECKKEHR | -.02 | +.04 | - | +.00 | +.00 | +.04 | -.06 |
| | BILDUNG | -.09 | -.05 | - | +.00 | +.00 | -.05 | -.04 |
| | ALTER | +.33 | +.33 | +.33 | +.00 | +.33 | +.00 | +.00 |

+.33

| | | | | | | | | |
|---|---|---|---|---|---|---|---|---|
| STATUS1 | RUECKKEHR | -.02 | -.04 | - | +.00 | +.00 | -.04 | +.02 |
| | BILDUNG | +.38 | +.38 | +.38 | +.00 | +.38 | +.00 | +.00 |
| | ALTER | -.01 | -.06 | - | -.06 | -.06 | +.00 | +.04 |

+.38

| | | | | | | | | |
|---|---|---|---|---|---|---|---|---|
| RUECKKEHR | BILDUNG | -.10 | -.10 | -.10 | +.00 | -.10 | +.00 | +.00 |
| | ALTER | +.11 | +.02 | - | +.02 | +.02 | +.00 | +.09 |

+.10

| | | | | | | | | |
|---|---|---|---|---|---|---|---|---|
| BILDUNG | ALTER | -.15 | -.15 | -.15 | +.00 | -.15 | +.00 | +.00 |

+.15

Verzichtet werden kann auch auf die Differenzierung nach den Nationalitätengruppen, da sich - wie gezeigt wurde - hinsichtlich der Strukturen des Assimilationsprozesses keine bedeutenden Unterschiede ergeben, also die Eingliederungsmechanismen nur in geringem Maße nach der Ethnie variieren.

Was nun die zentrale Frage der gegenseitigen Abhängigkeit der drei Assimilationsaspekte betrifft, so zeigt das Modell (Schema 20) nochmals, daß die soziale Assimilation direkt von der kognitiven abhängig ist. Dagegen hat die strukturelle Eingliederung keine direkten Auswirkungen auf das interethnische Kontaktverhalten der Migranten und ist ihrerseits auch nicht von den deutschen Sprachkenntnissen abhängig. Diese relativ isolierte Stellung der Variablen "STATUS 2", die nicht mit den Annahmen im allgemeinen Modell übereinstimmt, mag sich vielleicht daraus ergeben, daß die sprachlichen Fertigkeiten der Migranten für die Berufsposition nur insofern wichtig sind, als damit den un- und angelernten ausländischen Arbeitnehmern (hierum handelt es sich ja in den allermeisten Fällen) die Möglichkeit einer gewissen "Mobilität" innerhalb dieser Statuskategorie geboten wird. Mit anderen Worten: ein Zuwachs an Deutschkenntnissen kann dazu führen, daß es im Tätigkeitsfeld von gering qualifizierten Arbeitnehmern zu einer Veränderung kommt, also z. B. weniger monotone Arbeiten zu verrichten sind. Darüber hinaus aber ist kaum eine Mobilität (etwa vom Hilfsarbeiter zum Facharbeiter) zu verzeichnen, und somit kann auch keine Varianz in diesem Merkmal durch die Sprachkenntnisse erklärt werden. Hieraus kann auch der Schluß gezogen werden, daß die hier zur Messung des Status verwendeten Kategorien u. U. zu wenig differenziert sind, um die möglicherweise vorhandenen Veränderungen hinsichtlich der beruflichen Tätigkeit zu erfassen.

Stellt man dieses Resultat dem allgemeinen Modell der Eingliederung gegenüber, so muß dieses als falsifiziert gelten. Die Hypothese der direkten Einflußnahme der kognitiven Assimilation auf die strukturelle kann ebensowenig
belegt werden wie die Annahme der nur indirekten Bedeutung der kognitiven Eingliederung für die soziale. Vor
diesem Hintergrund stellt sich nun die Frage, ob eine
andere kausale Anordnung der drei Konstrukte nicht die
beobachteten Korrelationen ebenso gut reproduzieren kann
und darüber hinaus vielleicht auch noch eine direkte Beziehung des strukturellen Aspektes zu einem der anderen
offenlegt. Da wir bei der Annahme bleiben, daß die Sprachkenntnisse den Kontakten kausal vorangehen, bietet es
sich an, den beruflichen Status den Sprachkenntnissen vor-
zuordnen.[100] Die Analyse des entsprechenden Modells erbrachte jedoch keine substantiellen Verbesserungen. Es ergab sich ein Zusammenhang von .10 zwischen struktureller
und sozialer Assimilation, aber gleichzeitig verringerte
sich die Assoziation zwischen kognitiver und sozialer
Assimilation von .26 auf .21.
Der Koeffizient von .10 zwischen dem beruflichen Status und
dem Kontaktverhalten läßt sich jedoch um den Preis einer
gleich hohen Abweichung von Re-Rb auch eliminieren. Bei
der Entscheidung über die Annahme oder Ablehnung des Modells waren jedoch zwei weitere Kriterien zu berücksich-
tigen, der Informationsgehalt und der Anteil der erklärten
Varianz in der endogenen Variablen. Beide sprechen gegen
diese geänderte kausale Anordnung der Variablen. Denn der
Anteil der erklärten Varianz sinkt um etwa 1,2 %, und
gleichzeitig wird der Restriktionsgrad geringer, d. h.,
die Anzahl der falsifizierten Hypothesen und damit der Informationsgehalt wird durch die zusätzliche Beziehung um
1 herabgesetzt. Somit ist es sinnvoll, bei dem im Schema
20 wiedergegebenen Modell zu verbleiben.
Vergleicht man die dort ausgewiesenen Beziehungen mit
denen in den entsprechenden Teilmodellen, so sind einige

geringfügige Variationen festzustellen. Dies betrifft die
Assoziationen zwischen "STATUS 1" und "SPRACHE" sowie
zwischen "DAUER" und "STATUS 2". Hier ergeben sich
(schwache) direkte Pfadkoeffizienten von .10 bzw. .11,
die vorgängig als kleiner .10 bezeichnet wurden und nicht
mit in die Teilmodelle der kognitiven und strukturellen
Assimilation aufgenommen werden mußten.[101] Diese Modi-
fikationen finden ihre Ursache jedoch ausschließlich in
den differenten Vorgaben für die Regressionsanalysen[102]
und sind inhaltlich kaum von Bedeutung.

Versucht man anschließend die Resultate der durchgeführ-
ten Kausalanalysen vor ihrem theoretischen Hintergrund
zu bewerten, so scheint uns eine positive Beurteilung
möglich. Zwar konnten nicht alle Hypothesen bestätigt werden - dies ist jedoch aus methodologischer Sicht keineswegs ein Nachteil -, aber es war doch möglich, eine Reihe
von erklärungskräftigen Faktoren für das Eingliederungsverhalten aufzuzeigen. Besonders wichtig ist dabei, daß
sich die ermittelten Beziehungen aus der handlungstheoretischen Erklärung der Eingliederung deduzieren lassen
und somit alle erklärbar sind, ohne zusätzliche Annahmen
einführen zu müssen. Es besteht somit also wenig Grund,
sich enttäuscht von einer an "Individualmerkmalen" orientierten Ausländerforschung abzuwenden[103] und erneut den
Versuch einer systemtheoretischen Deutung des Eingliederungsprozesses zu unternehmen, der ohne Zweifel mit Ein-
geständnissen an der theoretischen Qualität der Argumentation verbunden wäre.[104]


## 5.5 Der Einfluß des Faktors "Nationalität" auf die Assi-
milation

Nachdem die relevanten Bedingungen des Assimilationsprozesses in ihrem Gewicht und in ihrer Struktur aufgezeigt

wurden, stellt sich nun die Frage, ob denn hinsichtlich
des Grades einer vollzogenen Assimilation zwischen den
Nationalitätengruppen auch dann noch Unterschiede aufzu-
finden sind, wenn die eingliederungsrelevanten Faktoren
für alle Gruppen konstant gehalten werden. Mit anderen Worten: Bleibt z. B. der absolute "Assimilationsrückstand"
der türkischen Arbeitnehmer hinsichtlich des Spracherwerbs auch dann nachweisbar, wenn die geringere durchschnittliche Aufenthaltsdauer, der hohe Segregationsgrad
und die anderen erklärenden Merkmale berücksichtigt werden?
Diese Frage soll mit Hilfe einer Varianzanalyse[105] geklärt werden, in welche die Indikatoren für die drei
analysierten Assimilationsaspekte als abhängige Variablen eingehen, und die Nationalität als unabhängige Variable aufgenommen wird. Zusätzlich werden die jeweiligen Determinanten des abhängigen Merkmals als Kova-
riante berücksichtigt, d. h., ihr Einfluß wird rech-
nerisch eliminiert.[106]
Dabei wird dann ein Gesamtmittelwert und ein Mittelwert für die einzelnen Nationalitätengruppen errechnet, deren Vergleich die Frage beantworten hilft, ob
die Differenzen in den Durchschnittswerten eher zufällig zustandekommen oder systematischer Natur sind.[107]
Inhaltlich wird hier die Frage tangiert, inwieweit das
Merkmal "Nationalität" assimilationsrelevant ist.[108]
In der amerikanischen Eingliederungsforschung ist kor-
rekterweise häufiger die Rede von der Bedeutung der
"Ethnie" bzw. dem ethnischen Zugehörigkeitsgefühl. Daß
die beiden Begriffe "Nationalität" und "Ethnie" keineswegs in einer eindeutigen Beziehung stehen, macht Max
Weber deutlich. Für ihn bedeutet "Nationalität" im wesentlichen die Zugehörigkeit zu einem politischen Staats-
verband.[109] Dieser kann identisch sein mit einer Re-
ligions-, Sprachgemeinschaft und auch mit einer ethnischen Gruppe, die sich über "... ästhetisch auffällige
Unterschiede des nach außen hervortretenden Habitus ...

und ... in die Augen fallende Unterschiede in der Lebensführung des Alltags"[110] definiert. Dies muß jedoch nicht
der Fall sein. So stellt sich für unsere Befragten z. B.
die Frage, ob Serben und Kroaten über ihre gemeinsame Nationalität hinweg auch noch zur gleichen Ethnie gehören.
In ähnlicher Weise stellt sich das Problem für die Migranten türkischer Nationalität: gehören Aleviten und
Sunniten neben ihrer Mitgliedschaft in unterschiedlichen Religionsgemeinschaften auch differenten Ethnien
an? Leider ist es hier nicht möglich, auf diese Fragen
näher einzugehen, oder gar die unterschiedlichen Dimensionen des Nationalitätsbegriffs auf der Grundlage von
entsprechenden Operationalisierungen in die Analyse eingehen zu lassen.[111] Somit werden in die folgende Untersuchung inhaltlich u. U. sehr verschiedene Sachver-
halte unter dem Begriff der Nationalität subsumiert.
Trotzdem kann mit aller gebotenen Vorsicht versucht werden, die Wirkungsweise des Faktors "Nationalität" bzw.
"Ethnie" näher zu spezifizieren.[112] Aus der Sicht der
Handlungstheorie bedeutet die Zugehörigkeit zu einer nationalen oder ethnischen Gruppe, daß bestimmte Werte, Normen und Handlungsmuster internalisiert wurden und in ihrem
entsprechenden Handlungskontext eine sozial adäquate In-
teraktionsweise ermöglichen. Um so größer nun die "kulturelle Distanz" zwischen Abgabegesellschaft und Aufnahmegesellschaft ist, desto umfangreicher sind die Lernlei-
stungen, die ein Migrant bei einer Assimilation zu erbringen hat.[113] Es wird also angenommen, daß eine ethnische oder nationale Zugehörigkeit nicht in einer "über-
individuellen" Weise eingliederungsrelevant ist, sondern
nur in der Art wirksam ist, als sie sich in den kognitiven
und motivationalen Eigenschaften des Wanderers in bestimmten Situationen wiederfindet. Mit anderen Worten:
mit zunehmender Kontrolle der personalen und situativen
Merkmale müßte sich die Bedeutung des Faktors "Nationalität" verlieren.

Die Überprüfung dieser Annahme setzt natürlich die Kenntnis der eingliederungsrelevanten Bedingungen voraus. Dies gilt - wie die vorgängigen Ergebnisse zeigen - für die drei Assimilationsdimensionen, die hier betrachtet wurden, in unterschiedlichem Maße. Während große Anteile der Varianz in der strukturellen und kognitiven Assimilation erklärt werden konnten, war dies für die soziale Eingliederung nur in geringem Maße möglich.[114] Nun könnte argumentiert werden, daß eben die entsprechend unerklärte "Restvarianz" durch das Merkmal "Nationalität" bedingt sei. Für eine solche Interpretation würde als Ergebnis der Varianzanalyse eine Verstärkung bzw. eine Konstanz in der Beziehung "Nationalität" - "Assimilation" sprechen. Sollte sich jedoch herausstellen, daß die Intensität dieses Zusammenhangs bei Kontrolle der relevanten personalen Merkmale der Migranten, sowie deren Umgebungsperzeption im Aufnahmekontext rückläufig ist, so kann dies als Hinweis auf die Richtigkeit der Vermutung interpretiert werden, daß der Faktor "Nationalität" keine eigenständige Determinante im Assimilationsprozeß ist.

Zunächst soll der Aspekt der kognitiven Assimilation vor dem Hintergrund der genannten Fragestellung untersucht werden. Nach den deskriptiven Ergebnissen zeigte sich, daß sie von der jugoslawischen Gruppe am weitesten vollzogen ist, es folgen in ihrem durchschnittlichen Assimilationsgrad die Italiener und die Türken (vgl. Tab. 44, unadjustierte Mittelwerte). Als bedeutsam für den Prozeß des Spracherwerbs wurden das Alter, die Schulbildung, die Rückkehrorientierung, die Aufenthaltsdauer und der Segregationsgrad nachgewiesen. Hält man nun den Einfluß dieser Variablen für die drei Nationalitätengruppen konstant, so zeigt sich, daß die Differenzen hinsichtlich der vollzogenen kognitiven Assimilation deutlich zurückgehen (Tab. 44).

Tab. 44: Kognitive Assimilation und Nationalität

| Nationalität | Ital. | Jugos. | Türk. | |
|---|---|---|---|---|
| unadjustierter Mittelwert | 3,32 | 3,49 | 3,13 | ETA = .15 |
| Differenz zum Gesamtmittelwert | .01 | .18 | -.18 | |
| adjustierter Mittelwert | 3,25 | 3,42 | 3,26 | BETA = .07 |
| Differenz zum Gesamtmittelwert | -.06 | .11 | -.05 | |

Variierte der Mittelwert in den Subgruppen - ohne die Berücksichtigung der Determinanten des Spracherwerbs -
zwischen 3,49 (Jugoslawen) und 3,13 (Türken), so ergibt
sich nach der Adjustierung nur noch eine Variationsbrei-
te zwischen 3,42 (Jugoslawen) und 3,25 (Italiener).
Gleichzeitig verringert sich der Zusammenhang zwischen
Nationalität und kognitiver Assimilation von ETA = .15
auf BETA = .07.[115] Betrachtet man die "bereinigten"
Mittelwerte, so bleibt ein Assimilationsvorsprung der
Jugoslawen erhalten. Italiener und Türken zeigen jedoch
einen fast identischen Assimilationsgrad.

Ein sehr ähnliches Bild zeigt die Analyse der strukturellen Assimilation (Tab. 45). Hier wird der Einfluß der
"Nationalität" - als Einflußgröße, die über die spezifischen individuellen und situativen Momente hinausgeht
- noch unbedeutender, als dies für die kognitive Assimilation der Fall war.

Tab. 45: Strukturelle Assimilation und Nationalität

| Nationalität | Ita. | Jugos. | Türk. | |
|---|---|---|---|---|
| unadjustierter Mittelwert | 1,18 | 1,44 | 1,27 | ETA = .20 |
| Differenz zum Gesamtmittelwert | -.12 | .14 | -.03 | |
| adjustierter Mittelwert | 1,32 | 1,32 | 1,25 | BETA = .06 |
| Differenz zum Gesamtmittelwert | .02 | .02 | -.05 | |

Die ursprüngliche Variation der Mittelwerte in einem Bereich zwischen 1,18 und 1,44 reduziert sich drastisch.
Durch die Berücksichtigung der Variablen "Berufsstatus
Vater", "Herkunftsregion", "Bildung", "Status im Herkunftsland" und "Status direkt nach der Einreise" nähert
sich das Ausmaß der vollzogenen strukturellen Assimilation
bis auf eine Differenz von .07 zwischen den Subgruppen an.
Dabei gilt nun, daß unter gleichen personalen und situativen Charakteristiken Italiener und Jugoslawen eine
identische Berufsposition einnehmen, die Türken jedoch
tendenziell eine geringfügig niedrigere Position besetzen. Als Erklärung liegt hier die Vermutung nahe, daß
die Gleichgewichtung der Variablen "Bildung", ohne nähere
Spezifikation, in welchem Herkunftsland sie erworben wurde,
vielleicht nicht angebracht ist. Würde man z. B. einem
bestimmten türkischen Schulabschluß einen geringeren "Wert"
beimessen, als einem entsprechenden italienischen oder jugoslawischen, so würde dies statistisch zu einer weiteren
Nivellierung der Mittelwertdifferenzen zwischen den Gruppen beitragen.

Sowohl für die kognitive als auch für die strukturelle
Assimilation ergibt sich somit, daß die Nationalität der

Migranten nur insofern für die Eingliederung bedeutsam
ist, als sie sich in den individuellen Handlungspara-
metern der Akteure niederschlägt. Anders gesagt: Die
Analysen sprechen für die These, daß unterschiedliches
Eingliederungsverhalten nicht von einer nationalitäts-
spezifischen "Anpassungsfähigkeit" abhängig ist.
In Bezug auf die soziale Assimilation kann diese Behaup-
tung nicht weiter gestützt werden - muß jedoch auch nicht
unbedingt abgeschwächt werden. Die Analyse zeigt (Tab.
46), daß es nicht gelingt, durch die Kontrolle der Variablen "Bildung", "Sprachkenntnisse", "Bezugsgruppenbarrieren" und "soziale Distanz" die Assoziation zwischen
sozialer Assimilation und Nationalität zu verringern.

**Tab. 46:** Soziale Assimilation und Nationalität

| Nationalität | Ita. | Jugos. | Türk. | |
|---|---|---|---|---|
| unadjustierter Mittelwert | 1,86 | 2,17 | 2,07 | ETA = .20 |
| Differenz zum Gesamtmittelwert | -.17 | .14 | .04 | |
| adjustierter Mittelwert | 1,85 | 2,10 | 2,14 | BETA = .20 |
| Differenz zum Gesamtmittelwert | -.18 | .07 | .11 | |

Betrachtet man die adjustierten Mittelwerte in den Gruppen der Jugoslawen und Türken, so differenzieren diese
nur noch geringfügig, wobei sie allerdings in der Rang-
folge die Plätze tauschen. D. h., unter gleichen Bedingungen zeigen die türkischen Migranten, wenn auch nur
in sehr bescheidenem Maße, eine intensivere soziale
Assimilation. An dem nicht unerheblichen Eingliederungs-
defizit der Italiener ändert sich dagegen nichts.

Versuchen wir nun abschließend die Resultate aller vorgetragenen Analysen nochmals auf die zwei zentralen Fragen der Untersuchung zu beziehen, so kann im Hinblick auf
die Frage nach der Spezifität des Assimilationsprozesses
für die verschiedenen Einwanderungsgruppen gesagt werden,
daß eine solche kaum nachweisbar ist. Sowohl in der Struktur als auch in der Relevanz von einzelnen Merkmalen ergeben sich zwar Unterschiede, die jedoch insgesamt geringfügig sind und es nicht gerechtfertigt erscheinen lassen,
von einer "italienischen", "jugoslawischen" oder "türkischen" Eingliederung zu sprechen.

Die zweite Frage, nach dem unterschiedlichen Maße einer
vollzogenen Assimilation, kann in gleicher Weise beant-
wortet werden. Es gibt Differenzen, die sich jedoch dann
als relativ unbedeutend erweisen, wenn man die differenten personalen und situativen Bedingungen der Migranten
berücksichtigt.

Als Konsequenz dieser Ergebnisse bleibt dann festzustellen, daß die Diskussion um besonders gut "integrierte"
Italiener einerseits und das "Türkenproblem" andererseits
kaum eine sachliche Basis besitzt. Die Immigranten aus
Italien stellen keineswegs eine Gruppe dar, die als besonders assimiliert gelten kann. Sowohl ihre sprach-
liche als auch ihre soziale Eingliederung erweist sich
bei Kontrolle der Assimilationsdeterminanten nicht fortgeschrittener als bei der türkischen Immigratengruppe.
Alle Analysen deuten darauf hin, daß unter gleichen
Aufenthaltsbedingungen der verschiedenen Einwanderungsgruppen auch ihr jeweiliger Eingliederungsprozeß und -grad
vergleichbar ist.
Gerade vor dem Hintergrund dieser Feststellung erscheint
noch eine Bemerkung zu dem sogenannten "Türkenproblem"
notwendig. Die Wanderungsgeschichte der türkischen Arbeitnehmer unterscheidet sich von den anderen Nationalitäten vor allem dadurch, daß sie erst relativ spät in

die BRD kamen und vorwiegend in bestimmten Regionen an-
sässig wurden. So waren 1981 im Ruhrgebiet fast 50 %
aller Ausländer Türken; in einzelnen Städten (z. B. Duisburg, Hamm oder Recklinghausen) sind etwa 60 % aller Ausländer Türken.[116] Diese Relationen führten dort häufig
zu einer Gleichsetzung der Begriffe "Ausländer" und "Türken". Hinzu kommt dann weiter, daß die türkischen Arbeitnehmer aufgrund der Einwanderungssituation in diesen Regionen sowohl am Arbeits- wie auch am Wohnungsmarkt nur noch
die ungünstigen Restpositionen besetzen konnten, und dies
hat natürlich negative Konsequenzen für ihre Assimilation.
Da die hier analysierte Population eine Auswahl aus der
ganzen BRD repräsentiert, kommen solche regionalen Effekte
nur wenig zum tragen, bzw. sie werden durch die Gesamtstich-
probe ausgeglichen. So aber werden dann vermeintliche "Tür-
kenprobleme" aufgrund regionaler bzw. lokaler Randbedingungen
der Aufenthaltssituation erklärlich. Sie sind schließlich
Ausdruck einer undurchdachten (Kommunal-)Politik, die lediglich die Ansprüche des Arbeitsmarktes im Auge hatte und mögliche Nebenfolgen nicht miteinkalkulierte, und keineswegs
Resultat irgendwelcher spezifisch türkischer Assimilations-
resistenzen. Jede andere Wanderergruppe würde mit hoher Wahrscheinlichkeit die gleichen Reaktionen hinsichtlich der Ein- _
gliederung in solchen Kontexten zeigen, welche nun fälsch-
licherweise häufig als türkenspezifisch bezeichnet werden.

Anmerkungen zu Kap. 5

1) Bei der Pfadanalyse handelt es sich um eine wieder-
holt angewandte multiple Repressionsanalyse, deren
Ziel die kausale Rekonstruktion von Variablenzusam-
menhängen ist. Grundlagen und verschiedenartige
Beispiele zu dieser Analysetechnik werden ausführ-
lich dargestellt bei:
Karl-Dieter Opp, Peter Schmidt, Einführung in die
Mehrvariablenanalyse, Hamburg 1976.
Hans-Joachim Hummell, Rolf Ziegler (Hrsg.), Korre-
lation und Kausalität, Bd. 1-3, Stuttgart 1976.
Erich Weede, Hypothesen, Gleichungen, Daten, Kron-
berg 1977.

2) Vgl.: Klaus Manfrass, Arbeitskräftewanderung und internationale Beziehungen, in: Reinhard Lohrmann,
Klaus Manfrass (Hrsg.), Ausländerbeschäftigung und
internationale Politik, Schriften des Forschungsinstituts der deutschen Gesellschaft für auswärtige
Politik e. V., Bonn, Bd. 35, München 1974, S. 276 ff.

3) Vgl.: Kap. 2.1 und Kap. 5.1.2

4) Ronald Taft, A Psychological Model for the Study of
Social Assimilation, in: Human Relations, 10/1957,
S. 145.

5) Vgl.: Hartmut Esser, Sozialräumliche Bedingungen der
sprachlichen Assimilation von Arbeitsmigranten,
in: Zeitschrift für Soziologie, 3/1982, S. 279.

6) Vgl.: Alfred Schütz, Der Fremde - Ein sozialpsychologischer Versuch, in: Alfred Schütz: Gesammelte
Aufsätze II, Den Haag 1972, S. 63 ff.

7) Vgl.: Ebd.

8) Vgl.: Kap. 4.2

9) Vgl.: Kap. 4.2 Schema 2

10) Vgl.: Günter Albrecht, Soziologie der geographischen
Mobilität, Stuttgart 1972, S. 264

11) Vgl.: Ursula Kurz, Partielle Anpassung und Kulturkonflikt, in: Kölner Zeitschrift für Soziologie
und Sozialpsychologie, 17/1965, S. 815 ff.

12) Vgl.: Jerold Heiss, Residential Segregation and the
Assimilation of Italiens in an Australien City, in:
International Migration, 4/1966, S. 165 ff.

13) Vgl.: Raymond Breton, Institutional Completeness of
Ethnic Communities and the Personal Relations of
Immigrants, in: American Journal of Sociology,
70/1965, S. 194 ff.

14) Vgl.: Kap. 2.2 und Kap. 5.8

15) Vgl. die Übersicht zu eingliederungsrelevanten Variablen bei: G. Albrecht, a.a.O., S. 263 ff.

16) Eine Ausnahme bilden hier die Analysen von Hartmut Esser.
Vgl.: H. Esser, a.a.O., S. 279-306
Vgl.: Zur theoretischen Interpretation soziologischer Variablen, in: Kölner Zeitschrift für Soziologie, 1/1981, S. 76-97

17) Dies gilt auch für ihre indirekten Effekte in einem entsprechenden Kausalmodell.

18) Vgl.: H. Esser, Aspekte der Wanderungssoziologie, Darmstadt 1980, S. 154.

19) Da eine ausführliche deskriptive Analyse der Daten bereits vorliegt, können die entsprechenden Ausführungen hier kurz gehalten werden.
Vgl.: Manfred Kremer, Helga Spangenberg, Assimilation ausländischer Arbeitnehmer in der Bundesrepublik Deutschland, Königstein 1980.

20) Zu der exakten Operationalisierung vgl. ebd., Anhang A. Die analysierten Variablen entsprechen dabei folgenden Fragen im Fragebogen: Frage Nr. 6 = Bildung, Frage Nr. 2 = Alter, Frage Nr. 10, Code 24 = Rückkehrmotivation, Frage Nr. 26 = Aufenthaltsdauer, Frage Nr. 54 = Segregation und Frage Nr. 100 = Sprachkenntnisse.
Personen, die indifferente Antworten ("keine Angabe", "weiß nicht" etc.) gaben, wurden aus den Berechnungen ausgeschlossen, dies gilt auch für die folgenden Variablen.

21) Der Berechnung der Mittelwerte liegen die Codewerte (1. Spalte der Tabellen) zugrunde, es wurde also durchgängig ein metrisches Meßniveau unterstellt.
Zu dieser Vorgehensweise vgl.:
Richard P. Boyle, Pfadanalysen und Ordinalskalen, in: H.-J. Hummell, P. Ziegler, a.a.O., S. 253 ff.
P. Schmidt, K.-D. Opp, a.a.O., S. 34 ff.

22) Für Jugoslawen vgl.: Wilfried Künne, Die Außenwanderung jugoslawischer Arbeitnehmer, Königstein 1979, S. 142 ff.
Die Analphabetenquote in der Türkei wurde 1970 auf ca. 48 % der Gesamtbevölkerung geschätzt. Vgl.: Ursula Neumann, Türkei, in: Ursula Boos-Nünning, Manfred Hohmann (Hrsg.), Ausländische Kinder. Schule und Gesellschaft im Herkunftsland, Düsseldorf 1977 S. 261 ff.

23) Vgl.: Michael Fischer, Italien, in: U. Boos-Nünning, M. Hohmann, ebd., S. 126.

24) Vgl.: Kap. 2.1

25) Vgl. Ulrike Schöneberg, Bestimmungsgründe der Inte-
    gration und Assimilation ausländischer Arbeitnehmer
    in der Bundesrepublik Deutschland und der Schweiz,
    in: Hans-Joachim Hoffmann-Nowotny, Karl-Otto Hon-
    drich (Hrsg.); Ausländer in der Bundesrepublik
    Deutschland und in der Schweiz, Frankfurt 1982,
    S. 457-568.

26) Ebd., S. 466.

27) Vgl.: Ebd.

28) Diese "Grenzwerte" beruhen nicht auf besonderen sta-
    tistisch-mathemathischen Kriterien, sondern haben
    konventionellen Charakter. Neben der Differenz von
    beobachteten und errechneten Korrelationen können
    u. U. auch inferenzstatistische Merkmale zur Modell-
    bewertung herangezogen werden.
    Vgl.: Kurt Holm (Hrsg.), Die Befragung, Bd. 5,
    München 1977, S. 57 f.

29) Vgl.: Rudolf Braun, Sozio-kulturelle Probleme der
    Eingliederung italienischer Arbeitskräfte in der
    Schweiz, Zürich 1970, S. 370.

30) Die hier aufgeführten Kenngrößen bedeuten im einzel-
    nen:
    Rb      = beobachtete Korrelation
    Re      = errechnete Korrelation
    dir.    = direkter kausaler Effekt
    indir.  = indirekter kausaler Effekt
    total   = direkter plus indirekter kausaler Effekt
    ncaus   = nichtkausaler Effekt
    Rb-Re   = Differenz: beobachtete minus errechnete
              Korrelation
    R       = Wurzel aus der erklärten Varianz. Oder:
              das Quadrat dieses Wertes, multipliziert
              mit 100, ist gleich dem erklärten Varianz-
              anteil.

31) Vgl.: H. Esser, Aspekte der Wanderungssoziologie,
    a.a.O., S. 165.

32) Strenggenommen dürfen die Anteile der erklärten Va-
    rianz für verschiedene Modelle nur bei gleichem Iden-
    tifikationsstatus verglichen werden. Aufgrund der vor-
    genommenen Analysen (auch für die jeweils vollidenti-
    fizierten Modelle) kann jedoch gesagt werden, daß sich
    die erklärten Varianzanteile nur sehr geringfügig ver-
    ändern, weshalb dieser Vergleich nicht in die Irre
    führt.

33) Vgl.: Othmar N. Haberl, Uwe Bache, Jugoslawien, in:
    U. Boos-Nünning, M. Hohmann (Hrsg.), a.a.O., S. 160 ff.

33) Vgl.: H. Esser, Aspekte der Wanderungssoziologie,
    a.a.O., S. 28 f.

35) Vgl.: Kap. 4.2

36) Vgl.: Kap. 3.1

37) Vgl.: Kap. 5.1.1

38) Vgl.: Alexander S. Weinstock, Some Factors that Retard or Accelerate the Rate of Acculturation, in: Human Relations, 17/1964, S. 330 ff.

39) Vgl.: Hans-Joachim Hoffmann-Nowotny, Soziologie des Fremdarbeiterproblems, Stuttgart 1973, S. 182.

40) Vgl.: Ebd., S. 181 ff.

41) Vgl.: Kap. 5.1

42) Vgl.: Kap. 4.2

43) Vgl.: H.-J. Hoffmann-Nowotny, a.a.O., S. 187 f.

44) Vgl.: Ebd., S. 188. Hoffmann-Nowotny gibt einen negativen Wert (-.38) an, der jedoch im Sinne der Hypothesenformulierung einem Koeffizienten von +.38 entspricht.

45) Vgl.: Kap. 5.4

46) Vgl.: Klaus Manfrass, Arbeitskräftewanderung und internationale Beziehungen, in: R. Lohrmann, K. Manfrass, a.a.O., S. 278
Vgl.: Ursula Mehrländer, Soziale Aspekte der Ausländerbeschäftigung, Schriftenreihe des Forschungsinstituts der Friedrich-Ebert-Stiftung, Bd. 103, Bonn 1974, S. 41 ff.

47) Vgl.: Klaus Manfrass, a.a.O., S. 264 ff.

48) Zu einer genaueren Analyse der jugoslawischen Wanderung vgl.: W. Künne, a.a.O., S. 86 ff.

49) Die exakte Frageformulierung im Erhebungsinstrument vgl.: M. Kremer, H. Spangenberg, a.a.O., Anhang A. Die Variablen entsprechen folgenden Fragen im Fragebogen: Frage Nr. 3 = Region, Frage Nr. 34 = Status Vater, Frage Nr. 9 = Status im Herkunftsland, Frage Nr. 16 = Status anfangs in der Bundesrepublik Deutschland, Frage Nr. 33 = Status (jetzt).

50) Vgl. für die Türkei: Ekmel Zadil, Die Auswirkungen der Arbeitskräftewanderung in der Türkei, in: R. Lohrmann, K. Manfrass (Hrsg.), a.a.O., S. 212.
Vgl.: für Jugoslawien: Ivo Baučić, Die Auswirkungen der Arbeitskräftewanderung in Jugoslawien, in: Ebd., S. 204

51) Vgl.: Ivo Baučić, Die jugoslawische Abwanderung im Lichte des Nord-Süd-Konfliktes, in: Claus Leggewie, Marios Nikolinakos (Hrsg.), Europäische Peripherie. Zur Frage der Abhängigkeit des Mittelmeerraumes von Westeuropa, Meisenheim 1975, S. 299.

52) Vgl.: G. Albrecht, a.a.O., S. 175-182.

53) Ebd., S. 179

54) Vgl.: Heinz Harbach, Internationale Schichtung und Arbeitsmigration, Hamburg 1976, S. 149.

55) Vgl.: H. Esser, Aspekte der Wanderungssoziologie, a.a.O., S. 110 ff.

56) Vgl.: M. Kremer, H. Spangenberg, a.a.O., S. 73.

57) So geben z. B. 55,6 % der Türken an, zu Beginn des Aufenthalts schwere körperliche Arbeit verrichten zu müssen. Zum Befragungszeitpunkt beträgt der entsprechende Anteil nur noch 37,0 %. Diese Tendenz ist in allen Gruppen anzutreffen.

58) Vgl.: M. Kremer, H. Spangenberg, a.a.O.

59) Ebd., S. 60.

60) Ebd., S. 64.

61) Vgl.: H.-J. Hoffmann-Nowotny, a.a.O., S. 182.

62) Statistisch sind die Pfadkoeffizienten in den einzelnen Modellen nicht direkt miteinander vergleichbar, da sowohl die Varianz in den Merkmalen als auch die Restriktionsgrade variieren. Deshalb wurden auch die unstandardisierten Pfadkoeffizienten für jeweils vollständig identifizierte Modelle errechnet. Dabei zeigte sich jedoch, daß sich die standardisierten und unstandardisierten Werte zwar unterscheiden, aber in der relativen Größe erhalten bleiben. D. h., einem sehr geringen Pfadkoeffizienten in einem Modell entsprach auch ein sehr niedriger unstandardisierter Wert, womit die unstandardisierten Beta-Werte in einem Subgruppenmodell in ihrer Tendenz durchaus mit denen eines anderen Modells verglichen werden dürfen.

63) Vgl.: Kap. 3.1

64) H. Esser, Aspekte der Wanderungssoziologie, a.a.O., S. 94

65) Die genannten Variablen entsprechen den Fragestellungen Nr. 76, 105, 106.
Vgl.: M. Kremer, H. Spangenberg, a.a.O., Anhang A.

66) H. Esser, Aspekte der Waldungssoziologie, a.a.O., S. 148.

67) Vgl.: S. M. Eisenstadt, Reference Group Behaviour and Social Integration: An Explorative Study, in: American Journal of Sociology, 18/1954, S. 175 ff.

68) Vgl.: Kap. 4.2

69) Emeroy S. Bogardus, A Social Distance Scale, in: Sociology and Social Research, 17/1933, S. 270 ff.

70) Vgl.: Otis D. Duncan and Stanley Lieberson, Ethnic Segregation and Assimilation, in: American Journal of Sociology, 64/1959, S. 364 und 372 f.

71) H. Esser, Aspekte der Wanderungssoziologie, a.a.O., S. 155.

72) Ebd., S. 137

73) Vgl.: Kap. 4.2

74) Vgl.: Kap. 3

75) Vgl.: Kap. 2.2

76) M. Kremer, H. Spangenberg, a.a.O., S. 105

77) Vgl.: Ebd., S. 100 f.

78) Zur Entstehung und Stabilisierung von Vorurteilen, sowie deren Interpretation als Entscheidungshandeln, das an Kosten-Nutzen-Überlegungen gebunden ist, vgl.: Paul F. Secord, Carl W. Backman, Sozialpsychologie, Frankfurt 1976, S. 204 ff.

79) Vgl.: H. Esser, Aspekte der Wanderungssoziologie, a.a.O., S. 143 ff.

80) Zu der Unterscheidung zwischen Ketten- und Pionierwanderung vgl.: R. C. Taylor, Migration and Motivation. A Study of Determinants and Types, in: J. A. Jackson (Hrsg.), Migration, Cambridge 1969, S. 89 ff.

81) Vgl.: Kap. 5.4

82) Vgl.: Tab. 15 und Tab. 21

83) Zur genauen Frageformulierung vgl.: M. Kremer, H. Spangenberg, a.a.O., Anhang A. Dabei liegen dem Index "BEZBARR" die Fragen Nr. 88, 89 und 90 zugrunde.

84) Vgl.: Ebd.

85) Zur genauen Frageformulierung vgl. ebd.. Dem Index "SOZDIS" liegen die Fragen Nr. 87a (1, 2, 5, 6) und 87c (1, 2, 5, 6) zugrunde.

86) Recodiert wurden die Ausprägungen 4, 5, 6 = 1; 7, 8, 9 = 2 und 10, 11, 12 = 3.

87) Recodiert wurden die Ausprägungen 3 = 1, 4 und 5 = 2 und 6 = 3

88) Vgl.: Kap. 2.2

89) Vgl.: Kap. 5.1 und 5.2

90) Vgl.: Kap. 4

91) Vgl.: Fußnote 62

92) Vgl.: Fußnote 28

93) Vgl.: Kap. 5.2

94) Zum Identifikationsstatus und den sich hieraus ergebenden Konsequenzen vgl.: K.-D. Opp, P. Schmidt,
a.a.O., S. 253 ff.

95) Zur genetischen Erklärung vgl.: Hartmut Esser,
Klaus Klenovits,Helmut Zehnpfennig, Wissenschaftstheorie 2, Stuttgart 1977, S. 143 ff.

96) Vgl.: H. Esser, Aspekte der Wanderungssoziologie,
a.a.O., S. 218 f.

97) Vgl.: H.-J. Hoffmann-Nowotny, a.a.O., S. 280 ff.
Vgl.: O. D. Duncan, S. Lieberson, a.a.O., S. 364.

98) Vgl.: Kap. 5.2

99) Dies gilt natürlich nur mit gewissen Einschränkungen,
denn wie bereits dargestellt, sind die drei Merkmale
z. B. für die schulische Qualifikation, die im Herkunftsland erworben wurde, von Bedeutung. Die entsprechenden direkten und indirekten kausalen Effekte,
die sich für die kognitive und soziale Assimilation
ergeben, sind jedoch so gering (unter .10), daß sie
nicht unbedingt weiter berücksichtigt werden müssen.

100) Vgl.: H. Esser, Aufenthaltsdauer und die Eingliederung von Wanderern: Zur theoretischen Interpretation
soziologischer Variablen, in: Zeitschrift für Soziologie, 10/1981, S. 81 ff.

101) Vgl.: Kap. 5.1.2 und Kap. 5.2.2

102) In die Regressionsanalysen für die Teilmodelle gingen
alle hypothetisch für relevant betrachteten Variablen
ein. Für die Analyse des beruflichen Status bedeutete
dies, daß insgesamt zunächst mit elf Variablen gerech-
net wurde, wobei sich dann die Koeffizienten der vier
Motivationsvariablen, der Segregation und auch der
Dauer als unerheblich erwiesen (vgl. Kap. 5.2). In
diesem Gesamtmodell der Eingliederung wurden jedoch
drei der Motivationsvariablen nicht mehr berücksichtigt, da sie für alle Assimilationsaspekte irrelevant sind. Da diese aber geringfügig mit der Variablen "DAUER" assoziiert sind, erhöht sich hier der
Effekt der Aufenthaltsdauer auf den Status zum Befragungszeitpunkt auf .11. D. h., im Prinzip handelt
es sich teilweise um eine Scheinbeziehung, die durch
eine geänderte Vorgabe für die Koeffizientenschätzung
entsteht.

103) Vgl.: H.-J. Hoffmann-Nowotny, K.-O. Hondrich, Zur Funktionsweise sozialer Systeme - Versuch eines Resumés
und einer theoretischen Integration, in: H.-J. Hoffmann-
Nowotny, K.-O. Hondrich (Hrsg.), Ausländer in der Bundesrepublik Deutschland und in der Schweiz, a.a.O.,
S. 594 f.

104) Vgl.: Ebd., S. 595 ff.

105) Zur Varianzanalyse vgl.: Peter R. Hofstätter, Dirk
Wendt, Quantitative Methode der Psychologie, Bd. 1,
Deskriptive Inferenz- und Korrelationsstatistik,
Frankfurt 1974, S. 108 ff.

106) Die Berechnungen erfolgen mit Hilfe der
SPSS-Prozedur "Anova".

107) Vgl.: P. R. Hofstätter, D. Wendt, a.a.O., S. 108 ff.

108) Vgl.: Leonard Broom, Acculturation: An Exploratory Formulation, in: American Anthropologist,
56/1954, S. 982 ff.

109) Vgl.: Max Weber, Wirtschaft und Gesellschaft, 5. Aufl.,
Tübingen 1980, S. 242.

110) Ebd., S. 238

111) Zu den Problemen der Definition und Operationalisie-
rung des Begriffs "Ethnie" vgl. Wilhelm Mühlmann,
Rassen, Ethnien, Kulturen, Berlin und Neuwied 1974,
S. 57 ff.

112) Vgl.: Elke Esser, Ausländerinnen in der Bundesrepublik Deutschland, Frankfurt 1982, S. 177
Vgl.: H. Esser, Aspekte der Wanderungssoziologie,
a.a.O., S. 89

113) In den folgenden Analysen gehen wir nicht von einer
unterschiedlichen kulturellen Distanz bei Italienern,
Jugoslawen und Türken zum Aufnahmeland aus, sondern
behandeln das Merkmal "Nationalität" als normales.
Dies entspricht somit nicht der Annahme einer besonders hohen Distanz zwischen dem kulturellen System
der Türkei und Deutschland, die gängigerweise unterstellt wird.
Vgl.: Heiner Holtbrügge, Türkische Familien in der
Bundesrepublik, Duisburg 1975, S. 6
Vgl.: Erich Renner, Erziehungs- und Sozialisationsbedingungen türkischer Kinder, Rheinstetten 1975,
S. 20 f.

114) Vgl.: Kap. 5.1 bis 5.3

115) Somit steigt die Wahrscheinlichkeit dafür, daß die
Befragten (hinsichtlich der Nationalität) aus einer
Grundgesamtheit stammen.

116) Vgl.: Roland Hofmann, Ausländische Arbeitnehmer und
ihre Familien im Ruhrgebiet, Bochum 1982, S. 7 ff.

6. Strukturelle Konsequenzen der Eingliederung von Migranten
   in der Bundesrepublik Deutschland

Die Frage nach dem weiteren Verlauf der Eingliederung der
Arbeitsmigranten und den erwartbaren Konsequenzen kann
sinnvollerweise nur unter der Angabe bestimmter gesamtgesellschaftlicher Randbedingungen diskutiert werden. Für
die weitere Entwicklung der Eingliederung der Migranten in
der BRD sind drei interdependente Kriterien von besonderer
Bedeutung: Die ökonomische Situation, der juristische Status der Migranten und das Verhalten der autochthonen Bevölkerung. Hinsichtlich aller drei Merkmale muß die Prognose für den Assimilationsprozeß tendenziell pessimistisch
sein.
In wirtschaftlicher Hinsicht ist kein Ende der anhaltenden
Rezession zu erkennen. Der Beschäftigungsstand wird sich
nach langfristigen Prognosen auch bei realem Wachstum
kaum verändern: zwei bis drei Millionen Arbeitslose sind
auch in Zukunft erwartbar.[1] Für die Migranten stellt diese
Situation die gravierendste Gefahr dar. Ihre ursprüngliche
"Aufenthaltslegitimation" gerät zusehends unter Druck.
Prinzipiell kann ihre Funktion im Produktionsprozeß weitgehend von Einheimischen übernommen werden, trotz der zu
beobachtenden Segmentierung des Arbeitsmarktes. In rechtlicher Hinsicht sind vor diesem Hintergrund keine Verbesserungen zu erwarten. Die juristische Marginalposition
der ethnischen Minorität wird erhalten bleiben, da sie
selbst aufgrund des fehlenden Wahlrechtes kaum Einfluß-
möglichkeiten besitzt, und über keine Lobby verfügt, die
ihre Interessen effektiv vertritt. Im Gegenteil sind weitere aufenthaltsrechtliche Restriktionen zu erwarten, die
nicht zuletzt Ausdruck eines zunehmenden Sympathieverlustes
der Ausländer bei den Deutschen sind. Und damit ist auch
schon der öffentliche Stimmungswandel hinsichtlich der
ausländischen Arbeitnehmer angedeutet. Während die Arbeitsmigranten in den sechziger und zu Beginn der sieb-

ziger Jahre sehr willkommen waren, stößt ihre Anwesenheit
derzeit auf massive Ablehnung. Sie werden zusehens zum
"Sündenbock" für sozioökonomische Probleme gemacht.[2]
Dieser Verlauf des Eingliederungsprozesses ist keineswegs
überraschend. Bereits die race-relation-cycles beschreiben
genau diesen Prozeß sehr deutlich. "Economic welcome" und
darauf folgend Konkurrenzgefühle und zunehmender Ethnozentrismus werden jedoch nicht automatisch von "fair play"
und fortgeschrittener Assimilation abgelöst, sondern nur
dann, wenn bestimmte (vor allem ökonomische) Randbedingungen
vorliegen, und diese positiven Veränderungen sind nicht in
Sicht.

In dieser Situation werden in der Öffentlichkeit gegenwärtig
vor allem zwei Alternativen zur Lösung des "Ausländerproblems"
diskutiert: Rückwanderung und "Integration" (bzw. Assimilation).[3] Eine dritte Alternative, die kaum Beachtung findet,
aber deren Realisierung längst begonnen hat, ist jedoch mit
großer Sicherheit zu erwarten: die Entstehung einer ethnischen Schichtung.

Die naive Vorstellung der massiven Rückwanderung, die zweifellos derzeit die zahlenmäßig größte Unterstützung bei den
Einheimischen findet, dürfte aus verschiedenen Gründen un-
realistisch sein. Rund zwei Drittel der Migranten stammt
aus EG-Mitgliedsstaaten und besitzt somit das Recht auf
Freizügigkeit der Arbeitsplatzwahl innerhalb der EG.
Dieses Recht ist neben der Freizügigkeit des Waren-,
Dienstleistungs- und Kapitalverkehrs sowie der Niederlas-
sung ein zentraler Bestandteil der Europäischen Gemein-
schaft. Veränderungen in diesem Punkt sind kaum vorstell-
bar, ohne daß auch andere Freizügigkeitsgebote tangiert
werden und sind der gesamten politischen Intention der
EG zuwider. Ein trotzdem denkbarer einseitiger Versuch,
Beschränkungen auf dem Arbeitskräftemarkt einzuführen hat
kaum Chancen auf eine notwendige allseitige Zustimmung
der Mitgliedsstaaten. Italien und Griechenland (sowie die
zukünftigen Mitglieder Portugal, Spanien) dürften keiner-

lei Interesse an einer solchen Vereinbarung haben, da eine
solche Remigration in diese Staaten wohl überwiegend negative sozialpolitische Konsequenzen hätte. Eine von
deutscher Seite auf dem Rechtsweg beschlossene "zwangs-
weise" Rückwanderung ist damit nicht durchsetzbar. Auch
wenn die Türkei (noch) kein Mitgliedsstaat ist, stehen auch
hier aufgrund der Nato-Zugehörigkeit und der innerpoli-
tischen Verhältnisse einer solchen Regelung starke Be-
denken gegenüber. Damit verbleibt lediglich die Möglichkeit einer Remigrationspolitik auf freiwilliger Basis, etwa
durch Anreize wie die sog. Rückkehrprämien. Dieser Weg
scheint jedoch ebenfalls nicht sehr erfolgversprechend.
Solche Remigrationsprämien müßten einen recht erheblichen
Umfang aufweisen, um eine größere Anzahl von Migranten in
dieser Richtung zu motivieren. Die entsprechenden finan-
ziellen Mittel für derartige Programme sind jedoch derzeit
kaum verfügbar. Die gegenwärtig angebotenen "Rückkehrhilfen"
werden bestenfalls die Remigration von ohnehin zur Rückkehr
entschlossenen Migranten beschleunigen. Für den Großteil
der Ausländer in der BRD wäre eine Abwanderung zum jetzi-
gen Zeitpunkt mit deutlichen materiellen Einbußen verbunden.
Lohnniveau, Arbeitsmarkt, Sozialversicherungssysteme und
partiell auch die politische Situation in den südeuropäischen Entsendeländern bieten kaum Anlaß zu einer Rückkehr. Hinzu kommt, daß zumindest ein beträchtlicher Anteil
der Zweitgenerationsangehörigen keinerlei emotionale und
soziale Bindung mehr zur Abgabegesellschaft besitzt bzw.
je besessen hat. All dies spricht gegen die Vorstellung
"Ausländerprobleme" durch massive Rückwanderungspolitik
lösen zu können.

Neben diesen aktuellen pragmatischen Einwänden gegen
eine Remigrationspolitik, muß jedoch auch aus grundsätzlichen langfristigen Erwägungen negativ bewertet werden.
Wanderungen, und damit verbunden die Eingliederung von Migranten, erfüllen letztlich wichtige gesamtgesellschaft-

liche Funktionen, die insgesamt innovative Prozesse des
sozialen Wandels begünstigen. Gleichwie die (nationalen
oder internationalen) Migrationen verursacht sind - ob
durch Disparitäten bei der allgemeinen Bevölkerungsent-
wicklung (Schwankungen in der Geburten- oder Sterberate),
ungleichgewichtige Verteilung von Personen mit bestimmten
sozialen Aspirationen und den entsprechenden Realisie-
rungschancen - so tragen sie doch in den genannten Fällen
zu einem Spannungsabbau und somit zur Stabilisierung des
Gesamtsystems bei. Darüber hinaus haben sie unter bestimmten
Randbedingungen innovativen Charakter, nämlich dann, wenn
es gelingt, die den Wanderungsprozessen potentiell inne-
wohnenden Chancen zum Austausch von kulturellen Werten
und kulturellem Wissen zur Entfaltung zu bringen. [4] Eine
solche Entwicklung wäre sowohl aus gesamtgesellschaftlicher Perspektive (da sie zur weiteren funktionalen
Differenzierung beiträgt), als auch aus individueller
Sicht (indem Bereicherungen in der alltäglichen Lebensführung erwartbar sind) wünschenswert. Eine Remigrationspolitik würde diese Möglichkeit unbeachtet lassen und damit
- aus kurzfristigen Überlegungen heraus - gesellschafts-
politisch eher regressive Wirkungen zeigen.
Die eben angedeuteten möglichen positiven Funktionen der
Wanderung und Eingliederung von Migranten versuchen jene
gesellschaftlichen Kräfte zu mobilisieren, die die zweite
politische Alternative neben der Remigration zu realisieren
trachten. Gemeinhin wird diese Position mit dem Begriff
der Integrationspolitik umschrieben, was eine begriffliche
Klarstellung erforderlich macht.
In der politischen Diskussion um das "Ausländerproblem"
hat sich eine Begriffsbestimmung der Termini "Integration" und "Assimilation" eingebürgert, die von der wissenschaftlichen Definition der beiden Begriffe abweicht. In
der Wanderungs- und Minderheitensoziologie haben beide Begriffe eine relativ festumrissene, wenn auch nicht gänzlich gleichbleibende Bedeutung, die an andere theoretische

Konzeptionen abgelehnt ist (etwa der Integrationsbegriff an die strukturell-funktionale Theorie). In diesem Sinne sind sie auch in dieser Arbeit verwendet worden. In der öffentlichen Diskussion hingegen hat der Assimilationsbegriff eine negative Besetzung ("Zwangsgermanisierung") erfahren und wird - wenn überhaupt - als Gegensatz zum Integrationsbegriff verwendet. Unter "Integration" wird ein Prozeß bzw. Zustand verstanden, der gekennzeichnet ist durch Gleichberechtigung, relative Konfliktfreiheit und gegenseitige kulturelle Akzeptanz.[5] Sicherlich kann eine gewisse empirische Beziehung zwischen diesen Inhalten und dem vorgängig verwendeten (systemtheoretischen) Integrationsbegriff bestehen, der damit das konfliktfreie Austauschverhältnis von Systemelementen umschreibt. Eine solchermaßen charakterisierte Beziehung ist jedoch keineswegs systematisch an Begriffe wie "Gleichberechtigung" oder "kulturelle Akzeptanz" gebunden. Im Gegenteil: Moderne komplexe Gesellschaftssysteme zeigen gerade, daß es auch Integrationsmöglichkeiten bei ökonomischer und politischer Ungleichheit gibt. Was in der öffentlichen Debatte um die "Integrationspolitik" zumeist völlig ungeachtet bleibt, ist die Tatsache, daß eine gewisse Assimilation (in der wissenschaftlichen Bedeutung) in allen Bereichen des sozialen Zusammenlebens (sei es kooperierender oder konkurrierender Art) eine Voraussetzung zur so gemeinten Integration ist. Spannungsarmer kultureller Austausch in Folge von Wanderungen kann faktisch nur dann stattfinden, wenn eine sozialstrukturelle Gleichverteilung von Minorität und Majorität, ein gemeinsames Sprachgebäude und soziale Kontakte zumindest tendenziell vorhanden sind; also kognitive, strukturelle und soziale Assimilation vorliegt. Damit wird aber keineswegs die Notwendigkeit einer identifikativen Assimilation, die hier nicht weiter analysiert wurde, unterstellt. Im Gegenteil: Die Preisgabe der kulturellen Identität ist logischerweise vollkommen unabhängig von den drei dargestellten Assimilationsaspekten. Sie wird hier weder (normativ) gefordert, noch wird eine empirische Beziehung belegt.

Fragt man nun nach der Realisierbarkeit der beschriebenen Integrationspolitik unter den derzeitigen Rahmenbedingungen in der Bundesrepublik, so ist diese (leider) als sehr gering zu bezeichnen. Denn eine solche Entwicklung ist notwendigerweise an zwei Bedingungen geknüpft. Erstens an

die kognitiven und motivationalen Merkmale der Wanderer
und an die Offenheit des Aufnahmesystems, d. h. an die Bereitschaft und Fähigkeit der autochthonen Bevölkerung zum
kulturellen Austausch. Stellt man erstere Bedingung einmal außer Frage - und hierfür gibt es gute Gründe -[6]
so muß doch die Feststellung getroffen werden, daß die
zweite Randbedingung keineswegs erfüllt ist. Die genannten
Faktoren (ökonomische Konkurrenz zwischen Minorität und Majorität, politische Diskriminierung und zunehmender Ethnozentrismus) verbauen derzeit und wohl auch langfristig diese
Option. Langfristig deshalb, da sich die inzwischen deutlich abzeichnende Tendenz zu einer ethnischen Schichtung
auch dann weiter verfestigen kann, wenn sich bezüglich
dieser Faktoren positive Veränderungen ergeben.
Unter ethnischer Schichtung - als dritte und wahrschein-
lichste Alternative zu Remigration und Integration - ver-
steht Donald L. Noel "... a system of stratification wherein
some relatively fixed group membership (e. g., race, religion,
or nationality) is utilized as a major criterion for
assigning social positions with their attendant differential
rewards."[7] Die Entstehung einer ethnischen Schichtung
wird von Noel durch das Vorliegen von drei Elementen erklärt: "... ethnocentrism, competition, and differential
power as the key variables which together consitute the
necessary and sufficient basic for the emergence and
initial stabilization of ethnic stratification."[8] Das
Auftreten aller drei Merkmale wird als hinreichende Bedingung zur Entstehung einer ethnischen Schichtung betrachtet, d. h., "... the absence of any one or more of these
three elements means that ethnic stratification will not
emerge."[9] Den drei Schlüsselvariablen kommen für die Stabilisierung eines solchen Systems unterschiedliche Funktionen zu. Der Ethnozentrismus (nach Noel ein universel-
les Merkmal von autonomen Gesellschaften oder ethnischen
Gruppen)[10] kanalisiert den Wettbewerb um knappe Güter
entlang ethnischer Kriterien. Die "Geringschätzung" der

ethnischen Minorität, bzw. der diffuse "Überlegenheits-
glaube" der Majorität schafft eine Legitimation für Ausgrenzungen in Konkurrenzsituationen. Durch diese Minimie-
rung von potentiellen Mitbewerbern um knappe Güter werden
die eigenen Chancen zur Zielerreichung erhöht. Noel verweist jedoch darauf, daß die stratifikatorischen Wirkungen
des Ethnozentrismus durch andere Faktoren neutralisiert
werden können. So etwa duch das Vorhandensein von (höheren)
gemeinsamen Werten und Interessen. D. h. faktischer Ethnozentrismus kann ohne strukturelle Konsequenzen bleiben,
wenn übergeordnete Ziele nur durch komplementäres Handeln
erreicht werden können.
Die zweite Bedingung, Wettbewerb, ist an die Knappheit von
gemeinsam angestrebten Gütern geknüpft. Diese Begrenzt-
heit von Gütern schafft die notwendige Motivation für Wettbewerb und dessen Resultat, die Schichtung von Personen
nach sozioökonomischen Kriterien. Entscheidend in dieser
Konkurrenzsituation und damit für die Manifestation einer
ethnischen Schichtung ist dabei die "adaptive capacity"
der beteiligten Personen oder Gruppen. Von ihr hängt die
vertikale Positionierung der ethnischen Gruppen im Strati-
fikationssystem ab. "The group with the greater adaptive
capacity is apt to emerge as the dominant group ..."[11]
Liegen sowohl Ethnozentrismus als auch unterschiedliche
Ressourcen an Flexibilität und Problemlösungskompetenz
(adaptive capacity) in der Wettbewerbssituation vor, dann
muß nach Noel lediglich noch das Kriterium der differen-
tiellen Macht zwischen den Gruppen erfüllt sein. Auch geringe Unterschiede hinsichtlich der Machtressourcen können
dann den entscheidenden Ausschlag zur Entstehung einer ethnischen Schichtung geben. Obwohl empirisch die Bedingung
des Wettbewerbes und dessen Entscheidungskriterium, die
"adaptive capacity" häufig auch Machtdifferenzen implizieren bzw. begründen, sind auch hier Situationen denkbar,
in denen beide Kriterien unabhängig voneinander sind, bzw.
konträr zwischen den Gruppen gelagert sind.[12]

**Schema 21: Typologie multikultureller Gesellschaften***

Politische Machtunterschiede

vorhanden     nicht vorhanden

**Politische Machtunterschiede: vorhanden**

| Ethnozentrismus | Ökonomischer Wettbewerb: vorhanden | Ökonomischer Wettbewerb: nicht vorhanden |
|---|---|---|
| vorhanden | ethnische, politische und ökonomische Hierarchisierung — ethnisch-politisch-ökonomische Schichtung ("ethnic stratification") | ethnische und politische Hierarchisierung — ethnisch-politische Schichtung |
| | politische und ökonomische Hierarchisierung | politische Hierarchisierung |
| nicht vorhanden | politisch-ökonomische Schichtung | politische Schichtung |

**Politische Machtunterschiede: nicht vorhanden**

| Ethnozentrismus | Ökonomischer Wettbewerb: vorhanden | Ökonomischer Wettbewerb: nicht vorhanden |
|---|---|---|
| vorhanden | ethnische und ökonomische Hierarchisierung — ethnisch-ökonomische Schichtung | keine Hierarchisierung — ethnische horizontale Schichtung |
| | ökonomische Hierarchisierung | keine Hierarchisierung |
| nicht vorhanden | ökonomische Schichtung | homogene Verteilung |

* rekonstruiert nach den Schlüsselvariablen der Theorie von D. Noel.

Erweitert man die Ausführungen von Noel dahingehend, daß
man mit den drei von ihm benannten Schlüsselvariablen den
gesamten möglichen Merkmalsraum rekonstruiert, so ergibt
sich eine Typologie von ethnisch gemischten Gesellschaften,
in der die ethnische Schichtung lediglich einen spezifischen Typus charakterisiert. Deutlich wird dabei auch,
welche anderen Formen des Zusammenlebens ethnisch verschiedener Personen oder Gruppen unter welchen Randbedingungen erwartbar sind. Bei der Typologie wird unterstellt, daß das Vorliegen von ökonomischem Wettbewerb und
politischen Machtunterschieden im Resultat eine Schichtung
impliziert, in dem Sinne, daß die Verfügung über diese
Ressourcen sich in hierarchischen Strukturen niederschlägt.
Bereits das Vorhandensein eines dieser Merkmale impliziert
somit eine eindimensionale Schichtung. Für das Merkmal
"Ethnozentrismus" soll dies nicht in dieser Form gelten. Ausgeprägter Ethnozentrismus - hier nicht nur als Dispositions-
merkmal, sondern auch als faktische Handlungsdeterminante
verstanden - hat zwar ebenfalls strukturelle Konsequenzen
(z. B. Endogomie), denen jedoch zunächst einmal das für
Schichtungen spezifische Moment der Hierarchisierung fehlt.
Die ethnische Reglementierung von Sozialkontakten erzeugt
in diesem Sinne eine mehr oder weniger ausgeprägte "horizontale" Ballung von Personen. Dies gilt natürlich nur
bei Abwesenheit der beiden anderen Schlüsselvariablen. Die
Typologie impliziert weiter, daß bei Auftreten von zwei oder
drei Faktoren sich diese systematisch verbinden, d.h.,die
Hierarchisierung komplementär auftritt. Zur Vereinfachung
der Darstellung wird weiter von dichotomen Merkmalsauspra-
gungen ausgegangen und unterstellt, daß es sich dabei um
moderne demokratische Gesellschaften handelt, die zur Wah-
rung der gesamtgesellschaftlichen Stabilität Mechanismen
entwickelt haben (z. B. staatliche Umverteilung), die die
Spannung zwischen universalistischen Gleichheitsgeboten
und faktischer Ungleichheit in einem prekären Gleichgewicht
halten. Unreglementierter Wettbewerb um Ressourcen (gleich

welcher Art) würde sonst zu völligen Ausschlüssen von Personen bzw. Gruppen um bestimmte Mittel führen, also nicht
zu einem geschichteten System sondern zu einem Kasten-
system. Die Bundesrepublik läßt sich nunmehr unschwer als auf dem
Weg zu einer ethnischen Stratifikation beschreiben. Wie
erwähnt liegen derzeit alle Bedingungen zur Entstehung
eines solchen Systems vor, wobei sich die kausale Abfolge
dieser Entwicklung besonders deutlich nachvollziehen läßt.
Die politischen Machtunterschiede, dokumentiert z. B. im
fehlenden Wahlrecht für Ausländer, war zum Teil durch die
besondere Wanderungskonstellation gegeben. Die ausländischen Arbeitnehmer sollten nur temporär befristet in
der Bundesrepublik verweilen; Einwanderungspolitik in ju-
ristischem Sinne sollte nicht betrieben werden und wurde
nicht betrieben, wodurch sich die Frage nach der Partizipation im politischen Leben zunächst kaum stellte, da davon
ausgegangen wurde, daß sich die politische Betätigung der
Ausländer weiter auf ihre Heimat- und vermeintlichen Remi-
grationsländer beschränken würde.[13]
Die falsche Annahme eines zeitlich befristeten Aufenthaltes
von überwiegend erwerbstätigen Ausländern ist bisher nicht
politisch korrigiert worden und legt einen wichtigen Grund-
stein für eine ethnische Schichtung in der Bundesrepublik.[14]
Der zweite Faktor, ökonomischer Wettbewerb um knappe Ressourcen, wurde Mitte der siebziger Jahre zunehmend relevant. Für
die Entstehung der ethnischen Schichtung spielt das Gut
"Arbeitsplatz" eine zentrale Rolle. Mit zunehmender ökonomischer Rezession wurden Arbeitsplätze knapp, während
davor keine ökonomische Konkurrenz zwischen Einheimischen
und Ausländern wahrgenommen wurde, sondern im Gegenteil,
die Ausländerbeschäftigung als komplementär zu den Interessen von deutschen Arbeitnehmern betrachtet wurde ("neofeudale Absetzung nach oben"). Die einheimische Bevölkerung
empfand zunehmend Verunsicherungen und Ängste hinsichtlich
der Arbeitsplatzsicherheit. Entscheidend ist dabei weniger

die objektive Bedrohung, sondern handlungsrelevant ist die
subjektiv empfundene Verunsicherung. Hier liegt dann auch
die Ursache für den dann aufkommenden Ethnozentrismus, der
nunmehr die ideologische Legitimation für die weitere Aus-
grenzung der Ausländer vom gesamtgesellschaftlichen Parti-
zipationssystem erbringt.[15] Die faktisch bereits seit Beginn der Einwanderung in die Bundesrepublik vorliegende
systematische Benachteiligung der Migranten hinsichtlich
ihrer ökonomischen und politischen Partizipationsmöglichkeiten erhält durch den aufkommenden Ethnozentrismus
eine neue Qualität, die darin liegt, daß das Merkmal "Ethnie"
nunmehr zu einem expliziten Positionszuweisungskriterium
wird.[16] Während die Unterschichtung durch die ausländischen
Arbeitnehmer in der Bundesrepublik bei nicht ausgeprägtem
Ethnozentrismus weitgehend durch deren berufliche Qualifikation legitimiert war - also eine allgemeine Basis hatte,
in dem der Ethnie keine systematische Zuweisungsfunktion
zukam - wird mit verstärktem Ethnozentrismus die ethnische
Zugehörigkeit zu einem legitimen Selektionskriterium. In
der Typologie nach Noel kann die Bundesrepublik als in einem
Übergangsstadium von einem ökonomisch-politisch geschichteten System, zu einem ethnisch (d. h. ethnisch-politisch-
ökonomisch) geschichteten System betrachtet werden. Dabei
wird die systematische Klumpung der Ausländer am Ende der
Statushierarchie, die sich ohnehin mit hoher Wahrscheinlichkeit über den Mechanismus der Statusvererbung auf
Dauer verfestigen wird, lediglich durch den zunehmenden
Ethnozentrismus verstärkt, in dem er für diese, im Prinzip
mit den Gleichheitspostulaten unvereinbare Situation,
eine ideologische Rechtfertigung liefert. Die Subordina-
tion der Einwanderer, die bislang auf universalistischen
Kriterien (für die politische Partizipation das Merkmal
der Staatsbürgerschaft und für die ökonomische Stellung das
der beruflichen Qualifikation) beruhte, wird durch einen
askriptiven Faktor (Ethnozentrismus) erweitert. Diese Tendenz zu einer ethnischen Schichtung wird durch die deut-

liche Segregation am Arbeitsmarkt und im Wohnbereich noch
verstärkt. Unter der Bedingung des Ethnozentrismus werden
sich diese Entwicklungen wahrscheinlich noch beschleunigen.
Den Migranten verbleiben zunehmend weniger interethnische
Handlungsopportunitäten sowohl im sozialen als auch im ökonomischen Bereich. In dem Maße wie durch Vorurteile soziale
Kontaktchancen mit den Einheimischen verbaut werden und
weitere Restriktionen im Erwerbsleben errichtet werden,
wird der Rückzug in "Ausländerkolonien" für die Ausländer
zur effektivsten Alternative. Mit dieser Tendenz ist dann
aber auch die instutionelle Verfestigung solcher Kolonien
erwartbar, die bis zu selbständigen ethnischen Subsystemen,
die eine eigene interne Stratifikation aufweisen und deren
Beziehungen zum Gesamtsystem auf ein Minimum beschränkt
sind, reichen. Anzeichen für einen solchen Entwicklungspro-
zeß von hochsegregierten Wohngebieten hin zu Ausländerkolonien sind die Entstehung von ethnisch-strukturierten Pro-
duktions- und Dienstleistungsbetrieben, sowie die (all-
mähliche) "Abkopplung" von Bildungseinrichtungen (z. B.
durch besondere Lehrpläne, Ausstattung und Personal).[17]
Die Kristallisation solcher Kolonien, als Reaktion auf eine
Umgebung, die Eingliederungsopportunitäten verweigert,
geht einher mit einer resignativen Motivationsumstruktu-
rierung und - im Hinblick auf die Gesamtgesellschaft -
stagnierenden kognitiven Ressourcen bei den Migranten. Die
dauerhaften Mißerfolgserfahrungen bei Bemühungen um Eingliederung werden zum Bestandteil handlungsrelevanter Alltagstheorien, die sich manifestieren und an die zweite Generation weitergegeben werden. Auf diese Art wird ein auf
Dauer - auch bei längst wieder obsoletem Ethnozentrismus
der Majorität - stabiles, in der gesamtgesellschaftlichen
Struktur untergeordnetes und teilweise oder gänzlich rand-
ständiges ethnisches Subsystem geschaffen.[18]
Norbert Wiley hat eine der Konsequenzen einer solchen ethnischen Schichtung mit dem sogenannten "ethnic mobility trap"
gekennzeichnet.[19] Angehörige solcher ethnischen Kolonien

haben bei ihren Aufstiegsbemühungen prinzipiell zwei Wahl-
möglichkeiten - Karriere innerhalb der Kolonie oder außerhalb dieser. Wiley benutzt als Metapher einen Baum, dessen
Verästelung quasi das Positionsgefüge einer Gesellschaft repräsentieren. Ethnische Kolonien sind dabei Äste und Zweige
die relativ niedrig und weit vom Baumstamm angesiedelt sind.[20]
Minoritätsangehörige können nun auf zweierlei Art Aufwärtsmo-
bilität zeigen. Einmal in dem sie innerhalb ihres "Astes"
(Kolonie) nach "oben" streben, dabei jedoch relativ schnell
an ein Ende - genauer: in eine Sackgasse - gelangen, die ein
Weiterkommen vereitelt. Oder aber indem sie den viel längeren
und beschwerlicheren Weg über den Baumstamm beschreiten,
der praktisch die gesellschaftliche Kernkultur repräsentiert
aber auch das Vordringen bis in die Baumkrone prinzipiell ermöglicht. Dieser Weg bedeutet jedoch, daß man u. U. zunächst
einmal aus einer gewissen Kolonieposition absteigen muß, um
überhaupt aufsteigen zu können. Aus der Sicht der Minoritäts-
angehörigen ist dieser Weg verständlicherweise nur wenig
attraktiv, zumal die Konsequenzen des "ethnic mobility trap"
kaum gesehen werden. "Briefly, a mobility trap is an opportunity
for mobility which offers a good deal less than it seems to,
and, once pursued, permits release only at the cost of some
downward mobility."[21] Die einzelnen Akteure verhalten sich
bei diesem Entscheidungsakt subjektiv völlig rational, bewir-
ken jedoch dadurch zugleich - entgegen ihren orginären Interessen - eine Stabilisation ihrer eigenen Benachteiligung,
die auch dann bestehen bleiben kann, wenn längst kein Ethnozentrismus der Majorität oder differentielle Machtunterschiede zwischen den ethnischen Gruppen vorliegen.
Die drohende Entwicklung der Bundesrepublik in eine eth-
nisch-geschichtete Gesellschaft macht so die Chance zu-
nichte, aus der internationalen Migration von Arbeitskräften (und deren Familienangehörigen) eine Bereicherung für
alle Gesellschaftsmitglieder werden zu lassen. Wer die gleich-
berechtigte Eingliederung der Ausländer wünscht, muß deshalb konsequent für die politische Gleichstellung von In-

und Ausländern eintreten, Vorurteile bekämpfen und (mit
Sicherheit am wichtigsten) den Konkurrenzkampf um Arbeitsplätze dauerhaft beseitigen. Unter der Bedingung einer
gleichberechtigten Partizipation von Ausländern und In-
ländern im ökonomischen Bereich ist eine Eingliederung unter den gegebenen Umständen mit hoher Wahrscheinlichkeit
erwartbar.

Anmerkungen zu Kap. 6

1) Vgl.: Rudolf Hickel, Wer soll das bezahlen, in: Michael Bolle, Peter Grottian (Hrsg.), Arbeit schaffen - jetzt! Konzepte gegen Arbeitslosigkeit, Reinbek 1983, S. 65 f.

2) So hat sich die Einstellung der deutschen Bevölkerung hinsichtlich des weiteren Aufenthaltes bzw. der Remigration der ausländischen Arbeitnehmer und ihren Familien seit 1978 gravierend verändert. Während im November '78 39 % der Deutschen die Meinung vertraten, Ausländer sollten in ihre Heimatländer zurückkehren, betrug der entsprechende Anteil im März '82 68 %. 1981 ergab eine Studie des infas-Instituts, daß 49 % der Deutschen als "Ausländerfeindlich" bezeichnet werden können. Vgl. zu diesen Angaben und den entsprechenden Erhebungen: Dieter Just, Peter Caspar Mülhens, Ausländerzunahme: objektives Problem oder Einstellungsfrage, in: Aus Politik und Zeitgeschichte, Beilage zur Wochenzeitung: Das Parlament, 25/1982, S. 35 ff.

3) Zur Bedeutung der Begriffe "Integration" und "Assimilation" in der öffentlichen Debatte siehe Anmerkung 5.

4) Vgl.: Hartmut Esser, Aspekte der Wanderungssoziologie, Darmstadt 1980, S. 105 ff.

5) Zur Definition der Integration bzw. Integrationspolitik durch gesellschaftlich relevante Gruppen vgl.: Alois Weidacher, Ausländische Arbeiterfamilien, Kinder und Jugendliche, München 1981, S. 36

6) So deuten verschiedene empirische Untersuchungen daraufhin, daß die Mehrheit der Migranten mehr Kontakte zur deutschen Bevölkerung wünscht, eine Verbesserung der beruflichen Position anstrebt u. a.. Vgl. z. B.: Ursula Mehrländer u. a., Situation ausländischer Arbeitnehmer und ihrer Familienangehörigen in der Bundesrepublik Deutschland, - Repräsentativuntersuchung '80 -, Bundesminister für Arbeit und Sozialordnung (Hrsg.), Bonn 1981, S. 174 f und S. 524 ff.

77) Donald L. Noel, A Theory of the Origin of Ethnic Stratification, in: Social Problems, 2/1968, S. 157

8) Ebd.

9) Ebd., S. 158

10) Vgl.: Ebd.

11) Ebd., 162

12) Noel verweist auf empirische Konstellationen in denen die untergeordnete Gruppe im ökonomischen Wettbewerb durchaus eine höhere "adaptive capacity" bewies, die andere Gruppe jedoch die militärische Macht besaß, wodurch keine ethnische Schichtung möglich wurde. Vgl.: Ebd., S. 162 f.

13) Vgl.: Kap. 2

14) Vgl.: Ebd.

15) Vgl.: Kap. 5.3

16) Vgl.: Kap. 3.1

17) Vgl.: Friedrich Heckmann, Ethnischer Pluralismus und Integration. Zur Rekonstruktion, empirischen Erscheinungsform und praktisch-politischen Relevanz des sozial-räumlichen Konzepts der Einwandererkolonie, in: Laszlo A. Vaskovics (Hrsg.), Raumbezogenheit sozialer Probleme, Opladen 1982, S. 163 ff.

18) Vgl.: H. Esser, a.a.O., S. 132 f.

19) Vgl.: Norbert Wiley, The Ethnic Mobility Trap and Stratification Theory, in: Peter J. Rose (Hrsg.), The Study of Society, New York 1970, S. 397.

20) Vgl.: Ebd., S. 398

21) Ebd., S. 397

Tabellenverzeichnis

# Literaturverzeichnis

ALBRECHT, Günther, Soziologie der geographischen Mobilität, Stuttgart 1972.

ANSAY, Tuğrul, GESSNER, Volker, (Hrsg.), Gastarbeiter in Gesellschaft und Recht, München 1974.

BAUČIĆ, Ivo, Die Auswirkungen der Arbeitskräftewanderung in Jugoslawien, in: Reinhard Lohrmann, Klaus Manfrass (Hrsg.), Ausländerbeschäftigung und internationale Politik, München 1974.

BAUČIĆ, Ivo, Die jugoslawische Abwanderung im Lichte des Nord-Süd-Konfliktes, in: Claus Leggewie, Marios Nikolinakos (Hrsg.), Europäische Peripherie. Zur Frage der Abhängigkeit des Mittelmeerraumes von Westeuropa, Meisenheim 1975.

BOGARDUS, Emeroy S., A Race Relation Cycle, in: American Journal of Sociology, 35/1929/30.

BOGARDUS, Emeroy, S., A Social Distance Scale, in: Sociology and Social Research, 17/1933.

BOOS-NÜNNING, Ursula, HOHMANN, Manfred (Hrsg.), Ausländische Kinder. Schule und Gesellschaft im Herkunftsland, Düsseldorf 1977.

BOUDON, Raymond, Die Logik des gesellschaftlichen Handelns, Darmstadt 1980.

BOYLE, Richard P., Pfadanalyse und Ordinalskalen, in: Hans-Joachim Hummell, Rolf Ziegler (Hrsg.), Korrelation und Kausalität, Bd. 1-3, Stuttgart 1976.

BRAUN, Rudolf, Sozio-kulturelle Probleme der Eingliederung italienischer Arbeitskräfte in der Schweiz, Zürich,
1970.

BRETON, Raymond, Institutional Completeness of Ethnic
Communities and the Personal Relations of Immigrants,
in: American Journal of Sociology, 70/1965.

BROOM, Leonard, Acculturation: An Exploratory Formulation, in: American Anthropologist, 56/1954.

BUDZINSKI, Manfred, Gewerkschaftliche und betriebliche
Erfahrung ausländischer Arbeiter, Frankfurt 1979.

BÜHL, Walter L., (Hrsg.), Funktion und Struktur, München
1975.

Bundesanstalt für Arbeit (Hrsg.), Amtliche Nachrichten der
Bundesanstalt für Arbeit, Arbeitsmarktstatistik 1979,
28. Jg., Sondernummer, Nürnberg 1980.

Bundesanstalt für Arbeit (Hrsg.), Amtliche Nachrichten der
Bundesanstalt für Arbeit, Arbeitsmarktstatistik 1981, 30.
Jg., Sondernummer, Nürnberg 1982.

Bundesminister für Arbeit und Sozialordnung (Hrsg.), Vorschläge der Bund-Länder-Kommission zur Fortentwicklung einer
umfassenden Konzeption der Ausländerpolitik, Bonn 1977.

Bundesminister für Arbeit und Sozialordnung (Hrsg.), Ar-
beits- und Sozialstatistik, Hauptergebnisse 1980, Bonn 1980.

Bundesminister für Arbeit und Sozialordnung (Hrsg.), Bundesarbeitsblatt, Wiesbaden 3/1981.

Bundesminister für Arbeit und Sozialordnung (Hrsg.), Statistisches Taschenbuch 1977, Bonn 1978.

COLEMAN, James S., Macht und Gesellschaftsstruktur, Tübingen 1979.

DUNCAN, Otis D., LIEBERSON, Stanlley, Ethnic Segregation and Assimilation, in: American Journal of Sociology, 64/1959.

EISENSTADT, Shmuel N., Institutionalization of Immigrants Behavior, in: Human Relations, 5/1952.

EISENSTADT, Shmuel N., The Absorption of Immigrants, London 1954.

EISENSTADT, Shmuel N., Analysis of Patterns of Immigration and Absorption, in: Population Studies, 7/1953.

EISENSTADT, Shmuel N., Reference Group Behavior and Social Integration: An Explorative Study, in: American Journal of Sociology, 18/1954.

ENDRUWEIT, Günter, Akkulturationstheorien in der Gastarbeiterforschung, in: Die Dritte Welt, 2/1975.

ESSER, Elke, Ausländerinnen in der Bundesrepublik Deutschland, Eine soziologische Analyse des Eingliederungsverhaltens ausländischer Frauen, Frankfurt 1982.

ESSER, Hartmut, KLENOVITS, Klaus, ZEHNPFENNIG, Helmut, Wissenschaftstheorie 2, Stuttgart 1977.

ESSER, Hartmut, Aspekte der Wanderungssoziologie, Darmstadt 1980.

ESSER, Hartmut, Die Eingliederung von Arbeitsmigranten, unv. Manuskript, Duisburg 1980.

ESSER, Hartmut, Aufenthaltsdauer und die Eingliederung von Wanderern: Zur theoretischen Interpretation soziologischer Variablen, in: Zeitschrift für Soziologie, 10/1981.

ESSER, Hartmut, Sozialräumliche Bedingungen der sprachlichen Assimilation von Arbeitsmigranten, in: Zeitschrift für Soziologie, 3/1982.

FISCHER, Michael, Italien, in: Ursula Boos-Nünning, Manfred Hohmann (Hrsg.), Ausländische Kinder. Schule und Gesellschaft im Herkunftsland, Düsseldorf 1977.

FRANZ, Fritz, Kurswechsel in der Fremdenpolitik, in: Deutsch lernen, 3/78.

GIESEN, Bernhard, SCHMIDT, Michael, Theorie, Handeln und Geschichte, Hamburg 1975.

GORDON, Milton M., Assimilation in American Life, New York 1964.

HABERL, Othmar N., BACHE, Uwe, Jugoslawien, in: Ursula Boos-Nünning, Manfred Hohmann (Hrsg.), Ausländische Kinder, Schule und Gesellschaft im Herkunftsland, Düsseldorf 1977.

HARBACH, Heinz, Internationale Schichtung und Arbeitsmigration, Reinbek 1976.

HECKMANN, Friedrich, Ethnischer Pluralismus und "Integration" der Gastarbeiterbevölkerung. Zur Rekonstruktion, empirischen Erscheinungsform und praktisch-politischen Relevanz des sozial-räumlichen Konzepts der Einwandererkolonie, in:

Laszlo A. Vaskovicz (Hrsg.), Raumbezogenheit sozialer Probleme, Opladen 1982.

HEINTZ, Peter, Einführung in die soziologische Theorie, Stuttgart 1968.

HEISS, Jerold, Residential Segregation and the Assimilation of Italians in an Australien City, in: International Migration, 4/1966.

HEMPEL, Carl G., Die Logik funktionaler Analysen, in: Bernhard Giesen, Michael Schmidt (Hrsg.), Theorie, Handeln und Geschichte, Hamburg 1975.

HOFFMANN-NOWOTNY, Hans-Joachim, Migration - Ein Beitrag zu einer soziologischen Erklärung, Stuttgart 1970.

HOFFMANN-NOWOTNY, Hans-Joachim, Soziologie des Fremdarbeiterproblems, Stuttgart 1973.

HOFFMANN-NOWOTNY, Hans-Joachim, HONDRICH, Karl-Otto, Zur Funktionsweise sozialer Systeme - Versuch eines Resumés und einer theoretischen Integration, in: H.-J. Hoffmann-Nowotny, K.-O. Hondrich (Hrsg.), Ausländer in der Bundesrepublik Deutschland und in der Schweiz, Frankfurt 1982.

HOFMANN, Roland, Ausländische Arbeitnehmer und ihre Familien im Ruhrgebiet, Bochum 1982.

HOFSTÄTTER, Peter, WENDT, Dirk, Quantitative Methoden der Psychologie, Frankfurt 1974.

HOLM, Kurt (Hrsg.), Die Befragung, Bd. 5, München 1977.

HOLTRÜGGE, Heiner, Türkische Familien in der Bundesrepublik, Erziehungsvorstellungen und familiale Rollen- und Autoritätsstruktur, Duisburg 1975.

HUMMELL, Hans-Joachim, ZIEGLER, Rolf (Hrsg.), Korrelation und Kausalität, Bd. 1-3, Stuttgart 1976.

JUST, Dieter, MÜHLENS, Caspar, Ausländerzunahme: objektives Problem oder Einstellungsfrage, in: Aus Politik und Zeitgeschichte, Beilage zur Wochenzeitung: das Parlament, 25/1982.

KATSOULIS, Harris, Bürger zweiter Klasse, Frankfurt 1978.

KORTE, Hermann, Einbürgerung oder Auswanderung? - Ergebnisse und Interpretation sozialwissenschaftlicher Forschung, in: Wolfgang S. Freund, Gastarbeiter, Integration oder Rückkehr?, Neustadt 1980.

KREMER, Manfred, SPANGENBERG, Helga, Assimilation ausländischer Arbeitnehmer in der Bundesrepublik Deutschland, Königstein 1980.

KÜHN, Heinz, Stand und Weiterentwicklung der Integration der ausländischen Arbeitnehmer und ihrer Familien in der Bundesrepublik Deutschland, Bonn 1979.

KÜNNE, Wilfried, Die Außenwanderung jugoslawischer Arbeitnehmer, Königstein 1979.

KURZ, Ursula, Partielle Anpassung und Kulturkonflikt, in: Kölner Zeitschrift für Soziologie und Sozialpsychologie, 17/1965.

LANGENHEDER, Werner, Theorie menschlicher Entscheidungshandlungen, Stuttgart 1975.

LANGENHEDER, Werner, Ansatz zu einer allgemeinen Verhaltenstheorie in den Sozialwissenschaften, Köln und Opladen, 1968.

LENK, Hans, Der methodologische Individualismus ist (nur?) ein heuristisches Postulat, in: Klaus Eichner, Werner Habermehl (Hrsg.), Probleme der Erklärung sozialen Verhaltens, Meisenheim 1977.

MANFRASS, Klaus, Arbeitskräftewanderung und internationale Beziehungen, in: Reinhard Lohrmann, Klaus Manfrass (Hrsg.), Ausländerbeschäftigung und internationale Politik, München 1974.

MAYER, Wolfgang, SCHMIDT, Alfred, Kapitalistische Durchdringung und Mobilität von Arbeitskraft in Westafrika, in: Hartmut Elsenhaus, Migration und Wirtschaftsentwicklung, Frankfurt 1978.

MEHRLÄNDER, Ursula, Soziale Aspekte der Ausländerbeschäftigung, Schriftenreihe des Forschungsinstituts der Friedrich-Ebert-Stiftung, Bd. 103, Bonn 1974.

MEHRLÄNDER, Ursula u. a., Situation der ausländischen Arbeitnehmer und ihrer Familienangehörigen in der Bundesrepublik Deutschland, - Repräsentativbefragung '80 -, Bundesminister für Arbeit und Sozialordnung (Hrsg.), Bonn 1981.

MEIER-BRAUN, Karl-Heinz, "Gastarbeiter" oder Einwanderer?, Frankfurt 1980.

MERTON, Robert K., Social Theory and Social Structure, Glencce 1957.

MÜHLMANN, Wilhelm, Rassen, Ethnien, Kulturen, Neuwied 1964.

NEUMANN, Ursula, Türkei, in: Ursula Boos-Nünning, Manfred Hohmann (Hrsg.), Ausländische Kinder. Schule und Gesellschaft im Herkunftsland, Düsseldorf 1977.

NIKOLINAKOS, Marios, Politische Ökonomie der Gastarbeiterfrage, Hamburg 1973.

NOEL, Donald L., A Theory of the Origin of Ethnic Stratification, in: Social Problems, 2/1968.

OPP, Karl-Dieter, SCHMIDT, Peter, Einführung in die Mehrvariablenanalyse, Hamburg 1976.

OPP, Karl-Dieter, Individualistische Sozialwissenschaften, Stuttgart 1979.

PARK, Robert E., BURGESS, Ernest W., Introduction to the Science of Sociology, Chicago 1921.

PARK, Robert E., The Nature of Race Relations, in: Robert E. Park, Race and Culture, Glencoe 1950.

PARSONS, Talcott, The Structure of Social Action, 6. Aufl., Glenoce 1961.

POPPER, Karl, Die offene Gesellschaft und ihre Feinde, Bd. 2, Bern 1958.

RENNER, Erich, Erziehungs- und Sozialisationsbedingungen türkischer Kinder, Rheinstetten 1975.

SCHNORE, Leo F., The Urban Science, New York 1965.

SCHÖNEBERG, Ulrike, Bestimmungsgründe der Integration und Assimilation ausländischer Arbeitnehmer in der Bundesrepublik Deutschland und der Schweiz, in: Hans-Joachim Hoffmann-Nowotny, Karl-Otto Hondrich (Hrsg.), Ausländer in der Bundesrepublik Deutschland und in der Schweiz, Frankfurt 1982.

SCHÜTZ, Alfred, Das Problem der sozialen Wirklichkeit, in: Alfred Schütz, Gesammelte Aufsätze, Bd. 1, Den Haag 1971.

SCHÜTZ, Alfred, Der Fremde - Ein sozialpsychologischer Versuch, in: Alfred Schütz, Gesammelte Aufsätze, Bd. 2, Den Haag 1972.

SECORD, Paul F., BACKMAN, Carl W., Sozialpsychologie, Frankfurt 1976.

Statistisches Bundesamt (Hrsg.), Wirtschaft und Statistik, Wiesbaden 1/1981.

Statistisches Bundesamt (Hrsg.), Ausländer 1981, Fachserie 1, Reihe 1.4, März 1982.

STEGMÜLLER, Wolfgang, Probleme und Resultate der Wissenschaftstheorie und analytischen Philosophie, Bd. 1, Wissenschaftliche Erklärung und Begründung, Berlin 1969.

STRASSER, Hermann, RANDALL, Susan C., Einführung in die Theorien des sozialen Wandels, Darmstadt 1979.

TAFT, Ronald, A Psychological Model for the Study of Social Assimilation, in: Human Relations, 10/1957.

TAYLOR, R. C., Migration and Motivation. A Study of Determinants and Types, in: J. A. Jackson (Hrsg.), Migration, Cambridge 1969.

TROMMER, Luitgard, KÖHLER, Helmut, Ausländer in der Bundesrepublik Deutschland, München 1981.

VANBERG, Victor, Die zwei Soziologien, Tübingen 1975.

VANBERG, Victor, Markt und Organisation, Tübingen 1982.

WEBER, Max, Wirtschaft und Gesellschaft, 5. Aufl., Tübingen 1980.

WEEDE, Erich, Hypothesen, Gleichungen, Daten, Kronberg 1977.

WEIDACHER, Alois, Ausländische Arbeiterfamilien, Kinder und Jugendliche, München 1981.

WEINSTOCK, Alexander S., Some Factors that Retard or Accelerate the Rate of Acculturation, in: Human Relations, 17/1964.

WILEY, Norbert, The Ethnic Mobility Trap and Stratification Theorie, in: Peter J. Rose (Hrsg.), The Study of Society, New York 1970.

Wende in der Ausländerpolitik, in: Der Spiegel, 50/1981.

WILPERT, Czarina, Die Zukunft der zweiten Generation, Königstein 1980.

ZADIL, Ekmel, Die Auswirkungen der Arbeitskräftewanderung in der Türkei, in: Reinhard Lohrmann, Klaus Manfrass (Hrsg.), Ausländerbeschäftigung und internationale Politik, München 1974.